Schwarzbuch
Weißes Haus

Wilhelm Dietl

Schwarzbuch Weißes Haus

Außenpolitik mit dem Sturmgewehr

area

Unter Mitarbeit von Katrin Wahl

Wilhelm Dietl, Schwarzbuch Weißes Haus

Einbandgestaltung: www.rolliarts.de
Satz & Layout: Bernhard Heun, Rüssingen
Druck und Bindung: Oldenbourg Taschenbuch GmbH,
Hürderstraße 4, 85551 Kirchheim

Printed in Czech Republic 2004
ISBN 3-89996-204-4

Inhalt

Vorwort

Amerika ist eine ziemlich persönliche Angelegenheit. Unsere Großeltern, vielleicht auch die Eltern, haben erlebt, wie „der Amerikaner“ kam, Coca-Cola und Chewinggum mitbrachte, kulturelle und demokratische Werte. Die Generation Adenauer und ihre direkten Nachfahren waren den USA noch untertan. So glaubten sie am ehesten, Dankbarkeit zeigen zu können.

Wir, die Nachgeborenen, haben Amerika selbst gesehen. Wir standen staunend zwischen den Wolkenkratzern von New York, liebten diese Stadt oder hassten sie. Dazwischen gibt es nichts. Wir holten uns einen Leihwagen und fuhren die Highway 1 an der überwältigenden kalifornischen Küste entlang. Wir verliebten uns in San Francisco, badeten in Florida, waren hin und weg am Grand Canyon. Und dann gab es da noch Disney und McDonald's.

Wir reihten uns in eine lange Schlange ein, um das letzte Ticket für ein Broadway-Musical zu erhalten. Unsere Seele vibrierte, wenn wir Bob Dylan auf der Bühne erlebten, uns mit California Sound berieseln ließen und auf all diesen Wellen schwammen. Rock ’n’ Roll, Soul, Jazz, Folk. Wir lasen Mailer und Capote, beide Millers und Wolfe.

Amerikanische Politiker schafften es immer wieder, uns zu begeistern. Sie waren so anders als unsere steifen, ernsten, alten Männer in den frühen Tagen der Republik, so anders als die verbissenen Karrieristen, die nicht mehr Lehrer oder Rechtsanwalt sein, sondern im Bundestag sitzen wollten. John F. Kennedy hat uns gerührt, vor allem sein vermutlich sinnloser Tod. Alle paar Jahre kommt ein dickes Buch über ihn heraus, und dann staunen wir, was es noch Neues über ihn zu sagen gibt und welche Abgründe seines Wesens und Seins wir nicht kannten.

Der Peanut-Farmer aus Georgia hat uns imponiert. Jimmy Carter wirkte naiv und unberührt von der bösen Welt. Er hatte es, dieses Mitgefühl, das uns so selten begegnet. Compassion. Und noch einer startete von weit unten bis nach ganz oben durch: Bill Clinton. Auch er kam uns ganz nahe, wegen seiner Jugendlichkeit, weil er so gar nicht ins Schema der Politmafia passte, natürlich auch wegen Hillary. Und weil er fehlbar war.

Was war mit all den anderen Präsidenten? Wir nahmen sie wahr. Sie stolperten über einen Dschungelkrieg, den sie nicht verhinderten, bevor es zu spät war. Sie stürzten über törichte Abhöraktionen. Der Wähler nahm ihnen übel, dass sie ihn belogen, dass sie den Staat beinahe in den Ruin trieben oder ganz einfach ihr Amt nicht ausfüllten.

Amerika ist eine ziemlich persönliche Angelegenheit. Viele von uns, nicht nur die Idealisten und die proamerikanischen Gutmenschen, erklärten sich nach dem 11. September zu Amerikanern. Es war eine Geste der Solidarität. Hatte sich nicht Kennedy in Berlin zum Berliner gemacht und Reagan vom neuen Zaren Gorbatschow den Fall der Mauer gefordert? Den meisten von uns fiel es nicht mehr so leicht, weil sie dem neuen, unter dubiosen Umständen ins Weiße Haus eingezogenen Präsidenten schon damals misstrauten.

Gelegentlich kehren wir zurück in das Land der mittlerweile begrenzten Möglichkeiten. Wir werden mit „Terror alert" begrüßt. Man zeigt uns eine Farbe, die den Grad der Gefahr anzeigt, damit sie auch zur gefühlten Gefahr wird. Die Menschen sind verunsichert, weil ihnen pausenlos eingetrichtert wird, dass sie dic nächsten Opfer blutrünstiger, islamischer Massenmörder sein könnten. Kriegsgegner finden sich auf schwarzen Listen und werden unter Umständen von den Airlines nicht mehr eingecheckt. Wer die regierungskritischen Bücher von Gore Vidal oder Michael Moore oder weniger bekannten „Nestbeschmutzern" mit einer Kreditkarte kauft, kann leicht in einer Extremistendatei Eingang finden. Der alte „Ausschuss für unamerikanische Umtriebe" lässt grüßen.

Überhaupt werden Daten, Daten, Daten gesammelt. Der amerikanische Mensch muss gläsern werden, und der ihn besuchende Ausländer nach Möglichkeit auch. Die einst so kritischen Medien übertreffen sich gegenseitig in Hurrapatriotismus und vorauseilendem Gehorsam. Häufig wird das mit der Entschuldigung versehen, man sei ja schließlich im Krieg. Da müsse die Nation zusammenhalten. Und trotzdem wird die Nation überwacht wie nie zuvor. Dafür braucht das Weiße Haus ein neues Department of Homeland Security mit 170 000 Mitarbeitern. Ein Reichssicherheitshauptamt.

Im März 2003 ließ das Nachrichtenmagazin „Time" die Europäer fragen, welcher von drei möglichen Staaten die größte Gefahr für den Weltfrieden darstelle: Nordkorea, Irak oder die Vereinigten Staaten von Nordamerika? Bei dem Ergebnis dürfte sogar dem sonst so coolen George Bush der Atem für einen Moment weggeblieben sein. 86,9 Prozent der Befragten tippten auf die USA.

Da wollte auch Londons unbequemer Bürgermeister Ken Livingston nicht zurückstecken, als Bush im November 2003 seine Stadt besuchte. Er nannte den US-Präsidenten kurzerhand „die größte Gefahr für das Leben auf diesem Planeten" und lud die Anti-Bush-Aktivisten zu einer „Friedensparty" ins Rathaus. Schon vorher hatte Livingston für Aufsehen gesorgt, als er von der „korruptesten und rassistischsten Regierung der USA seit mehr als 80 Jahren" sprach.

Da kam vieles zusammen beim Weltgerichtshof. Bei der Absichtserklärung, den Weltraum alleine und auch mit Gewalt beherrschen zu wollen, beim Vorhaben, kleine Atomwaffen zu bauen und rigoros einzusetzen. Genau gesehen wird aber alles von einem Krieg überdeckt, der de facto nicht gewonnen werden kann.

„Warum mögen sie uns nicht?“ ist die Lieblingsfrage der Amerikaner, wenn sie von einer Welt sprechen, über die sie viel zu wenig wissen. Antworten gibt es genügend. Die Welt hasst Amerika, weil es sich keiner Gesetzmäßigkeit unterwerfen will, sondern sich für etwas Besseres hält. Die Welt hat Angst vor einem neuen amerikanischen Reich, analog dem römischen. Als einfache Antwort bietet sich an, dass die Welt Amerika dafür hasst, was es der (vorwiegend Dritten) Welt angetan hat.

Daniel Cohn-Bendit, der ewige Zwischenrufer, hat den USA eine „demokratisch-bolschewistische Weltsicht“ bescheinigt. Er hat es auch begründet: „Wir müssen die Welt ändern, und jeder wird sehen, dass wir Recht haben.“ So parodiert er die Grundhaltung der neuen Kolonialisten. Im Weißen Haus sprechen sie von einer neuen Weltordnung, von der Demokratisierung des Nahen Ostens. Hat ihnen keiner gesagt, dass das mit ihren Vorgaben nicht zusammenpasst? Im Übrigen, wenn sich die Nebel verzogen haben, dann bleibt die pure, alte Machtpolitik zurück, angereichert vielleicht mit ein paar Ölfeldern.

Die Amerikaner stecken fest in einem Krieg, den sie um jeden Preis wollten. Nun haben sie ihn und wissen nicht mehr so richtig weiter. Die Kosten, die sie fast alleine tragen müssen, wachsen ihnen über den Kopf. Da ist die Rede von 87 Milliarden Dollar. Es kann nur der Vorschuss sein. Viel schlimmer noch die militärische Lage. Das schmerzhafte Vietnam-Erlebnis ist vergessen. Washington hat anscheinend auch nichts von den Sowjets in Afghanistan gelernt. Oder Mogadischu. In Somalia kämpften die Amerikaner am Ende nahezu gegen alle, die sie eigentlich „befreien" wollten.

Vielleicht sind sie auch nur auf Saddam Hussein hereingefallen, der ein Schild an seiner Tür befestigte, das vor dem bissigen Hund warnte, obwohl er am Ende gar keinen Hund besaß (wie Chef-Waffeninspektor Hans Blix es so schön verbildlichte). Saddam ist ein Spieler. Zu ihm passt das, aber nicht zu einem seriösen Präsidenten der wichtigsten Nation der Erde.

Zum Jahresende 2004 werden die Amerikaner wieder einen Präsidenten wählen. Vermutlich wollen sie einen neuen haben, der sie aus dem Morast zieht. Das wäre eine echte Chance für Amerika. Wie immer, auch dabei ist Amerika eine sehr persönliche Angelegenheit.

Wilhelm Dietl
Januar 2004

Die Bush-Cheney-Öljunta

Ein endloser Blitzkrieg, der lange beschlossen war – Wo sind die Massenvernichtungswaffen? – Wo sind die Terroristen? – Die Weltmacht steckt im Morast

„Als ich die sowjetische Invasion in Afghanistan zur Sprache brachte, antwortete mir Gorbatschow, dass er darüber nichts gewusst habe, bis er es im Radio hörte. Er wollte damit sagen, dass es ein Krieg war, für den er keine Verantwortung trug und auch wenig Enthusiasmus spürte. Ich ließ ihn wissen, dass, ungeachtet der Wurzeln des Konflikts, das amerikanische Volk die sowjetische Aggression in Afghanistan als Beispiel empfand, wie ein gewaltiges Land versucht, seinen Willen einem kleinen aufzuzwingen."

Ronald Reagan in seiner Autobiographie

„Wahrscheinlich treibt halb Amerika eine unausgesprochene Sehnsucht nach Krieg. Er passt in unsere Mythologie. Amerika, so lautet die Logik, ist die einzig verbliebene Macht, die das Böse in eine harmlose Gleichung überführen

kann, und George W. Bush ist schlau genug, sie ganz allein aufzustellen. Vielleicht begreift er sogar besser als andere, wie sehr der Krieg im Irak unsere Sucht befriedigen kann, im Fernsehen Abenteuer mitzuerleben. Dieser Gedanke wird manchem weit hergeholt erscheinen, aber sei es drum – das Land wird Jahr für Jahr rüpelhafter. Krieg, ja, das ist auch eine tolle Fernsehunterhaltung.“

aus Norman Mailer, „Heiliger Krieg: Amerikas Kreuzzug“

„Der Siegesrausch der Falken dauerte nur kurz. Der Kater danach wird viel länger anhalten.“

Jürgen Todenhöfer in der FAZ

Kathy Kelly ist herzlich und verbindlich. Wenn Fotografen sie umlagern, dann lacht sie gerne und ungezwungen und hat so eine Spur der Katherine Hepburn mittleren Alters in ihren Zügen. Sie schiebt irakische Kinder in den Vordergrund, denen ihre ganze Fürsorge gilt. Sie können sich nicht wehren, sagt sie. Und sie wissen nicht, was ihnen die Erwachsenen antun.

Die Kinder lachen ungezwungen mit. Kleine Mädchen mit Rüschenkleidern und Schleifchen im Haar, kleine Jungen mit Jeans, T-Shirts und Turnschuhen, deren Markennamen auch dort mittlerweile jeder kennt. Sie sind noch putzig und unkompliziert, haben nicht das Machogehabe der Älteren. Für sie ist Kathy Kelly die freundliche Tante aus dem fernen Amerika, wo sie eigentlich alle gerne mal hinfahren würden.

Im Kriegsjahr 2003 wurde Kathy Kelly 50. Es war vielleicht die aufregendste Zeit in ihrem Leben. Als die Bombenangriffe ihrer Landsleute nach langer Ungewissheit begannen, war sie schon fast sechs Monate in Bagdad. Dort erlebte sie den dritten Golfkrieg, der Saddam Husseins Unrechtsregime rein optisch wegfegte. Zehn Tage nach dem Ende der Kampfhandlungen reiste sie zurück in die USA, um persönlich zu berichten, was die kriegslüsternen Medien verschwiegen oder für unwichtig hielten.

Kathy Kelly tut, was sie sagt. Kompromisslos. Sie ist hauptberuflich friedensbewegt und steht grundsätzlich zwischen den Fronten. Eine Heilige will sie nicht sein, und doch hätte sie gerne den Friedensnobelpreis entgegengenommen, für den sie und ihre Organisation „Voices in the Wilderness“ 2003 nominiert waren. Nicht aus Egoismus, sagt sie, sondern um der Welt zu zeigen, dass es auch ein anderes Amerika gibt. Eines, das die Welt nicht permanent mit Kriegen überziehen will. Dabei blickt Kathy Kelly genauso entschlossen wie ihr asymmetrischer Gegenspieler Donald Rumsfeld.

Die beiden wissen voneinander durch ihre jeweiligen Taten, und dadurch kennen sie sich ganz gut. Die Ikone der amerikanischen Friedensbewegung kommt aus der religiösen Ecke, genau wie viele andere auf der Gegenseite.

Sie hat die Schule der Jesuiten in ihrer Heimatstadt Chicago besucht und dort einen liberalen Gott kennen gelernt. Ihre Gegner, nicht nur bei den Südstaaten-Methodisten, glauben an den alttestamentarischen Gott der Rache. So ist es, das eine Amerika, und so das andere Amerika.

Ein Maisfeld für das Atomraketen-Silo

Kathy Kelly arbeitete zwölf Jahre lang als Lehrerin. Dann siegte die Pazifistin in ihr. 1988 wurde die Idealistin von Küste zu Küste bekannt, als sie abgesperrte Gelände amerikanischer Atomraketen-Silos illegal betrat und dort Mais anpflanzte. Ein Richter verurteilte sie zu einem Jahr Gefängnis, und davon musste sie neun Monate im Hochsicherheitstrakt von Lexington, Kentucky, absitzen. Das feuerte sie erst richtig an.

1991, während des zweiten Golfkriegs, hielt sich Kathy Kelly mit anderen Aktivisten in einem Friedenscamp an der saudisch-irakischen Grenze auf. Auch nach der irakischen Niederlage kümmerten sie sich um medizinische Hilfslieferungen für die Not leidende – von George Bush senior und Saddam Hussein im Stich gelassene – Bevölkerung. Daraus resultierte 1996 die Gründung von „Voices in the Wilderness“. Die Organisation bekämpfte von Anfang an „den wirtschaftlichen und militärischen Feldzug gegen das irakische Volk“.

Dazu betrieben die jungen Amerikaner Aufklärung. Sie schickten 70 Delegationen in das Zweistromland, lieferten Medizin und Spielzeug. Ein schlimmer Gesetzesverstoß, weil es Amerikanern vor dem Krieg streng verboten war, in das neue Reich des Bösen zu reisen und gar noch Geschenke mitzunehmen. Wer es doch tat, riskierte bis zu zwölf Jahre Haft und eine empfindliche Geldstrafe, im Fall der „Wilderness"-Gruppe volle 163 000 Dollar. Zahlreiche Verfahren sind noch anhängig, weil sich die Täter ziemlich renitent geben.

Kathy Kelly kennt die Not der Welt. Neben zwei Dutzend Reisen nach Bagdad besuchte sie auch Haiti, Bosnien und Palästina, wo das Elend kaum kleiner ist. Sie schreibt sehr viel, versucht USA-weit durch persönlichen Einsatz, ihre geringe Präsenz in den selbst definiert „politisch korrekten" Medien auszugleichen, und hat dafür eine lange Reihe von Friedenspreisen gewonnen. Auch 2004 dürfte ihr Name wieder in Stockholm genannt werden.

Lokaltermin im Amariya-Shelter von Bagdad. In diesem ebenerdigen Gebäude in einem Vorort der Vier-Millionen-Stadt Bagdad, das Schutz gegen Luftangriffe bieten sollte, befanden sich in der Nacht vom 12. auf den 13. Februar 1991 vor allem Zivilisten – 422, unter ihnen 52 Kinder. Zwei Bomben der US-Luftwaffe stießen gegen 4.30 Uhr zielgenau durch die Decke. Die zweite entzog dem nutzlosen Bunker sämtliche Sauerstoffreste. Nur 14 Menschen entkamen der Hitze. Der Schutzraum wurde nicht mehr repariert, sondern von Saddams Propagandisten zum Denkmal gegen die Amerikaner umgewidmet.

Tage und Wochen vor dem dritten Golfkrieg kamen hierher regelmäßig Friedensgruppen, um mit Kerzen und Transparenten („Let Iraq live") der Toten per Mahnwache zu gedenken. Auch Kathy Kelly und ihre Gruppe, die sich „Iraq Peace Team" nannte, war dabei. Ihre T-Shirts trugen denselben Spruch: „Krieg ist nicht die Antwort!"

Unter den alle paar Wochen wechselnden Aktivisten befand sich auch die schmale, dunkelhaarige, ernste Anna Bachmann aus Port Townsend im Westküstenstaat Washington. Im Zivilberuf arbeitet die junge Frau im Naturhistorischen Museum ihrer 8 000 Menschen zählenden Heimatstadt.

Sie demonstrierte bereits mit 1 000 anderen vor der nahe gelegenen Indian-Island-Militärbasis, „wo sie den Nachschub für ihre Kriege losschicken". Als die Kriegstrommeln immer lauter wurden, konnte und wollte sie die Flöten der Friedensbewegung nicht mehr überhören. Sie nahm sich vier Wochen Urlaub und reiste mit Dutzenden Gleichgesinnter in den fernen, unbekannten, zum gefährlichsten Staatsfeind überhöhten Irak.

Immer wiederholte sie die magische Formel: „Es muss einen dritten Weg geben – auch ohne die beiden Regierungen in Washington und Bagdad!" Anna Bachmann, ganz in Schwarz, und ihre Freunde legten Wert darauf, weder mit Saddam noch mit Bush identifiziert zu werden.

Beide waren und sind für sie keine positiven Figuren und schon gar keine Vorbilder. „Das Gesicht zu wahren", versicherte Anna Bachmann mit leicht aufgeregter Stimme, während sie eine neue Kerze anzündete, „ist die Sache der kleinen Jungen und der großen Präsidenten." Das war die übelste Beschimpfung, die sich die sanfte Amerikanerin wohl vorstellen konnte.

Es war ein Krieg, der die Nation spaltete. In viele Willige und ein entschlossenes Häufchen Unwilliger. Beide reisten in den Irak und standen sich zwangsläufig als Kontrahenten gegenüber. Unpolitische Friedensprediger und menschliche Schutzschilde aus den USA gegen Marine-Infanteristen und Bomberpiloten aus den USA. Beide hatten eine Mission. Die einen wollten das Leid des ohnehin ausgemergelten Landes begrenzen, die anderen Rache nehmen für die Schmach des 11. September.

Leider hatten ihnen ihre Vorgesetzten und die Politiker das falsche Ziel genannt. Als bereits 70 Prozent der Amerikaner fest daran glaubten, dass Saddam Hussein zusammen mit Osama bin Laden hinter den Terroranschlägen von New York und Washington gesteckt habe, da räumte ein in Bedrängnis geratener George Bush das Fehlen jeglichen Beweises ein. Zu diesem Zeitpunkt war es aber auch schon egal. Auf eine Lüge mehr kam es im Fall Irak nicht an.

Seit dem Jahr 2001 gehen die amerikanischen Kriege von einer kleinen und sehr mächtigen Gruppe aus, die der

Literat und Edelkritiker Gore Vidal verächtlich mit dem Begriff „Bush-Cheney-Öljunta" umschreibt. Wie kommt er auf diesen Terminus?

Richard Cheney: Der starke Mann im Weißen Haus

George Walker Bush, keine Frage, gehört dazu, weil er vom Obersten Gericht der USA zum aktuellen, dem 43. Präsidenten, bestimmt wurde. Und weil er sein gesamtes ziviles Leben in der texanischen Ölindustrie verbracht hat. Cheney und alle anderen zählen zum Reservoir der Bush-Familie. Sie sind es, die de facto sämtliche Zügel in der Hand halten. Dick Cheney, der graue Vizepräsident und ebenfalls Ex-Ölmanager, gilt als Schlüsselfigur, als „Macht hinter dem Thron" („The Economist").

Fünf Legislaturperioden saß Cheney für den US-Staat Wyoming im Kongress. Amerikas aufdringlichster Regimekritiker, Michael Moore, listete Cheneys erzkonservatives Abstimmungsverhalten aus dieser Phase an einigen markanten Beispielen auf: „Cheney stimmte gegen das Equal Rights Amendment (dem Verfassungszusatz zur Gleichstellung der Frau), gegen die Finanzierung des Head Start Program (ein Programm zur Förderung sozial benachteiligter Kinder), gegen eine Resolution des Repräsentantenhauses zur Freilassung Nelson Mandelas und gegen die staatliche Finanzierung von Abtreibungen selbst nach Vergewaltigung oder bei Inzest." Ergänzend die „Washington Post": „Er war ein Abgeordneter, der jedes Sozialprogramm hasste und jedes Waffensystem liebte."

Der Mann mit dem eiskalten Blick, vier Herzinfarkten und vier Bypässen seit 1978 ist aus republikanischen Regierungen nicht wegzudenken. Unter Nixon beriet er das Weiße Haus. Für Gerald Ford arbeitete er als Stabschef. Verteidigungsminister unter George Bush senior wurde er, weil der eigentliche Pentagonchef John Tower zu häufig nach dem Whiskey griff. Cheney koordinierte den Einmarsch der US-Truppen in Panama, vertrieb die Iraker aus Kuwait. Zwischen Bush I und Bush II diente der umtriebige Strippenzieher dem vielfach verschachtelten Multi Halliburton Industries, einem Zulieferer der Ölindustrie und Riesen im Hoch- und Tiefbau, als Vorstandsvorsitzender.

Halliburton ist ein Staat im Staate. Über Tochterfirmen dealt der Konzern insgeheim mit Kunden, die vom offiziellen Washington als Schurken angesehen werden. Nur ein Beispiel: Zwischen 1997 und 2000 belieferten die Halliburton-Ableger Dresser-Rand und Ingersoll-Dresser-Pump-Co wiederum über französische Töchter den von Embargos isolierten Irak. Von den Medien darauf angesprochen, versuchte Cheney, alles kleinzureden. Gerade in Verbindung mit Halliburton, das inzwischen mit offiziellen US-Aufträgen in Afghanistan und im Irak – von neuen Militärlagern bis zur Reparatur von Ölanlagen – reich beschenkt wurde, trifft das Sprichwort mit dem geruchlosen Geld ins Schwarze.

Cheney zu Larry King von CNN: „Wir müssen an sehr schwierigen Orten operieren und manchmal auch in Ländern, die im Widerspruch zu unseren Prinzipien hier in den Vereinigten Staaten regiert werden. [...] Aber die Welt besteht nicht nur aus Demokratien." Also war Cheney in jener Phase konsequent und bekämpfte Sanktionen gegen Länder wie auch die Isolation von Ländern, in denen Erdöl sprudelt.

An dieser Stelle lautete seine übliche beschwichtigende These, der Umgang mit Demokratien führe auch bei den Diktatoren zu neuen, positiven Grundwerten. Demokratie und Geschäft sind für Cheney zwei verschiedene Welten, die sich am besten gegenseitig nicht stören sollten. Der Macher verließ den Konzern am 16. August 2000 mit Optionsrechten in Höhe von 45 Millionen Dollar. Diese versilberte er, unmittelbar bevor die Kurse abstürzten. Ein Glückspilz, der anderen Börsenzockern meilenweit voraus war. Auch die weitere Karriere hatte er gut im Griff. Sein Entschluss stand fest, mit 60 Jahren Vizepräsident der USA zu werden.

Nun war er wieder Politiker und setzte auf rhetorische Kraftmeierei gegen Staaten, denen das Weiße Haus nicht gewogen ist. Halliburton derweil, dem in der neuen Situation bei Spannungen und Kriegen Aufträge entgehen würden, wird nach dem Ende der jeweiligen Kampfhandlungen durch besondere Zuwendungen des Siegers mitfühlend entschädigt. Beispiel: Das Unternehmen aus Houston schrieb 2002 rote Zahlen. Der Verlust betrug 382 Millionen Dollar. In den ersten neun Monaten des Jahres 2003 wies Halliburton bereits einen Gewinn von 127 Millionen Dollar aus.

So wird Cheney niemals auf der falschen Seite stehen. Der „Stern" über die Geisteswelt des Bush-Vize: „Er glaubt an das Recht Amerikas, zu tun, was es für richtig hält – auch ohne den Rest der Welt."

Donald Rumsfeld: Lautstark, witzig, rüde

Dadurch hat er mit Donald Rumsfeld einen wahren Bruder im Geiste gefunden. Er und Cheney pflegen seit drei Jahrzehnten eine enge Männerfreundschaft und eine unüberwindliche Abneigung gegen jede Art von Abrüstung. Der Herr des Pentagon war bereits einmal Verteidigungsminister, unter Präsident Ford, und US-Botschafter bei der NATO. Damals präsentierte er sich gerne als Sonnyboy der Republikanischen Partei, dem man dank seiner populären Art alles, auch das höchste Amt im Staat, zutraute.

Als Verteidigungsminister hinterließ er wenig Spuren. Im Gegensatz zu heute kam er als Chef des mächtigen Militärapparats nicht so richtig auf seine Kosten. Im Amt tuschelt man aber immer noch gerne über die Einzelheiten eines Vorgangs, der 1975 als „Halloween-Massaker" in die Geschichte einging. Machtbroker Rumsfeld soll keineswegs unschuldig daran sein, dass Präsident Ford seinerzeit den Verteidigungsminister und den CIA-Direktor feuerte. Auf den einen Posten rückte „Rummy" nach, auf den anderen George Bush senior.

Zwischen der ersten und der zweiten Amtszeit als Verteidigungsminister kümmerte sich der deutschstämmige Rumsfeld um das große Geld. Er war Vorstandsvorsitzender des Pharmakonzerns G. D. Searle und bei General Instrument. Darüber hinaus saß er im Vorstand von Firmen wie Kellogg's, Sears, Allstate und der Tribune Company, die Zeitungen und Fernsehsender betreibt.

Noch bevor der agile Veteran erneut im Pentagon einziehen konnte, machte er sich schon die Rüstungsindustrie gewogen. Er schwärmte vom Antiraketenprogramm, einer Art Star Wars light. Nach dem 11. September bekam er mehr Möglichkeiten, als er sich je erträumt hatte, die gierige Industrie zufrieden zu stellen.

Weltweit kennt man Rumsfeld als Champion der Pressekonferenzen, als rüden Selbstverteidiger, witzigen Ablenker und genialen Nebelwerfer. Wenn er denkt, dass er einen Gag nicht mehr toppen kann, dann bricht er die Pressekonferenz mit eben dieser ehrlichen Begründung ab. „Rummy" Rumsfeld, ein Siebzigjähriger, der den letzten Höhepunkt seiner großen Karriere erreicht hat und trotz allen Niederlagen jeden Tag zu genießen scheint. Deshalb steht der ehemalige Leichtgewichtsringer jeden Morgen bereits um 6.30 Uhr an seinem Stehpult im Pentagon und kümmert sich akribisch um die kleinsten Details.

Arbeit hätte er auch dann genug, wenn er nicht einen Krieg nach dem anderen führen würde. Der amerikanische Militärapparat ist seit dem Ende des Kalten Krieges keineswegs geschrumpft. Er wächst und wächst und wächst. Die amerikanischen Streitkräfte – 1,414 Millionen Männer und Frauen – verfügen heute über mindestens 725 Stützpunkte außerhalb der eigenen Grenzen. Sie sind in 153 der 191 Mitgliedsstaaten der UNO vertreten.

Häufig geschieht das mit hochrangigen Offizieren als Prokonsuln, wie der kalifornische Politologe und Pentagon-Kritiker Chalmers Johnson feststellt, „die in den Gastländern exterritoriale Truppenstatut-Abkommen durchsetzen und dafür sorgen, dass Angehörige des amerikanischen Militärs sich nicht wegen Straftaten gegen Einheimische verantworten müssen".

In seinem neuesten Buch „Der Selbstmord der amerikanischen Demokratie" kommt Johnson deshalb zu dem bösen Schluss, „dass die Vereinigten Staaten es vorziehen, mit anderen Nationen mit der Waffe in der Hand zu verkehren statt durch Verhandlungen oder kommerzielle oder kulturelle Beziehungen".

Ein schwerer Vorwurf aus den eigenen amerikanischen Reihen. Denn Donald Rumsfeld liebt diesen Kurs und hat damit für sich eine Art Lebensziel erreicht. Er hat ihn aber nicht alleine entworfen (wenn es auch so wirkt). Von Bush und Cheney abgenickt, weiß Rumsfeld diese Grundsatzfragen zu delegieren. Seine beiden zuverlässigsten zivilen Mitstreiter sind dabei Vize Paul Wolfowitz und der eher noch unterschätzte Pentagon-Berater Richard Perle, ein Mann mit viel Vergangenheit und möglicherweise wenig Zukunft.

Paul Wolfowitz liefert die reaktionären Ideen

Wolfowitz, Jahrgang 1943, ist der große Macher und Chefideologe im Pentagon, der kälteste aller kalten Krieger. Unter den Falken des Weißen Hauses und des Pentagon scheint er bei weitem auch der Intellektuellste zu sein. Seit Jahrzehnten liefert der zeitweilige Professor für internationale Politik an der Johns-Hopkins-Universität in Baltimore den republikanischen Regierungen die Ideen. Er beeinflusste Ronald Reagan bei seiner Haltung gegen das sowjetische „Reich des Bösen", entwickelte das Konzept vom Präventivkrieg. Zu „Wolfis" Überzeugungen zählt, die ganze Welt an der neuen amerikanischen Denkweise teilhaben zu lassen. Er müsse diese „universellen Werte" auf dem ganzen Globus verbreiten, gab Bush bekannt. Aus dem Präsidenten sprach Wolfowitz, wenn es auch nicht so sanft und leise klang wie beim Original.

In einer Analyse für den „Stern“ beschäftigte sich der Autor Claus Lutterbeck im Vorfeld des Irakkrieges intensiv mit dem Phänomen Wolfowitz. Seine These: Der Sohn jüdischer Einwanderer aus Polen habe zahlreiche Angehörige im Holocaust verloren. Ihn treibe deshalb der „Geist von München“ um. Was bedeutet das?

„Beim Münchener Abkommen von 1938 waren England und Frankreich vor Deutschlands Erpressung in die Knie gegangen und hatten die Besetzung des Sudetenlandes akzeptiert. Hitler verstand den diplomatischen Kniefall als Einladung zum Angriffskrieg. Das Versagen der demokratischen Staaten wird heute nirgendwo so ernst genommen wie in den USA, besonders die Regierung Bush ist insgeheim davon überzeugt, das ‚alte Europa‘ habe aus der Schande von damals nie gelernt und werde immer vor Diktatoren kuschen, mal aus pazifistischen, mal aus wirtschaftlichen Gründen – immer aber aus Angst. Hätte man Hitler rechtzeitig gestoppt, wäre der Welt unermessliches Leid erspart geblieben. Wolfowitz plädiert deshalb dafür, es sei ‚besser, kleine Kriege gleich zu führen als große später‘. Heute stehe die Welt wieder vor einer Schicksalsfrage. Deshalb müsse man Saddam stürzen, bevor er Terroristen mit atomaren Waffen versorge.“

Richard Perle und die Last des Geldverdienens

Der Wolfowitz-Freund Richard N. Perle war im Vorfeld des zweiten offensiven „Krieges gegen den Terror" Vorsitzender des „Defense Policy Board", einer etwa dreißigköpfigen ziemlich geheimen Beratergruppe des Pentagon, die hauptsächlich aus ehemaligen hohen Regierungsbeamten – beispielsweise CIA-Direktoren –, pensionierten Militärs und Wissenschaftlern besteht. Sie klammern sich an ihr Ehrenamt, das allen Auserwählten das Gefühl gibt, am großen Rad der mächtigsten Militärmacht der Welt mitzudrehen. Dabeisein ist alles, und deshalb will es sich keiner bezahlen lassen. Es gibt ja genügend Möglichkeiten, im Rüstungsbereich aus den überquellenden Töpfen zu schöpfen.

Der New Yorker Richard Perle ist ein alter Hase, der alles schon einmal gemacht hat. Er war in den achtziger Jahren die rechte Hand von Ronald Reagans Verteidigungsminister Caspar Weinberger. Der Hardliner beriet den Präsidentschaftskandidaten George Bush senior in Fragen der Außenpolitik. Donald Rumsfeld berief ihn kurz vor dem 11. September an die Spitze seines Beraterkreises. Dort stimmte er sofort in den Chor ein, der die Beseitigung Saddam Husseins und militärische Prävention im Kampf gegen den Terrorismus forderte.

Perle trug stets auf beiden Schultern. Bei allen wichtigen Positionen im Verteidigungs-Establishment scheinen seine Grenzen immer sehr flexibel gewesen zu sein. Er gehörte zur Regierung, war aber auch dem militärisch-industriellen Komplex verbunden. Regelmäßig und gerne trat er hinter den Kulissen als Lobbyist in Erscheinung.

Tage vor dem Irakkrieg des Jahres 2003 deckte Amerikas führender investigativer Journalist, Seymour M. Hersh, auf, dass Richard Perle aktiver Teilhaber einer im November 2001 in Delaware registrierten Firma namens „Trireme Partners L.P." war. Der Zweck des Unternehmens ist es, in andere erfolgreiche Firmen aus dem Sicherheits- und Militärbereich zu investieren. In ihrer Werbeschrift schmückte sich das Unternehmen mit der Information, dass ihm nicht nur Perle, sondern auch zwei einfache Mitglieder seines „Defense Policy Board" verbunden seien – Ex-Außenminister Henry Kissinger und der Investor Gerald Hillman.

Aktuell verhandelte Richard Perle gerade mit neuen Geldgebern, dem berühmt-berüchtigten Waffenvermittler Adnan Kashoggi und seinem Landsmann Harb Saleh al-Zuhair, dessen großes Vermögen in der Bauwirtschaft und im Elektronikbereich steckt. Zu dritt traf man sich am 3. Januar 2003 im französischen Marseille.

Hersh erinnerte Perle an den Ehrenkodex für so genannte „spezielle Regierungsmitarbeiter", der den aktiven Zusammenhang zwischen Staatsamt und kommerziellen Interessen verbietet. Als ob das Perle jemals gekümmert hätte. Sein Freund Douglas Feith beispielsweise betrieb

Anfang der neunziger Jahre eine Beratungsfirma namens „International Advisors Incorporated". Hauptkunde war die türkische Regierung, die schon damals um internationale Anerkennung kämpfte. Als Feith wieder die Nähe zum Staat suchte, empfahl ihn Perle bei Donald Rumsfeld. Heute ist Feith Vize-Verteidigungsminister mit der Zuständigkeit für politische Fragen. Er kümmert sich auch um die Planung militärischer Operationen in Afghanistan und dem Irak.

Als Perle gefragt wurde, ob sein doppeltes Engagement im Pentagon und bei Trireme einen Interessenkonflikt auslösen könne, antwortete er, ohne lange zu überlegen, wer so denke, sei bösartig. Trotzdem schadete es ihm, als Hersh über Perle und Trireme im Intellektuellenblatt „New Yorker" berichtete. Seine Freunde und Gönner mussten ihn für eine Weile aus dem Blickfeld der Öffentlichkeit entfernen.

Außenminister Colin Luther Powell, 66 Jahre alt im Jahr des Irakkrieges – und zeitweise Vorstandsmitglied von Gulfstream Aerospace wie auch AOL –, wird von der Hardliner-Riege in der Regel als Weichei gesehen, das sich lieber in endlosen Diskussionen ergeht als darin, den Gegner in altbewährter Manier in die Steinzeit zu bomben. Powell, der ehemalige Nationale Sicherheitsberater und Vorsitzende der Vereinigten Stabschefs, General im Krieg um das besetzte Kuwait, ist am Kabinettstisch Bush vor allem deshalb geduldet, weil er weltweit über mehr Kontakte als die anderen verfügt und deshalb immer dann die Imagepflege der Vereinigten Staaten regeln muss, wenn es ganz hart kommt. Der Sohn jamaikanischer Einwanderer, das einzige soziales Gewissen der Regierung Bush, gilt als isoliert und deshalb als permanenter Rücktrittskandidat.

Condoleezza Rice: Knallhart und unentbehrlich

Noch völlig skandalfrei erscheint die Eiserne Lady des Weißen Hauses, Condoleezza Rice. Die Nationale Sicherheitsberaterin, Jahrgang 1955, stammt aus einer Mittelschichtfamilie des Südens. Schon vor der Amtszeit von Georg Bush junior hatte sie seinen Senior in Russlandfragen aufgeklärt. Die verhinderte Konzertpianistin war Professorin für politische Wissenschaften im kalifornischen Stanford. Richtig viel Geld verdiente sie im Vorstand des Ölmultis Chevron. Zum Dank für ihre cleveren Dienste wurde ein 130 000-Tonnen-Supertanker nach ihr benannt. Beratungs- und Vorstandsfunktionen bei drei weiteren Firmen sind bekannt. Als das Weiße Haus erneut nach ihr rief, griff sie sofort zu.

Die hoch gewachsene, elegante Farbige, eine Vollwaise, zählt mittlerweile zum harten Kern der Bush-Familie, wo man sie „Condi“ nennt und zu den Unentbehrlichen in der Umgebung des Präsidenten zählt. „Give me Condi!“, soll George Bush ohne Unterlass rufen. „Sie kann mir alle Probleme so erklären, dass ich sie auch verstehe.“ In der Tat wird sie zu allem konsultiert, obwohl sie eigentlich nur auf das alte Sowjetreich und Rüstungsfragen spezialisiert ist. Der rasanten Aufsteigerin kommt eben zugute, dass sie instinktiv dieselben konservativen Grundelemente wie der Rest der Führungsmannschaft vertritt, sich manchmal jedoch noch besser verkaufen kann.

Liberale Clinton'sche Ideale, wie Verantwortung für die globale Umwelt, eine neue sozialere Weltordnung und international abgestimmte Rechtssysteme, liegen ihr fern. In einem für sie typischen Kommentar der „Chicago Tribune“ vom Januar 2001 freute sie sich, dass Amerika „seine Macht ohne Arroganz ausüben [...] und seine Interessen ohne einschüchterndes Getöse verfolgen“ kann. Condoleezza Rice: „Das war so in der Vergangenheit und sollte im neuen Jahrhundert so bleiben.“ Soweit zu ihrem Weltbild.

Leo Strauss, der „Guru“ der Neocon-Bewegung

Woher nehmen die strammen Rechten an der Spitze der rigorosen Weltmacht ihre radikale Lehre, die ihnen bereits sektenähnlichen Charakter verleiht? Die Antwort ist beim Schöpfer der neokonservativen Ideologie, dem deutschen

Philosophen Leo Strauss, zu finden. Der 1973 gestorbene und beinahe vergessene Denker wurde zu einer Art Guru für George Bush und seine Mannschaft. Er beeinflusst heute posthum den neokonservativen, kurz: Neocon-Kurs des Weißen Hauses, des Pentagon und Supreme Court.

Der „Pate der Bush-Mafia" wurde 1899 im hessischen Kirchhain, unweit von Marburg, geboren. Leo war sehr begabt, und deshalb stieg er nicht in den Getreide- und Geflügelhandel seines Vaters ein, sondern widmete sich zuerst der Theologie, dann der Philosophie, wurde dabei stark von Martin Heidegger beeinflusst. Strauss kämpfte im Ersten Weltkrieg für Deutschland, zog es aber 1932 klugerweise vor, den Nazis auszuweichen. Der Jude emigrierte in die Neue Welt und startete dort eine große wissenschaftliche Karriere.

Seine Thesen sind relativ einfach und finden sich heute in allen Entscheidungen der amerikanischen Führung: Religion ist die Grundlage des Lebens. Auch Staaten können ohne sie und ihren inneren Zusammenhalt nicht überleben. Religion ist Opium für das Volk, aber ein unersetzbares Opium. Liberale Systeme werden auf Dauer nicht existieren können, weil sie ihren Bürgern keinen geistig-moralischen Halt verschaffen. Zu den liberalen Todsünden gehört unter anderem der lasche Umgang mit Homosexualität und Sex ohne Trauschein, mit Abtreibung und Todesstrafe – grundlegende Themen des amerikanischen Alltags.

Darüber hinaus sieht die Lehre der Neocons Steuersenkungen vor, um die Wirtschaft anzukurbeln. Der Wohlfahrtsstaat soll seine Dienstleistungen abbauen und privatisieren.

Ein ganz wichtiger Punkt ist das Recht der Eliten, die Wahrheit zu manipulieren, wenn es zum gerechten Ziel führt. Die Verantwortlichen eines Staates dürfen sich „frommer Lügen" bedienen und den selektiven Gebrauch der Wahrheit nutzen, was schon der alte Plato für richtig hielt. Wen wundert es also, dass Bush und Rumsfeld ihren Landsleuten eine Zwecklüge nach der anderen auftischen, um ihre politischen und militärischen Ziele ungestört zu erreichen.

Jahrzehntelang unterrichtete „der ungeheuer weltfremde und ängstliche" Leo Strauss (so sein Freund Hans Jonas) in New York und Chicago politische Philosophie, unter anderem zwei Kurse lang auch die heutige Schlüsselfigur Paul Wolfowitz, der bei diesem Studiengang lernen konnte, dass Krieg ein Mittel der Politik sein darf.

Zum eigentlichen Vordenker der Neocons hat sich jedoch Irving Kristol entwickelt. Der 1920 geborene Intellektuelle verlegt die Zeitschrift „The Public Interest" und gehört dem einflussreichen „Council on Foreign Relations" an. Er sagt: „Ein Neokonservativer ist ein Linker, den die Wirklichkeit überfallen hat." Der Straussianer und Agitator ist sich seines starken Einflusses auf Präsident Bush bewusst. Schon in der Ära Reagan hatte er die Revolution der Neokonservativen beeinflussen können. Er platzierte seine Jünger in die rechten Washingtoner Denkfabriken, allen voran in das „American Enterprise Institute“, wo sie überwinterten. Nach dem umstrittenen Wahlsieg der Republikaner wechselten viele von ihnen ins Weiße Haus.

In seinem neokonservativen Glaubensbekenntnis vertritt Kristol („Der Patriotismus ist eine natürliche und gesunde Einstellung.“) folgende höchst aktuelle Auffassung:

„All dem liegt eines zugrunde: die unfassbare militärische Überlegenheit der USA gegenüber den restlichen Nationen der Welt, egal in welchen Allianzen. Diese Überlegenheit war von niemandem geplant, und noch heute gibt es viele Amerikaner, die sie nicht wahrhaben wollen. Zu einem Gutteil ist sie einfach Folge unseres Pechs.

In den fünfzig Jahren nach dem Zweiten Weltkrieg, in denen in Europa Frieden herrschte und die Sowjetunion vornehmlich Vasallenstaaten in den Krieg schickte, wurden die Vereinigten Staaten in eine Reihe von Kriegen verwickelt: den Korea- und Vietnamkrieg, den Kosovo-Konflikt, den Afghanistankrieg und die beiden Golfkriege. Das hatte zur Folge, dass die Militärausgaben mit unserem Wirtschaftswachstum Schritt hielten, während europäische Demokratien ihre Verteidigungsetats zu Gunsten der Sozial- und Gesundheitsbereiche kürzten. Die Sowjetunion investierte übermäßig, aber verschwenderisch, so dass ihr Militärapparat zusammen mit ihrer Wirtschaft kollabierte.“

So kam es spätestens nach dem 11. September zur neuen Zweiteilung der Welt in nutzlose, schwache Pazifisten und entscheidungsstarke Krieger. Osama bin Laden befreite den zügellosen Geist, der schon sehr lange gewartet hatte, fahrlässig aus der Flasche.

24 Stunden nach den Anschlägen: Mittäter Irak

So erklärt es sich auch, dass die Straussianer bereits Stunden nach den verheerenden Anschlägen erste Weichen stellten. Rumsfeld zeigte bei Besprechungen mit dem Präsidenten als erster mit dem Finger auf Saddam Husseins Staat. Bei der Pressekonferenz des Pentagon, die am 13. September 2001 von Wolfowitz geleitet wurde, fiel wie durch Zufall auch der Name Irak. George Bush sollte in Zugzwang gebracht werden. Man müsse Staaten, die den Terrorismus förderten, ein Ende machen. Nun ließ sich das Angriffsziel Bagdad nicht mehr aus den Köpfen der Strategen vertreiben – trotz engagierter Warnungen der Militärs und der Geheimdienste.

Dazu passte auch eine Information, die der frühere NATO-Oberbefehlshaber und demokratische Präsidentschaftskandidat Wesley Clark Ende September 2003 verbreitete. Der pensionierte General berichtete in einem neuen Buch (Titel: „Moderne Kriege gewinnen: Irak, der Terrorismus und das amerikanische Imperium"), dass die

Bush-Regierung schon im November 2001 eine Militäroffensive in fünf Staaten des Nahen Ostens plante. Das sei Teil einer auf fünf Jahre angelegten Strategie gewesen. Neben dem Irak seien auch Einsätze im Libanon, in Syrien, im Iran, in Somalia und im Sudan vereinbart worden.

Der Einmarsch im Irak war bereits in einem sehr frühen Stadium beschlossene Sache, obwohl diese von den Medien öfters geäußerte Vermutung im Weißen Haus und im Pentagon beinahe bis zur letzten Minute abgestritten wurde. Die am 27. November 2002 nach vier Jahren Pause wieder aufgenommenen UN-Waffenkontrollen dienten augenscheinlich nur als Pausenfüller während des monatelangen Aufmarsches der Invasionstruppen. An den ohnehin negativen Ergebnissen der UN-Inspektoren war im Weißen Haus niemand interessiert.

Am 27. Januar 2003 beispielsweise meldeten die Kontrolleure dem UN-Sicherheitsrat, dass es mit großer Wahrscheinlichkeit kein Atomwaffenprogramm im Irak gebe. Das hätte Entwarnung für die Truppen der amerikanisch-britischen Kriegskoalition bedeuten müssen. Trotzdem bereitete Bush seine Landsleute zwei Tage später in einer Rede zur Lage der Nation auf den bevorstehenden Angriffskrieg vor.

Auch spätere Versuche, den dritten Golfkrieg mit logischen Fakten abzuwenden, stießen in Washington und London auf taube Ohren. Längst waren weder Bush noch sein alter Kamerad Tony Blair Argumenten zugänglich. Die Iraker erklärten sich bereit, ihre bislang tolerierten

Kurzstreckenraketen, deren Abschussrampen und Produktionsstätten zu vernichten. Auch das wollte Bush gar nicht mehr zur Kenntnis nehmen. So musste er auch diese sarkastische und überaus treffende Bemerkung des Chef-Waffenkontrolleurs Hans Blix, im September 2003 gegenüber dem australischen Rundfunk geäußert, über sich ergehen lassen: „Man kann sich ja auch das Schild mit: ‚Vorsicht, bissiger Hund!' an die Tür hängen, ohne überhaupt einen Hund zu haben."

Der Krieg gegen Saddam Hussein beginnt

Am 15. März standen 212 000 amerikanische und 45 000 britische Soldaten in der Golfregion zum Einsatz bereit. Ein letztes Ultimatum für Saddam Hussein, Waffen abzurüsten, die keiner je gesehen hatte, verstrich. Die Kriegskoalition hatte endlich alle lästigen Hindernisse abgeschüttelt und konnte losschlagen. Der Überfall auf den Irak war wohl zu keiner Zeit vermeidbar, weil es keine vernünftige Gegenleistung gab, die der ohnehin ausgemergelte arabische Staat hätte erbringen können, um seinem tragischen Schicksal zu entgehen.

Am 20. März 2003, noch vor der Dämmerung, setzte sich der den Irakern vielfach überlegene, hochgerüstete Tross der selbst ernannten Befreier im Emirat Kuwait in Bewegung. Gewaltige Luftangriffe auf einen beinahe wehrlosen Gegner sollten den Weg nach Bagdad weit öffnen. Zwei Stunden nach Ablauf des ohnehin nur pro forma gestellten Ultimatums griffen Kampfflugzeuge ein Ziel in der Nähe der Hauptstadt an. Dort vermuteten sie mehrere Mitglieder der irakischen Führungsriege, auch Saddam Hussein selbst. Ein Schlag ins Leere.

Das amerikanisch-britische Unternehmen „Irakische Freiheit" war als Blitzkrieg konzipiert. Die Strategie des kommandierenden Generals Tommy Franks sah zuerst eine Großoffensive aus der Luft vor, mit möglichst wenig eigenen Verlusten und einer möglichst geringen Anzahl ziviler Opfer. Dabei setzten die Koalitionstruppen neueste Kriegstechnik ein, zum Beispiel satellitengesteuerte, punktgenaue Munition.

Vor allem in Bagdad verbreiteten sie wochenlang „shock and awe" – Angst und Schrecken. Marschflugkörper und gewaltige Fliegerbomben schlugen vor allem in Regierungsgebäude, Präsidentenpaläste und militärische Ziele ein. Erstaunlicherweise wurde das Ölministerium während des gesamten Krieges verschont. Dass vieles danebenging und Wohngebäude traf, zeigte die Aufarbeitung des Kriegsgeschehens. Insgesamt sollen zwischen 7 784 und 9 596 irakische Zivilisten ums Leben gekommen und die dreifache Menge verletzt worden sein, so das angelsächsische „Iraq Body Count Project".

Schon am zweiten Tag meldeten die Alliierten, nach schweren Luftangriffen, weitgehende Kontrolle über die

Hafenstadt Umm al-Kasr und die Halbinsel Fao am nördlichen Ende des Persischen Golfs. Die Briten stießen auf Basra vor, die zweitgrößte Stadt des Landes. Gleichzeitig kümmerten sich die Koalitionstruppen darum, die südlichen Ölfelder zu sichern, um Sabotageakte zu verhindern. Die Bomber griffen nun Mossul und Kirkuk im nördlichen Siedlungsgebiet der Kurden an. Zu den ersten alliierten Kriegsopfern kam es bei einem Hubschrauberabsturz an der kuwaitisch-irakischen Grenze. Dabei starben vier amerikanische und acht britische Soldaten.

Am 25. März stoppten die heftigen Frühjahrs-Sandstürme den amerikanischen Vormarsch 100 Kilometer vor Bagdad. Zwei Tage später besetzten US-Fallschirmjäger im Kurdengebiet einen Flugplatz und gründeten eine Nordfront, die längst aufgebaut gewesen wäre, wenn das türkische Parlament den Durchmarsch der Amerikaner erlaubt hätte. Die alliierten Truppen hatten bei ihrem Vormarsch die großen Städte bisher umgangen. Nun kümmerten sie sich um die Einnahme von Nassarija und Kerbela und stießen auf starke Gegenwehr. Am 2. April standen die ersten amerikanischen Schützenpanzer 30 Kilometer vor Bagdad.

In Basra, wo der Widerstand unverändert heftig war, wurden Wasser- und Stromversorgung zerstört. Die Stadt steuerte auf eine humanitäre Katastrophe zu. Im Norden griffen Bomber erstmals Saddams Heimatstadt Tikrit an. Berichte, die aus amerikanischem Zweckoptimismus geboren waren, sprachen von über 3 500 Kriegsgefangenen und der Auflösung mehrerer irakischer Verbände. Verfrüht kündigte Rumsfeld ein baldiges Ende der Kämpfe an.

Die Hauptstadt kapituliert ohne große Gegenwehr

Im Süden hielten die schweren Kämpfe unvermindert an. Die alliierten Kräfte gerieten durch Sandstürme und Hinterhalte unter Druck. Ihre 500 Kilometer lange Versorgungslinie war nur mit Mühe aufrecht zu halten. Am 3. April erreichten die ersten US-Einheiten den Internationalen Flughafen von Bagdad. Intensive Luftangriffe auf Stellungen der Republikanischen Garden, die Bagdad sichern sollten, nahmen zu. Mehr denn je wurden auch zivile Wohngebiete getroffen. Am 5. April drangen die Marines in das Zentrum der Hauptstadt vor.

Bei der Einnahme Bagdads wurden die Bodentruppen rund um die Uhr aus der Luft unterstützt. In den Vororten trafen die vorrückenden US-Truppen auf Milizionäre, die Straßensperren und Checkpoints errichtet hatten. Dabei gerieten viele Zivilisten in die Schusslinie. Die Krankenhäuser der Stadt waren bald mit Verletzten überfüllt.

Am 6. April gelang es britischen Panzereinheiten schließlich, Basra einzunehmen. Da die Millionenstadt vor allem von Schiiten bewohnt ist, die jahrzehntelang durch Saddams Regime unterdrückt wurden, war der Empfang weniger harsch. Endlich erlebten die Invasoren so etwas wie Dankbarkeit und Sympathie.

Am 7. April wurde der bedeutende schiitische Wallfahrtsort Kerbela erobert, zwei Tage später Bagdad, wo es von einer Stunde auf die andere keinen Widerstand mehr gab. Am selben Tag verschwanden die wichtigsten Repräsentanten des alten Regimes, unter ihnen Saddam Hussein.

Nun konzentrierten sich die Kämpfe auf den Norden. Kurdische Peschmerga besetzten das Ölzentrum Kirkuk, wurden aber dann von den vorrückenden Amerikanern abgelöst. Die Milizen und ihre neuen Freunde rückten auch in Mossul ein, wo sie nur wenig Gegenwehr erwartete. Am 12. April besetzten die Alliierten Tikrit.

Unmittelbar nachdem ein kleines Häufchen befreiter Iraker sich mit Hilfe der Zugkraft eines amerikanischen Schützenpanzers der Saddam-Statue am Firdos-Platz entledigt hatte, zog in Bagdad die Anarchie ein. Plünderer stürmten Hotels, Regierungsgebäude, Lager von Hilfsorganisationen, Botschaften und Museen. Sie stahlen alles, was sie wegtragen konnten. Gerade in Bezug auf das kulturelle Erbe des Landes richteten sie unermesslichen Schaden an. Weltberühmte Exponate des Nationalmuseums tauchten erst an den Schnittstellen des internationalen Antiquitätenhandels wieder auf.

Die Hospitäler mussten schließen, weil sie nach dem Durchmarsch der Vandalen keine Betten und keine medizinische Einrichtung mehr hatten. Die Patienten wurden ihrem Schicksal überlassen. Viele starben. Von Seiten der neuen Herren wurde nichts gegen die Diebesbanden unternommen. Das, so sagten die US-Besatzer, sei nicht ihre Aufgabe. Einige von ihnen bedienten sich sogar selbst und füllten ihre Koffer mit raren Kriegsandenken.

Erst nach massiven internationalen Protesten gingen die US-Truppen halbherzig gegen die mittlerweile organisierten Banden vor. Sie stoppten Banküberfälle und Übergriffe auf verlassene Villen der alten Nomenklatura. Die Gesetzlosigkeit ließ sich aber nur mit Mühe bezwingen. Erst Tage später nahm die erste US-Zivilverwaltung unter dem pensionierten General Jay Garner ihre Arbeit auf.

In einem Zelt bei Nassarija veranstalteten die Amerikaner eine erste Regionalkonferenz mit rund 60 importierten Saddam-Gegnern. Ideen zur Nachkriegsordnung wurden vorgetragen. Männer, die jahrzehntelang in Nordamerika und Europa gelebt hatten, führten nun das große Wort. Die tiefe Kluft zwischen ihnen und der irakischen Bevölkerung zeigte sich immer deutlicher.

„Das hat die Welt noch nicht gesehen“

Die Szene hätte melodramatischer gar nicht sein können. Am 1. Mai 2003 landete der amerikanische Präsident, verkleidet als Kopilot, vor handverlesenen Presseteams auf dem Deck des Flugzeugträgers „U.S.S. Abraham Lincoln“

unweit der Küste von Kalifornien. Was wie eine Neuauflage des Hollywoodstreifens „Top Gun“ wirkte, war der absolute Ernstfall. Der Oberkommandierende schüttelte die Hände der aus dem Krieg heimkehrenden GIs und erklärte die Irak-Mission für beendet. „Dieser Krieg“, schwärmte Bush, „wurde mit einer vom Feind nicht erwarteten Mischung aus Präzision und Geschwindigkeit und Kühnheit durchgeführt. So etwas hat die Welt noch nicht gesehen.“

Zu seinen Gunsten darf angenommen werden, dass George Bush an jenem seinem Festtag nicht erwartete, dass in den folgenden sechs Monaten rund 130 amerikanische Soldaten bei Terroranschlägen und Schusswechseln im Irak sterben würden, bald mehr als während des sechswöchigen Blitzkriegs. Er hätte bestimmt nicht voraussehen wollen, dass in dieser relativ kurzen Zeit Anarchie und Chaos einkehren und die Invasionstruppen nur mit Selbstverteidigung beschäftigt sein würden.

An den ersten beiden Ramadan-Tagen, 26. und 27. Oktober 2003, flammte der Krieg mit schweren Anschlägen wieder auf und traf die ratlosen US-Truppen an empfindlichen Stellen. Das beste Hotel Bagdads, das Raschid, wurde von einer Raketensalve getroffen. Der dort übernachtende Rumsfeld-Vize Paul Wolfowitz entkam jedoch unversehrt. Am nächsten Morgen explodierten fünf weitere Autobomben, zerstörten das Hauptquartier des Internationalen Roten Kreuzes und drei Polizeistationen. Mehr als 40 Menschen starben, etwa 200 wurden verletzt.

Dabei hatte man schon Ende August gedacht, dass sich die Aktionen nicht mehr steigern ließen. Tiefe Betroffenheit hatte der Anschlag auf das UN-Hauptquartier am 19. August ausgelöst. Damals waren der UN-Sonderbeauftragte Sergio Vieira de Mello und mit ihm zwei Dutzend Mitarbeiter ums Leben gekommen. Zehn Tage später starb vor der großen Moschee der heiligen Stadt Najaf der wichtigste Führer der irakischen Schiiten, Mohammed Bagher al-Hakim, zusammen mit 100 Anhängern durch die Explosion einer gewaltigen Autobombe.

Der Widerstand gegen die Invasoren wurde immer intensiver, und so konnte die Guerilla sogar den 1. November zu ihrem Tag erklären. In Bagdad blieben die Straßen leer, und die Besatzungstruppen verstärkten ihre Patrouillen. Trotzdem konnten sie gegen die Attentate des Wochenendes nichts unternehmen, auch nichts gegen den Abschuss eines voll besetzten Hubschraubers in Falluja. So schlimm war es noch nie gewesen, so ähnlich aber beinahe jeden Tag, seit die Amerikaner das schwer beschädigte Land übernommen hatten. George Bush demonstrierte seinen fortschreitenden Realitätsverlust, als er in jenen Tagen eine ziemlich bizarre Feststellung traf: „Je erfolgreicher wir vor Ort sind, desto mehr werden diese Killer reagieren."

Im ersten Halbjahr nach Saddam ist viel passiert. Nach und nach werden die offenen Fragen immer unangenehmer. Warum ging der Krieg um Bagdad am 9. April 2003 so schnell und so unspektakulär zu Ende, ohne wochenlangen Häuserkampf und hohe Verluste? Die ersten Gerüchte, überzeugend vorgetragen, besagten, dass sich die Amerikaner mit Saddam geeinigt hatten. Er durfte das Land am Nachmittag des 9. April zusammen mit dem ehemaligen sowjetischen Geheimdienstchef Primakow verlassen, und dafür erhielten die Invasionstruppen Bagdad auf dem Präsentierteller.

Im August interviewte der Dokumentarfilmer Patrick Dillon einen ehemaligen irakischen Armeeoffizier, dessen Einheit am Flughafen stationiert gewesen war. Der Offizier berichtete, er habe am Morgen des 9. April eine Kolonne von zehn Mercedes-Limousinen gesehen. Der Konvoi habe Saddam und seine Entourage gebracht. Vier Hercules-Transportmaschinen der US Air Force seien gelandet und hätten die Gruppe Minuten später ausgeflogen. Mögliche Szenarien, deren Bestätigung zu einem immensen Gesichtsverlust der Amerikaner führen würde.

Im Übrigen soll Saddam Hussein, nach dem Bericht einer aserbaidschanischen Zeitung, Monate später mit einer russischen Maschine von Isfahan nach Baku geflogen und dort, unter dem Schutz von Moskauer Militärs und Geheimdienstleuten, in einem für Außenstehende unzugänglichen russischen Militärgelände verschwunden sein. Hier dürfte es sich nicht um die letzte Geschichte über das Verschwinden des gestürzten irakischen Diktators gehandelt haben.

Im Nahen Osten, wo die Menschen süchtig sind nach Verschwörungstheorien, wird auch die Festnahme des 66-jährigen Saddam Hussein am 13. Dezember 2003 auf einem Bauernhof bei el-Daur unweit von Tikrit noch manches Gerücht kreieren. Mit seinem struppigen, grauweißen Bart sah er arg zerzaust und mitgenommen aus, als ihn US-Truppen aus einem getarnten Erdloch zogen. Obwohl Saddam bewaffnet war, leistete er keinen Widerstand, beendete auch sein Leben nicht von eigener Hand – was ihm später so mancher Araber ankreidete. Triumphierend führten ihn die Sieger vor wie eine vom Aussterben bedrohte Tierart. Sie filmten seine medizinische Untersuchung und seine erschöpfte Agonie. Bush genoss den trügerischen Sieg und schielte mit einem Auge auf den Wahltermin des Jahres 2004.

Die „Operation Morgenröte“, eine Gemeinschaftsaktion von US-Eliteeinheiten und kurdischen Kämpfern, ließ den Mann, der von seinen Anhängern zwischen Oman und Marokko als letzter arabischer Held gefeiert wurde, in die Hand der Feinde fallen. An der angespannten Sicherheitslage im Zweistromland dürfte das nichts ändern. Der Widerstand gegen die Besatzer hat längst so viel Eigendynamik erhalten, dass er auf Galionsfiguren wie Saddam verzichten kann. Unmittelbar nach der Gefangennahme des einst Allmächtigen hat der Guerillakrieg an Intensität zugenommen. Saddams Kriegsgefangenschaft spaltete die Nation mehr als die dramatischen Ereignisse der vorausgegangenen Monate. Die eine Hälfte des Volkes feierte auf den Straßen und die andere zog sich in Verbitterung zurück.

Der brisante Job der V-Leute

Rückblende zum April 2003. Eine andere These zum plötzlichen Ende der Kämpfe um Bagdad ist Folgende: Nachdem die Invasion lange vorbereitet wurde, hatte die CIA genügend Zeit, Deserteure der irakischen Geheimdienste anzuwerben, für ihre Zwecke auszubilden und mit dicken Dollarbündeln zurückzuschicken. Diese hoch riskanten Missionen dienten dazu, Informationen zu beschaffen und gleichzeitig neue Helfer anzuwerben. Die Kriegskoalition und Vertreter der Opposition im Exil riefen die meisten Kommandeure der Republikanischen Garden oder ihre Familien per Telefon an. Den Zielpersonen wurde Geld geboten, eine neue Position nach dem Krieg oder Straffreiheit. Als Zeichen guten Willens sollten sie kapitulieren.

So kam es, dass viele Militärs die Seite wechselten, als sie die amerikanische Übermacht erkannten, viele aber auch zu Hause blieben, weil es mit dem Feind gegen Entgelt so vereinbart war. Sogar der Verteidigungsminister, General Sultan Hashem Ahmed al-Tai, soll nach Kriegsbeginn seine Bereitschaft zu einem geheimen Deal signalisiert haben. Er war jedoch zu sehr in die alte Baath-Partei verstrickt, als dass sich die Invasoren mit ihm einlassen wollten.

Nicht alle V-Leute überlebten den Krieg. Mancher wurde durch Saddams Dienste kurz vor dem Ziel enttarnt, in die ohnehin überfüllten Gefängnisse gesperrt und kurzerhand exekutiert. Einige, die ihr Leben für die anrückenden Amerikaner riskiert haben, sind heute zutiefst frustriert. Das Nachrichtenmagazin „Time" zitierte in der Ausgabe vom 20. Oktober 2003 mehrere von ihnen. Sie seien schlecht entlohnt worden, fänden sich heute auf Todeslisten des irakischen Widerstands und würden von den Koalitionstruppen nicht ausreichend geschützt.

Ein ehemaliger Geheimdienstmann, Al-Jaburi, den seine neuen US-Kollegen in Jordanien angeheuert und in Texas trainiert hatten, muss sich verstecken. Zwei seiner Verwandten wurden bereits ermordet, als sie sein Auto benutzten. „Die Amerikaner sind großherzig. Wenn sie dich lieben, dann lieben sie dich wirklich", wird Al-Jaburi von „Time" wiedergegeben, „aber wenn du deinen Job erledigt hast, dann vergessen sie dich."

Die Offensive gegen Saddam Hussein war möglicherweise der erste Krieg in der Geschichte, bei dem nach seinem Ende fieberhaft ein logischer Grund für seinen Anfang gesucht wurde. Das bereitete den Koalitionspartnern große Schmerzen, weil sich nach dem Irakkrieg alle Begründungen der Vorkriegszeit in Luft auflösten.

Lügen schüren die Angst vor Saddams Waffen

Die Invasoren suchten auch Monate nach den regulären Kampfhandlungen Saddams angebliche Massenvernichtungswaffen. Rückblende: Bei seiner Rede vom 7. Oktober 2002 hatte US-Präsident George Bush erklärt: „Nach elf Jahren, in denen wir Eindämmung, Sanktionen, Inspektionen und sogar ausgewählte militärische Aktionen versucht haben, ist das Endresultat, dass Saddam Hussein noch chemische und biologische Waffen hat sowie die Fähigkeiten verstärkt, weitere herzustellen; und er kommt sogar der Entwicklung von Atombomben näher."

Etwa zur selben Zeit hatte auch Bushs bedingungsloser Gefolgsmann, Großbritanniens Premier Tony Blair, öffentlich festgestellt, vom Irak gehe eine „akute und ernste Gefahr aus". Der Bush-Gehilfe Colin Powell versicherte, Saddam Hussein habe es zwölf Jahre lang versäumt, seine todbringenden Arsenale offen zu legen.

Vermeintlich hochbrisante Beweise präsentierte der US-Außenminister am 5. Februar 2003 dem Sicherheitsrat der Vereinten Nationen. Und sein Chef legte noch eins drauf: „Wir werden der Bedrohung jetzt begegnen, mit unserer Armee, Luftwaffe, Marine, dem Küstenschutz und den Marines, so dass wir ihr später nicht mit Armeen von Feuerwehrleuten, der Polizei und Ärzten auf den Straßen unserer Städte begegnen müssen."

Viele vollmundige Erklärungen verängstigten die Menschen in Europa und den USA. Sie wussten, dass Saddams Gewaltregime in den achtziger Jahren all diesen gefährlichen Kampfstoff gebraut hatte, es im Irak ehrgeizige Programme für Nuklearwaffen, für weit reichende Trägerraketen und eine Superkanone gab. Als der Despot von Bagdad Nervengase gegen Kurden und angreifende Iraner einsetzte, kümmerte es niemanden. Das waren Kollateralschäden in einer Welt voller Kriege, die keiner mehr auseinander halten konnte.

Während des missglückten Kuwait-Abenteuers zerbombten die Flugzeuge der Anti-Irak-Koalition sämtliche bekannten Produktionsstätten für Massenvernichtungswaffen. Danach zwangen die Vereinten Nationen den geschlagenen Diktator, Abrüstungskontrollen zu akzeptieren. Von 1991 bis 1998 durchsuchten die Experten der „United Nations Special Commission“ (UNSCOM) das Land. Sie vernichteten alles, was der Irak gemäß UN-Resolution 687 nicht mehr besitzen durfte. Dazu gehörten mehr als 480 000 Liter chemischer Stoffe, 1,8 Millionen Liter Grundmaterial, Flugzeugbomben und 48 Scud-Raketen.

Nach einem heftigen Streit zwischen der irakischen Regierung und den UN sowie einer neuen, großen Militäraktion Englands und der USA gegen den Irak wurden die Inspektoren ausgesperrt. Massive Sanktionen blieben bestehen. Erst als sich die Lage im Herbst 2002 wieder zuspitzte, begannen in Wien Verhandlungen zwischen Irak,

UN und Atomenergieorganisation über neue Waffenkontrollen. Diese wurden am 8. November von der neuen UN-Resolution 1441 festgeschrieben.

Unter der Leitung des versierten ehemaligen schwedischen Außenministers Hans Blix kehrten die Experten am 27. November als UNMOVIC („United Nations Monitoring, Verification and Inspection Commission") wieder zurück. Von der US-Regierung als unfähig belächelt, arbeiteten sie bis März 2003 unter Hochdruck, ohne die notwendige Verlängerung ihres Mandats und ohne gefährliche Massenvernichtungswaffen zu finden. Hans Blix in einem Interview mit der BBC: „Wir hatten uns auf zweieinhalb Jahre eingestellt, und wir hatten nur dreieinhalb Monate".

Die amerikanisch-britischen Besatzer waren absolut sicher, dass sie im Nachkriegsirak versteckte Waffen finden würden. Also gründeten State Department und Pentagon eine „Iraq Survey Group" (ISG) und schickten unter der Leitung des CIA-Mitarbeiters David Kay 1 400 eigene Waffeninspektoren. In der Zwischenzeit ging die Diskussion um den Kriegsgrund Massenvernichtungswaffen weiter und es wurde eine fatale Nebenlüge enttarnt.

Täuschungsmanöver mit „Uran aus Niger"

Präsident Bush hatte am 28. Januar 2003 in seiner Rede zur Lage der Nation behauptet, der Irak versuche, „große Mengen Uran in Afrika zu kaufen". Diese Information war bereits im Frühjahr 2002 durch den früheren US-Botschafter in Niger, Joseph Wilson, überprüft und als unglaubwürdig erkannt worden. Er informierte alle einschlägigen Behörden über die plump gefälschten Dokumente. Dann tauchte die Behauptung erneut im Herbst 2002 auf, in einem Bericht der britischen Regierung. Als Bush dieselben Erfindungen verbreitete, legte Mohammed el-Baradei von der UN-Atomenergiebehörde scharfen Protest ein. Wie ein Bumerang schlug die Uranaffäre im Weißen Haus ein.

Dort lud man die Verantwortung für die Informationspanne bei der CIA ab, und der gehorsame Untergebene aus Langley, CIA-Direktor George Tenet, deckte den Präsidenten. Genaue Recherchen ergaben, dass die Schuld bei den Verschwörungstheoretikern lag. Paul Wolfowitz und sein Vize Douglas Fith hatten eine Arbeitsgruppe namens „Office of Special Plan" gegründet, die belastendes Geheimdienstmaterial gegen den Irak wieder und wieder durchforstete. Dazu konsultierten sie auch die naturgemäß zur Übertreibung neigenden exilirakischen Funktionäre. Vizepräsident Cheney fuhr mehrmals zur CIA und fragte die Analysten, warum ihre Berichte viel unpräziser seien als jene aus dem Pentagon. So erhielt ein bereits ad acta gelegtes Gerücht wieder neue, verhängnisvolle Dynamik.

Am 30. Juli 2003 wurde George Bush bei einer Pressekonferenz nach dem Urandesaster gefragt. Darauf wechselte er sofort das Thema. Er antwortete, dass er selbst „eine Menge gründlicher Geheimdienstinformationen, guter, solider, einwandfreier Geheimdienstinformationen" überprüft habe. Das habe ihm die Notwendigkeit bewiesen, Saddam Hussein zu stürzen.

Viel verheerender wirkte sich der von David Kay Anfang Oktober 2003 vorgelegte Untersuchungsbericht aus. Trotz fünfmonatiger Suche hatten auch seine Inspektoren keinen Hinweis auf ABC-Waffen gefunden. Beinahe trotzig äußerte sich der Hoffnungsträger des Weißen Hauses vor den US-Abgeordneten: „Das heißt aber nicht, dass es keine Waffen gibt". Kay erklärte, dass er weitere sechs bis neun Monate Zeit und 600 Millionen Dollar brauche, um eventuell fündig zu werden.

In völliger Verkennung des Ergebnisses stellte George Bush fest, der Kay-Bericht zeige, dass Saddam Hussein „eine Gefahr für die Welt" gewesen sei. Donald Rumsfeld war nur ein Wort zu entlocken: „Bedauerlich." Der demokratische Senator Jay Rockefeller beklagte, dass der Präsident das Leben amerikanischer Soldaten leichtfertig aufs Spiel gesetzt habe. „Man trifft nicht einfach solche Entscheidungen und setzt die Jugend unserer Nation aufs Spiel auf der Basis von etwas, das nicht existiert zu haben scheint“, so Rockefeller. Niemand sprach von den Tausenden Irakern, die bei dem Aggressionskrieg ums Leben gekommen waren.

Am Rande der monatelangen Waffendebatten platzten auch alle möglichen kleinen Seifenblasen. Sechs Wochen vor Kriegsbeginn hatte Colin Powell beim Weltsicherheitsrat angeblich unwiderlegbare Beweise für die irakischen Waffenprogramme vorgelegt. Dazu zählte auch die Darstellung vom „rollenden Labor“ für biologische Kampfstoffe. Mindestens 18 sollte es davon geben. Am Ende fand man zwei Lastzüge, deren Aussehen sich mit der Beschreibung der Informanten deckte. Es stellte sich heraus, dass sie Wasserstoff für Wetterballons produzierten. Letztlich waren die einzigen Massenvernichtungswaffen im Irak die der Amerikaner.

Keine Komplizenschaft mit Al Qaida

So ähnlich verdampften die schweren Vorwürfe im Terrorismusbereich. Colin Powell hatte auch in diesem Fall die undankbare Aufgabe, die nur auf Reizwörtern basierenden Erkenntnisse auf höchster US-Ebene vorzutragen. Die Terrorismusvorwürfe bauten natürlich auf Amerikas Staatsfeind Nummer eins, Osama bin Laden. Der Irak, so Powell, pflege seit Jahren enge Kontakte zu ihm und seiner Untergrundorganisation Al Qaida.

Ein enger Vertrauter Bin Ladens, Abu Musab Zarkawi, habe mit der Organisation Ansar al-Islam im Irak zwei Trainingslager für Terroristen aufgebaut. Dort würden bevorzugt Giftstoffe produziert. Ein Führungsoffizier aus Bagdad kontrolliere Ansar al-Islam.

Ansar al-Islam, da mischten die Amerikaner Äpfel mit Birnen, war eine islamistische Organisation der Kurden. Ihre Mitglieder lagen im Clinch mit den Peschmerga-Einheiten von Jalal Talabani und beschossen sich regelmäßig in den Hügeln hinter Halabdscha, im Nordosten des Kurdengebiets. Diese strenggläubigen Aktivisten mit Al-Qaida-Verbindung sollen aus Afghanistan zurückgekehrt sein, nachdem es ihnen dort im Herbst 2001 zu unsicher geworden war.

Sie bewohnten mehrere Dörfer, die direkt an der iranischen Grenze liegen, so dass sie von dort bei Gefahr ohne weiteres abtauchen konnten. Ihr geistiger Führer lebte in Norwegen als Asylbewerber. Es gab also weder territoriale noch ideologische Nähe zum säkularen Saddam-Regime, das seit Jahrzehnten Islamisten jagte. Im Falle Ansar al-Islam übernahmen das die Amerikaner, als sie zu Beginn des Krieges einige gezielte Luftangriffe auf die Dörfer der Ansaris flogen.

Seit dem Ende der Kampfhandlungen versuchten die Besatzer intensiv, Verbindungen zwischen dem Baath-Regime von Saddam Hussein und dem aktiven internationalen Terrorismus, vor allem zu Al Qaida, zu finden. Es gelang ihnen nicht. Auch von den damit befassten UN-Spezialisten und von befreundeten Geheimdiensten kamen keine Hinweise, die zum Ziel führten.

Sogar die bald nach dem 11. September von Richard Perle verbreitete Lüge, der irakische Geheimdienstmann Ahmad al-Ani habe im April 2002 in Prag den Terroristen Mohammed Atta getroffen, löste sich in Luft auf. Der damalige tschechische Präsident Václav Havel dementierte diese konstruierte Geschichte höchstpersönlich.

George Bush hatte zeitweise seine Vorwürfe variiert. Die irakische Regierung, so seine Gedankenkette, könne biologische oder chemische Waffen an Terroristen geben, die damit die USA angreifen würden. Ein Nachweis zur irakischen Beteiligung sei dann ganz schwer zu führen. Nur, woher sollten die Iraker diese Waffen nehmen? Da schloss sich der Kreis.

So blieb George Bush nichts anderes übrig, als Mitte September 2003 schweren Herzens zu dementieren, dass Saddam in irgendeiner Weise mit den Anschlägen vom 11. September in Verbindung gebracht werden kann. Gerade diese Variante hatte seine Regierung immer wieder angedeutet – bis 70 Prozent der amerikanischen Bevölkerung daran glaubten. So war auch die breite Zustimmung zum Irakfeldzug eingeholt worden. Diese Fehlinterpretation der Amerikaner ist genauso absurd wie die Annahme von mittlerweile jedem fünften Deutschen, dass die US-Regierung selbst hinter den Anschlägen vom 11. September steckt.

Nur eines ist sicher im Bereich Terrorismus: Vor dem Angriff der Koalitionstruppen gab es im straff geführten Irak zwar bösartige Geheimdienste, aber keine Terroristen. Der Honeymoon mit den palästinensischen Fedayin gehörte längst der Vergangenheit an. Nur Saddams Spenden gingen noch an palästinensische Familien, die tote Kämpfer zu beklagen hatten.

Dafür ist aber der neue Irak eine feste Einrichtung auf der Landkarte des internationalen Terrorismus geworden. Die zahlreichen Anschläge, die in der Regel einen US-Soldaten pro Tag töten, gehen – nach seriösen Informationen – auch auf das Konto zugereister Araber, die im Irak ihre Chance zur direkten Konfrontation mit den verhassten Invasoren sehen. Die Bush-Regierung hat erreicht, was Saddam nie gelungen ist: den Schulterschluss zwischen religiösen und weltlichen Kräften. Erst der Krieg hat den Irak zum neuen Mekka des Terrorismus werden lassen.

In einer von der „Frankfurter Allgemeinen Zeitung" veröffentlichen Streitschrift des Theaterintendanten Ivan Nagel heißt es: „Bush/Cheney/Rumsfelds Glaube, durch Angriffe auf ‚Verbrecherstaaten' den Terrorismus abzuwürgen, ist eine tödlich-naive Illusion. Nicht weil man auch Al Capone keineswegs durch die Bombardierung von Chicago überwand. Sondern weil die Demonstration amerikanischer Weltherrschaft niemals eine Bewegung beenden kann, deren Anlass und Zielscheibe eben Amerikas Weltherrschaft ist.

Wir werden mit dem Terror leben müssen. Nur macht es viel aus, ob die Kandidaten für Terrorismus anderthalb Milliarden Menschen sind oder einige Freaks. Die Ethik von Mord-durch-Selbstmord aber wird erst zusammenbrechen, wenn wir alles daransetzen, die Ungleichheit zu mindern statt sie, wie Bushs Amerika, zu vergrößern."

Nun sitzen die Amerikaner fest im Irak und können sich kaum bewegen. Durchschnittlich 35 tägliche Angriffe aus dem Hinterhalt schüchtern sie ein, bringen sie den angeblich befreiten Irakern kein bisschen näher. Nach den Erfahrungen der ersten Monate halten sie jeden Einheimischen, der sich ihnen nähert, zuerst einmal für einen Feind. Im Zweifelsfalle feuern sie aus allen Rohren, und das haben bereits zahlreiche irakische Zivilisten mit dem Leben bezahlen müssen. Nachts gehen die amerikanischen Greiftrupps auf Terroristensuche. Sie dringen in fremde Schlafzimmer ein, missachten sämtliche Regeln im Umgang mit muslimischen Frauen, demütigen die Familienväter vor den Augen der Kinder, entweihen Koranausgaben und vernichten das Eigentum von Verdächtigen.

Das erzeugt Wut und Hass – und nostalgische Gefühle für den Menschenschinder Saddam. Die Iraker liebten ihn nicht, aber sie lebten in gesicherten Umständen und kannten die Spielregeln, die der Umgang zwischen Herrschern und Untertanen im arabischen Kulturkreis mit sich bringt. Dies alles ist den Besatzern fremd. Die Jahrzehnte im Ausland lebenden Oppositionsführer hatten im Pentagon und im State Department erklärt, ihre irakischen Landsleute würden die Befreier mit Jubelrufen und Fähnchen begrüßen. Als die Truppen merkten, dass es genau umgekehrt lief, war es schon zu spät. Ihr mangelndes Wissen über die ungeschriebenen Gesetze des Orients konnten sie nicht mehr nachholen.

Der wirkliche Grund des US-Einmarsches im Irak, so schrieb Michael Ignatieff von der Kennedy School of Government an der Harvard-Universität in der „New York Times“, sei, „die Säulen des amerikanischen Einflusses im Nahen Osten“ wieder zu errichten. Niemand hatte dem amerikanischen Volk diesen Grund genannt, und keiner hatte gesagt, dass die Aktion Jahre dauern würde. Aus einem angeblichen Blitzkrieg entwickelte sich ein Abnutzungskrieg.

Die irakischen Ölquellen im Visier

Der dritte Golfkrieg wurde ganz sicher auch geführt, um die irakischen Ölreserven kontrollieren zu können und um die Option zu erhalten, langfristig einen Rollentausch zwischen dem „befreiten“ Irak und dem in Ungnade gefallenen Saudi-Arabien zu organisieren. Mit geschätzten 112 Milliarden Barrel verfügt der Irak über die zweitgrößten Ölreserven der Welt. Von seinen 72 Feldern wurde bislang nur ein Drittel erschlossen. Eines davon, es heißt Majnun, enthält mit 30 Milliarden Barrel so viel „schwarzes Gold“ wie alle Quellen der USA zusammen. Weltweit sind die Ölmultis an Verträgen mit dem Irak interessiert, weil die niedrigen Produktionskosten im Zweistromland eine hohe Rendite ermöglichen.

Die „Bush-Cheney-Öljunta“ kannte diese Daten, verfügte aber anscheinend über keine genauen Informationen zum Zustand der Ölförderanlagen des Irak – besonders nach einem Embargo-Jahrzehnt. Sonst hätte Paul Wolfowitz dem Kongress sicherlich nicht den Bären aufgebunden, die Öleinnahmen könnten den Wiederaufbau des geschundenen Landes finanzieren.

Wolfowitz und Cheney errechneten eine mögliche Jahreseinnahme von 20 bis 30 Milliarden Dollar. Die Summe wurde inzwischen auf durchschnittlich 14 Milliarden Dollar nach unten korrigiert. Dabei sind 2003 nur zwei Milliarden zu erwarten, 2004 ein Anstieg auf zwölf Milliarden. Vorher müssen allerdings acht Milliarden Dollar in Reparaturen investiert werden. Wenn die alltäglichen Sabotageakte nicht enden, wird sich dieser Betrag deutlich erhöhen. Und, was schlimmer ist, der Irak wird bis auf weiteres von Ölimporten abhängig bleiben.

Derzeit untersteht das Land einer zivilen Übergangsregierung, der „Coalition Provisional Authority“ (CPA) unter dem neokonservativen L. Paul Bremer III. Der frühere Chef der Terrorabwehr im Washingtoner State

Department steuert auch den fünfundzwanzigköpfigen Übergangsrat, dessen Mitglieder in der Regel amerikanische Pässe haben. Dazu wurde noch ein vierundzwanzigköpfiges Kabinett ohne Premierminister zusammengestellt. Jedes Ministerium bekam einen amerikanischen Berater, der letztlich das Sagen hat.

Die CPA kümmert sich um Verwaltung und Wiederaufbau. Für die Erneuerung des Irak wird sie mindestens 75 Milliarden Dollar ausgeben, den Löwenanteil davon an amerikanische Firmen, wie Dick Cheneys ehemaligen Arbeitgeber Halliburton. Der texanische Multi hat bereits einen ersten Auftrag in Höhe von 704 Millionen Dollar an Land gezogen. Ein heftiger Konkurrenzkampf mit dem anderen amerikanischen Industriegiganten Bechtel hat begonnen.

Inzwischen wurde bekannt, dass sowohl Halliburton als auch Bechtel zu den wichtigsten Wahlkampfsponsoren der Republikaner zählen. Angesichts der vielen Ungereimtheiten im Zusammenhang mit dem Irak regte das aber auch nur einige oppositionelle Demokraten auf. Mehr Aufsehen erregten offizielle Stellungnahmen aus der US-Führung, dass sich am Wiederaufbau nur Firmen aus Ländern der Kriegskoalition beteiligen dürften. Deutschland oder Frankreich beispielsweise wären also von Aufträgen ausgeschlossen.

Im krassen Gegensatz dazu stand eine andere Idee aus dem Weißen Haus: Als George Bush erkannte, dass ihm die Irakkosten über den Kopf wachsen und seine Popularitätswerte erstmals auf 45 Prozent sanken, rief er die normalerweise von ihm verachtete internationale Gemeinschaft um Hilfe. Wie zu erwarten war, reagierten die westlichen Industriestaaten verhalten, forderten gar eine neue UN-Resolution als Grundlage allen Handelns. Auch darauf ließ er sich schließlich mit viel Mühen und langen Verhandlungsrunden ein. Neues kam dabei nicht heraus, weil die Amerikaner im Irak die Zügel in der Hand behielten und vor allem – anders als weltweit von ihnen gefordert – die Vereinten Nationen nicht beteiligten.

Hohe Kriegskosten, fehlende Erfolge

Bush beantragte beim US-Kongress einen Nachschlag für Irak und Afghanistan in Höhe von 87 Milliarden Dollar. Und das nur für das laufende Haushaltsjahr. Zwei Drittel davon sollten den Einsatz von Militär und Geheimdiensten finanzieren. Schon wegen der absoluten Unsicherheit werden die 139 000 US-Soldaten auf unabsehbare Zeit im Irak bleiben und möglicherweise noch verstärkt werden müssen. Dieser Posten verschlingt vier Milliarden Dollar im Monat, 48 Milliarden im Jahr. Die krisengeschüttelten Amerikaner sind entsetzt, weil die neue Ausgabenpolitik für 2004 ein Rekorddefizit von bis zu 562 Milliarden Dollar bringen wird, anstelle der geplanten 475 Milliarden.

Da war es nur ein Tropfen auf den heißen Stein, dass die Madrider Geberkonferenz dem Irak in der letzten Oktoberwoche 2003 Kredite und Geschenke in Milliardenhöhe zusagte. Die ursprünglichen Kriegsgegner hielten sich zurück. Die Europäische Gemeinschaft beispielsweise versprach lediglich 200 Millionen Euro. Damit war ihre Leistungsfähigkeit im Zeitalter leerer Kassen erschöpft.

Bei der Führungsmannschaft des Weißen Hauses hat inzwischen, angesichts der permanenten Hiobsbotschaften aus dem besetzten Irak und des langsam in den alten Zustand zurücksinkenden Afghanistans, ein heftiger Grabenkrieg begonnen. George Bush gründete eine „Stabilisierungsgruppe Irak" und beauftragte seine engste Vertraute Condoleezza Rice mit ihrer Leitung. Damit wurde der glücklose Donald Rumsfeld in diesem Bereich entmachtet. Vereinzelt ertönte schon die Forderung nach seinem Rücktritt.

Er revanchierte sich mit einem kritischen Brief, der an seine Führungsriege im Pentagon gerichtet war, jedoch auf wundersame Weise bei der Zeitung „USA Today" landete. „Gewinnen oder verlieren wir den globalen Krieg gegen den Terrorismus?", fragte der impulsive Verteidigungsminister mit scheinheiligem Unterton. Trotz erheblichem Druck, so klagte Rumsfeld, seien viele Al-Qaida-Aktivisten immer noch erfolgreich auf der Flucht.

Weiter im Text: „Fangen, töten oder schrecken wir jeden Tag mehr Terroristen ab, als die Koranschulen und radikalen Prediger werben, ausbilden und gegen uns einsetzen? [...] Lässt sich unsere Situation mit der Formel beschreiben: Je mehr wir uns anstrengen, desto weiter geraten wir ins Hintertreffen?“ Klang da Resignation und Realismus durch? Ist die Außenpolitik mit dem Sturmgewehr in eine Sackgasse geraten?

Globale Kommunistenabwehr

Die CIA stürzt Irans Premier Mohammed Mossadegh und holt die Ölquellen zurück – In Vietnam sterben 58 022 US-Soldaten in einem aussichtslosen Krieg

„Das Milieu (in dem Terror immer wieder gedeihen kann) ist Ohnmacht, als gesellschaftlicher Ausdruck unverrückbar, unüberwindbar erachteter Unterlegenheit. Diese Ohnmacht empfindet die Mehrheit der Weltbevölkerung (= ‚Süden') vor der Minderheit, die mit ‚Westen' oder ‚Norden' gleichzusetzen ist. Und sie wird – ob berechtigt oder unberechtigt weltweit – insbesondere gegenüber den als übermächtig angesehenen USA empfunden. Die Wurzeln dieser Ohnmacht liegen letztlich in dem riesigen Wohlstandsgefälle zwischen ‚Norden' und ‚Süden' begründet. Die unbeschreibliche Armut, von der annähernd 50 Prozent der Weltbevölkerung betroffen sind, gebiert Hunger, Fehlernährung, Mangelkrankheiten, Obdachlosigkeit, Analphabetismus und politische Unmündigkeit. Und sie bedeutet letztlich Ausgrenzung. Dieses ‚Nicht-dazu-Gehören', ‚Nicht-teilnehmen-

Können' bestimmt spätestens oder erst recht seit Globalisierung und exzessivem Wettbewerb geahnt oder erlebt das Ohnmachtsbewusstsein der Bevölkerungsmassen des Südens."

Professor Fred Scholz, Freie Universität Berlin
Zentrum für Entwicklungsländer-Forschung

Der auf Fotos so ungemein aristokratisch wirkende, glatzköpfige Mohammed Hedayat Mossadegh ist ein zu Unrecht vergessener Mann. Er gehörte zu jener seltenen Spezies unter den Politikern, die sich wirklich um ihr Land sorgen und nicht nur den eigenen Vorteil suchen. Sein Fehler war, dass er sich mit den Vereinigten Staaten und mit der gefallenen, aber immer noch kräftigen Weltmacht Großbritannien anlegte. Damit war das Ende der Ära Mossadegh besiegelt. Er blieb eine gescheiterte Hoffnung seines Volkes auf Neubeginn mit eigenen Ressourcen und ohne ausländische Bevormundung. Beides passte damals nicht in die Zeit und auch nicht zu den imperialistischen Gelüsten der Gewinner des großen Krieges.

Zuerst die Vorgeschichte: Der Iran, Mossadeghs Heimat, wo er um 1881 geboren wurde, war lange Zeit ein Spielball der starken Mächte. Die Menschen wurden erst gar nicht motiviert, ihre Interessen zu vertreten. Und, wie später so häufig, ging es um das neue Gold, genannt Erdöl. Die Gier der Mächtigen war grenzenlos, und Widerständler wie Mohammed Mossadegh sollten davon zerrieben werden. Am Ende waren sie nur noch gut für einen Gedenkstein oder eine Marmorplatte. Wenn überhaupt.

Um die damalige Jahrhundertwende herrschte in Persien Anarchie. Es gab keine Zentralgewalt, und deshalb glaubten die Stärkeren, sich alles erlauben zu dürfen. Das große Land mit der stolzen Vergangenheit löste sich langsam auf. Im Norden hatten die Russen den Kaukasus erobert und spähten begehrlich nach Süden. Die Briten standen am Golf und beobachteten misstrauisch den Norden. Afghanistan war mit sich selbst beschäftigt. Der heutige Iran wurde von grausamen Räuberbanden in Unruhe gehalten. Überall herrschte das Gesetz des Stärkeren. Nur Teheran, die Hauptstadt, sollte eine gewisse Vorbildfunktion haben, das Schaufenster eines völlig unterentwickelten, rauen Landes.

Die Russen und die Engländer waren nahe dran. Im Prinzip kontrollierten sie das Land. Der naive Nasr ed-Din Schah, ein schwacher Herrscher aus der Dynastie der Kadscharen, überließ ihnen so grundlegende Ressorts wie das Fernmeldenetz und die Eisenbahn, ferner das Recht, Rohstoffe auszubeuten, Banken zu gründen, die Zollhoheit auszuüben und den Opiummarkt zu kontrollieren. Der Ausplünderung waren keine Grenzen gesetzt, der Staat daher im Prinzip bankrott.

Das konnte nur den Aufstand des Volkes fördern. 1907 löste die Lage überall im Land Unruhen aus. Rasch gingen die Russen daran, im Norden für „Ordnung" zu sorgen, die Engländer im Süden. Als es keine Alternative mehr gab, putschte sich der damalige Schah selbst an die Macht und unternahm alles, um sie zu behalten. Die Aufständischen stürzten ihn und setzten einen Zwölfjährigen auf den Thron.

Spekulanten wie der britische Baron Julius de Reuter hatten sich bereits eine Ölkonzession für 70 Jahre gesichert. Diese Periode endete 1901 vorzeitig. Die Iraner verhökerten ihre Ölkonzession für 20 000 Pfund Sterling an den Abenteurer Knox d'Arcy. Er sorgte dafür, dass die Ölförderung endgültig in britischer Hand blieb. 1909 entstand die Anglo-Iranian Oil Company, kurz AIOC.

Die AIOC kontrollierte eine Fläche von der Größe der alten Bundesrepublik. Von 1914 bis 1950 exportierte sie mehr als 324 Millionen Tonnen Rohöl. Dafür will sie einen Reingewinn von fünf Milliarden Dollar erwirtschaftet haben. Lediglich acht Prozent bekamen die Iraner.

Ebenso beim Tabakanbau herrschte größtmögliche Unzufriedenheit. Die Opposition warf dem Herrscherhaus auch hier vor, die nationalen Ressourcen zu verschleudern. Die Tabakbewegung bewirkte die Annullierung der Konzessionsvergabe. Nun entstanden demokratische Institutionen, ein Parlament, eine Verfassung, freie Wahlen. Als die Menschen übermütig wurden und den Rücktritt des Schahs verlangten, holte dieser die Russen und Engländer zu Hilfe. Wie gehabt, besetzten die Engländer den Süden und die Russen den Norden.

Die Pahlevi-Dynastie und ihre Partner

1921 tauchte wie Phönix aus der Asche der Kosakengeneral Reza Khan auf dem politischen Parkett des Iran auf. Er verjagte die Kadscharen-Dynastie und gründete eine eigene – die der Pahlevis. In dem Namen steckte eine Referenz an die antiken Perserkönige. Reza Pahlevi entpuppte sich bald als glühender Verehrer der Engländer. Von ihm hatten sie nichts zu befürchten. Speziell die AIOC entwickelte sich nun zum Staat im Staate. Ein bekanntes Modell griff: Die Reichen wurden noch reicher und die Armen des Landes so viel ärmer, dass sie es auf lange Sicht nicht überleben konnten.

Immer öfter begehrten die Unzufriedenen auf. Reza Khan ließ die streikenden Erdöl- und Textilarbeiter von Armee und Polizei zusammenschießen. Er merkte rasch, wie machtvoll und lukrativ der Besitz des Öls war. Reza, mittlerweile ein Freund der Nazis, festigte die Beziehungen zu Deutschland. Das sorgte dafür, dass die Geduld der Alliierten etwas schneller zu Ende ging. Sie zwangen den Monarchen zur Abdankung. Die Engländer stellten neue Weichen, und so bestieg im September 1941 der damals einundzwanzigjährige Mohammed Reza Pahlevi, der Sohn des Geschassten, den Pfauenthron im Teheraner Niavaran-Palast. 1942 marschierten wieder einmal britische und sowjetische Truppen ein, um die Treibstoffversorgung für die alliierten Truppen im Zweiten Weltkrieg zu sichern.

Der junge Schah hatte nicht viel zu sagen. Erst bei der Konferenz von Teheran beschlossen Roosevelt, Stalin und Churchill, ihre Truppen ein halbes Jahr nach Kriegsende abzuziehen und den Iran sich selbst zu überlassen. Die Amerikaner nahmen diesen Vorsatz nicht so wörtlich. Sie hatten Gefallen am strategisch wichtigen Land der Perser gefunden. Also behielten sie die weitere Entwicklung genau im Auge.

Der organisierte Widerstand gegen die Monarchie witterte trotz der neuen Scheinunabhängigkeit Morgenluft. Die alte Verfassungsbewegung, die Gewerkschaften und die kommunistische Tudeh-Partei kamen wieder aus dem Untergrund. Ihre wichtigste Forderung war, die Bodenschätze nicht zu verschleudern. Schon im Herbst 1947 verlangten sie einen neuen Vertrag mit den Briten, obwohl der alte noch bis 1993 gelaufen wäre.

Erdöl war zu einem Lebenselixier der Volkswirtschaften geworden, und die lukrativsten Quellen befanden sich im Nahen Osten. Also rückte die arabische Welt bald nach dem Weltkrieg wieder in das Blickfeld des Westens. Darüber hinaus hatte der Kalte Krieg begonnen, und so galt es, den Kommunismus an allen seinen Fronten zurückzudrängen. Der Iran schien gefährdet, was die regionalen Interessen seines Nachbarn im Norden betraf, der Sowjetunion. Also musste er vom Westen beschützt werden.

Die Iraner forderten von London, die Profite aus dem Erdölverkauf zu teilen. Das lehnten die arroganten Kolonialisten strikt ab. Der weltweite Kampf um den Rohstoff Öl hatte begonnen, und jeder führte ihn nach seinen Regeln. Meistens wurden die Förderländer von den Abnehmern über den Tisch gezogen. Im vorliegenden Fall blieben jedoch die Perser standhaft. Eine Einigung mit den Engländern war nicht in Sicht, also verabschiedete das iranische Parlament am 20. März 1951 ein Gesetz zur Verstaatlichung der Ölindustrie.

Mossadegh verärgert die Weltmächte

Kurz darauf übernahm die treibende Kraft dieser Politik, Mohammed Mossadegh, das Amt des Ministerpräsidenten. Er war bereits 69 Jahre alt, hatte in Europa studiert und längere Zeit im Exil gelebt. Ein Mann, der die damalige Welt kannte. Ohne lange zu überlegen, zeichnete auch der Schah das neue Gesetz ab. Der nächste Schritt war die Gründung einer eigenen Ölgesellschaft, der „National Iranian Oil Company" (NIOC). Das Volk ging auf die Straßen und feierte den erneuten Schritt in die Selbständigkeit. Erstmals wehte die iranische Fahne auf den Ölfeldern.

Das ging Briten und Amerikanern zu weit. Sie starteten Gegenaktionen, die den Iran an den Rand des Staatsbankrotts brachten. Ihre Wirtschaften boykottierten das iranische Öl. Obwohl Teheran Dumpingpreise nahm, konnte es in 30 Monaten nicht mehr exportieren als früher an einem Tag. Der internationale Gerichtshof, von den Engländern angerufen, erklärte sich für nicht zuständig. Die Amerikaner hatten ein Problem, Mossadegh als Kommunisten darzustellen, da ihn 1952 sogar das Nachrichtenmagazin „Time" als „Mann des Jahres" präsentierte. Er wusste, was Washington fürchtete, und deshalb argumentierte er so, dass nur er den Griff des Kommunismus im Iran aufhalten könne. Doch dazu müsse er erfolgreich sein.

Der Nationalist Mohammed Mossadegh machte eine gute Figur, konnte sich aber trotzdem nicht durchsetzen. Die Briten plädierten für Kanonenboot-Politik, während die Amerikaner ihre eigenen Pläne schmiedeten. Präsident Harry S. Truman wollte nicht offensiv vorgehen. Erst mit seinem Nachfolger Dwight D. Eisenhower, dem ehemaligen Oberkommandierenden der amerikanischen Streitkräfte in Europa, sollte es klappen.

„Operation Ajax" beseitigt die Nationalisten

Im Sommer 1953 lief nach monatelangen Vorbereitungen die Geheimdienstoperation „Ajax" an. Der CIA-Agent Kermit Roosevelt, ein Enkel des Präsidenten Theodore Roosevelt, stellte seine Planung erstmals im Washingtoner Büro des Außenministers John Foster Dulles vor. Für ihn ging es weniger um die Ölkonzession der Briten als vielmehr um das Zurückdrängen eines vermeintlichen sowjetischen Einflusses auf den Iran.

Es begann damit, dass die CIA faschistische Schläger für gewaltsame Demonstrationen gegen die iranische Regierung bezahlte. Die linken Nationalisten und der Klerus standen aber weiterhin hinter dem unbequemen Premier. Der extrem passive Schah jedoch verließ auf amerikanischen Rat hin für einige Wochen das Land. In dieser Zeit schürten die Washingtoner Agenten Unruhen. Das Ziel war, Mossadegh zu stürzen und die unerfreulichen Gesetze rückgängig zu machen.

Generalmajor George Steward von der US-Militärkommission in Teheran erinnerte sich: „Als die Krise begann und die vorhandene Situation ins Wanken geriet, haben wir unsere Prinzipien beiseite geschoben und – in Verbindung mit anderen Maßnahmen – die Armee in Alarmbereitschaft gesetzt. Alle Gewehre, die Soldaten in den Händen hielten, die Lastwagen und Panzerspähwagen stammten aus amerikanischen Hilfeleistungen für die Armee."

Am 18. und 19. August 1953 sollte es Ernst werden für Mossadegh. Die CIA finanzierte und organisierte neue Demonstrationen, bei denen sogar Schah-Denkmäler zerstört wurden. Das brachte die erbosten Anhänger der Monarchie auf die Straße. Kermit Roosevelts Plan ging auf. Der Schah-treue General Fazlollah Zahedi nahm mit seinen Männern die Rundfunkstation ein und erklärte

Mossadegh für abgesetzt. Der Schah hatte den entsprechenden Erlass schon unterschrieben. Panzer rollten auf Mossadeghs Haus zu. Bei den erbitterten Kämpfen, die nun folgten, kamen 300 Menschen um. Mossadegh wurde nicht gefasst, stellte sich aber am nächsten Tag. Der junge Pahlevi kehrte zurück, und Zahedi durfte neuer Premier werden.

„Meine historische Aufgabe erfüllt"

Nun nutzten die Handlanger der USA die günstige Gelegenheit und inhaftierten 2 000 Mitglieder der kommunistischen Tudeh-Partei. Der abgesetzte Premier wurde im Dezember 1953 von einem Militärtribunal wegen „Hochverrats" zu drei Jahren Haft abgeurteilt und danach mit 270 Anhängern ins Exil geschickt. Vorher versicherte er seinen Anklägern: „Meine einzige ungeheure Schuld liegt darin, die Erdölindustrie zu verstaatlichen und den Einfluss sowie die Ausbeutung durch eines der größten Weltimperien im Iran ein Ende zu setzen. Mein Leben und Menschen wie ich haben angesichts des Stolzes von Millionen Iranern keine Bedeutung. Ich bedauere mein Schicksal nicht und bin sicher, dass ich meine historische Aufgabe bis zum Schluss erfüllt habe."

Nun bestimmten die angelsächsischen Ölmultis wieder den Kurs des Landes. Ein neuer Konzern entstand, an dem die Amerikaner zu 40 Prozent beteiligt waren. Der Schah verzichtete „nach demütigenden Verhandlungen" (Reza Pahlevi) auf 50 Prozent der möglichen Einnahmen. Er sicherte den Konzernen maximale Rechte zu. Der Kaiser triumphierte in seinen späteren Memoiren, dass nach dem Coup „die Pöbelherrschaft zu Ende war und der brave Bürger wieder ungestraft seiner Arbeit nachgehen und in Frieden leben konnte". Keine Rede von einem in Washington ersonnenen Staatsstreich gegen die legale Regierung Mossadegh. Nur Moskau, so glaubte der Schah zu erkennen, habe hinter der Tudeh-Partei gestanden.

Der Historiker Jürgen Martschukat von der Universität Hamburg beschrieb die US-Geheimdienstoperation zur Beherrschung des Iran 30 Jahre später. Seine Schlussfolgerung in der „Zeit" vom 14. August 2003: „Die Amerikaner hatten im Laufe der Irankrise im Nahen Osten das Heft in die Hand genommen – mehr als drei Jahre vor dem Konflikt um die Besetzung des Sueskanals in Ägypten. Im Iran errichteten sie das Paradebeispiel eines korrupten und brutalen Marionettenregimes. Gefüttert mit hoher Militär- und Wirtschaftshilfe sowie gestützt durch einen rücksichtslosen Geheimdienst, machten sie den Schah für die nächsten 25 Jahre zur starken Figur im Land – und zu einem der verhasstesten Diktatoren der islamischen Welt."

Linda, ein vietnamesisches Schicksal

Dieses Mädchen sah so anders aus als die üblichen Neunzehnjährigen aus Saigon, das heute nach dem Revolutionär Ho Tschi Minh benannt ist. Sie nannte sich Linda May und stand jeden Tag vor dem Hotel Cuu Long. Ein traditionsreicher Bau, der früher Majestic hieß. Das Hotel der Kriegsberichterstatter. Das Mädchen verkaufte Erdnüsse, die Packung zu 20 Dong, gerade acht Cent. Nachts schlief sie gegenüber in den Hauseingängen. Sie wirkte ein bisschen verwirrt. Oder war sie nur verzweifelt?

Von ihrem Vater hatte sie die Augen, die helle Haut, die Gesichtsform bekommen. Der Mutter verdankte sie die kleine Gestalt und das Unglück, in der alten Hauptstadt Südvietnams geboren zu sein. Linda May sprach jeden an, der wie ein Ausländer aussah, und dann zeigte sie ihm ein kleines Stück Papier. Das Passbild eines jungen Amerikaners mit Militärhaarschnitt klebte darauf. Daneben stand sein Name und auch seine Adresse: John Walton aus Kalifornien. „Das ist mein Vater!“, erklärte Linda mit einer Mischung aus Stolz und Trauer. Sie hatte ihn nie gesehen. Als ihre Mutter einige Jahre zuvor starb, hinterließ sie bloß sein Foto und eine Anschrift am anderen Ende der Welt.

Linda May ist ein typisches Schicksal des dreißigjährigen Krieges in Indochina. Sie, die Schwächste, zahlte mit ganz kleiner Münze für ihren Vater und seine große Nation. Als der letzte Amerikaner mit dem letzten Hubschrauber vom

Dach der alten US-Botschaft in Saigon abgehoben hatte, war die kleine Linda May gerade sieben. Sie hätte eine Schule besuchen, lesen und schreiben lernen sollen. Das wurde ihr jedoch verweigert. Die neuen Machthaber aus dem Dschungel sagten: Du bist ein Amerikanerkind, du brauchst nicht auf unsere Kosten zu lernen.

So war und blieb Linda May eine von 20 000 „Amerasians“, ein Amerikanerkind und damit ein Mensch zweiter oder gar dritter Klasse. Sie lebte im Dreck, streunend und bettelnd. Menschliches Treibgut eines schmutzigen Krieges, der weltweit zum ersten Mal massive antiamerikanische Gefühle erzeugte und zu Hause eine ganze Generation spaltete.

Dieser amerikanische Krieg gegen die Ausbreitung des im Weißen Haus gefürchteten Kommunismus-Virus dauerte von 1962 bis 1973 und kostete den Steuerzahler 167 Milliarden Dollar. 58 022 amerikanische Soldaten kamen zu Tode.

Die Franzosen wurden 1954 besiegt

Begonnen hatte es lange vorher. Südostasien befand sich seit der zweiten Hälfte des 19. Jahrhunderts in der Hand französischer Kolonialherren. Während des Zweiten Weltkrieges marschierten die Japaner ein, nicht minder schlimme Imperialisten. Die französische Kolonialverwaltung kämpfte in jenen Jahren bereits gegen die Unabhängigkeitsbewegung der Vietnamesen, genannt Viet Minh. An ihrer Spitze stand der legendäre Ho Tschi Minh, ein karger Asket mit dünnen Barthaaren. Zu Kriegsende rief der orthodoxe Kommunist in Nordvietnam die Demokratische Volksrepublik Vietnam aus. Die Franzosen waren dagegen und engagierten sich in einem Dschungelkrieg, der bis 1954 dauern sollte. Die spektakulär verlorene Schlacht von Dien Bien Phu wurde zum Wendepunkt.

Nach der Niederlage der Franzosen unterzeichneten beide Seiten am Genfer See ein Waffenstillstandsabkommen. Vietnam war jetzt offiziell am 17. Breitengrad in einen kommunistischen Norden und einen feudalen Süden geteilt. In beiden Hälften gab es Kräfte, die von der Wiedervereinigung schwärmten. Diese sollte durch die Wahlen des Jahres 1956 erreicht werden. Die Amerikaner, 1954 bereits inoffiziell in den Krieg verwickelt – sie finanzierten drei Viertel der französischen Kriegskosten –, beobachteten die Entwicklung mit Sorge. Eisenhower formulierte die so genannte Dominotheorie. Wenn Vietnam kommunistisch würde, dann wäre es nur noch eine Frage der Zeit, dass ganz Südostasien umfalle. Der alte Krieger lehnte den Frieden mit „Onkel Ho“ und seinem Volk ab.

Die Amerikaner übernehmen den Krieg

Nun setzten die Amerikaner die antikommunistische Marionette Ngo Dinh Diem in Saigon ein. Rasch eingeflogene CIA-Experten bauten eine brutale Geheimpolizei auf, die das autoritäre Regime gegen die linken Elemente aus dem Norden schützen sollten. Auf Geheiß des Weißen Hauses wurde auch eine Armee trainiert. Ab 1955 übernahmen die USA die kolonialen Geschäfte der Franzosen. Eisenhower und seine Berater befürchteten 80 Prozent Jastimmen für die Kommunisten, wenn die Wahlen von 1956 stattfinden würden. Also verhinderten sie den Urnengang. Das verbesserte nichts.

1957 begann der bewaffnete Widerstand gegen das unpopuläre Regime des Katholiken Diem. Nordvietnam, von Chruschtschows Sowjetunion und Maos China unterstützt, startete mit der nervenzerrenden Taktik von Terroranschlägen gegen Regierungseinrichtungen und amerikanische Soldaten. Nach und nach formierte sich eine Truppe, die sich Vietcong nannte. Ein Begriff, der bald für Angst und Schrecken sorgen sollte. John F. Kennedy, der 41 Jahre junge Ostküsten-Charmeur im Weißen Haus, übernahm den Vietnam-Konflikt von seinem Vorgänger Eisenhower. Auch er glaubte an die Notwendigkeit, den Kommunismus in Südostasien stoppen zu müssen.

Kennedy setzte nicht auf Begrenzung, sondern weitete das US-Engagement beträchtlich aus. 1960 sandte er

2 000 Militärberater nach Vietnam. Damit erreichte er nur wenig, musste also immer wieder aufstocken. Da auch in dem fernen asiatischen Dschungel ein in Washington abstrakt formuliertes „Nation Building" nicht griff, musste die Schutzmacht 1963 die Notbremse ziehen und einen Militärputsch gegen Diem unterstützen. Damit war nichts gewonnen, und die USA wurden immer tiefer in den Sumpf gezogen.

Nach der Ermordung Kennedys folgte Lyndon B. Johnson. Von markigen Reden motiviert, sandte er weitere Militärberater, 23 300 bis Ende 1964. Verteidigungsminister Robert McNamara, auch eine tragische Figur der amerikanischen Zeitgeschichte und eine Art früher Rumsfeld, flog nach Südvietnam, um das weiter reichende Engagement vorzubereiten.

Die Kriegslüge aus dem Golf von Tonkin

Im August 1964 passierte der berühmt-berüchtigte Zwischenfall im Golf von Tonkin. Als die Südvietnamesen eine Insel des Nordens beschossen, hielt sich der amerikanische Zerstörer „Maddox" in der Nähe auf. Es sah so aus, als sei das Schiff in die Operation verwickelt. Immerhin unternahmen die Amerikaner nichts, um diesen Eindruck auszuräumen. Nordvietnam feuerte zurück. Präsident Johnson beklagte die „Provokation". Zwei Tage später erklärte die US-Regierung, erneut seien die „Maddox“ und die inzwischen eingetroffene „Turner Joy“ von feindlichen Einheiten beschossen worden.

Das stimmte nicht. Es reichte jedoch für ein Ermächtigungsgesetz im Kongress, die „Golf-von-Tonkin-Resolution“. Nun durfte Johnson Hunderttausende Soldaten in Marsch setzen und den Norden Vietnams erstmals bombardieren lassen. Die Abgeordneten in Washington wussten übrigens nicht, dass ihre Alliierten, südvietnamesische Truppen, ursprünglich angegriffen und den ganzen Schusswechsel ausgelöst hatten. Eine Täuschungsaktion, die späteren Kriegsherren wie George Walker Bush und Donald Rumsfeld zum Vorbild dienen konnte.

Schon damals hingen die Amerikaner dem Irrglauben an, sie könnten den Krieg aus der Luft gewinnen. 1965 bombardierten sie Nordvietnam, Laos und Kambodscha. In den nächsten drei Jahren attackierten sie den Norden täglich mit 800 Tonnen Bomben. Vergeblich versuchten sie, den so genannten Ho-Tschi-Minh-Pfad zu unterbrechen, der größtenteils durch die Gebiete jenseits der Grenze führte. Hier transportierten die Vietcong-Kämpfer ameisengleich ihren Nachschub von Norden nach Süden. Im Süden setzte die US-Luftwaffe ein Entlaubungsmittel namens „Agent Orange“ ein, was Fehlbildungen bei Föten, furchtbare Krankheiten und eine andauernde ökologische Katastrophe auslöste. Allein 500 000 Kinder sollen seit dem Ende des Krieges missgebildet geboren worden sein.

In jenen Jahren blieb in Nordvietnam kein Stein auf dem anderen. Sogar harte Männer wie McNamara kamen dabei ins Grübeln. „Das Bild der größten Supermacht der Welt", so der Verteidigungsminister in einem Memorandum vom 19. Mai 1967 an den Präsidenten, „die wöchentlich 1 000 Zivilisten tötet oder schwer verwundet, um ein kleines, zurückgebliebenes Land zum Einlenken zu zwingen für ein höchst umstrittenes Ziel, ist kein schönes." Nun kämpften bereits 500 000 US-Soldaten in Vietnam. Die jährlichen Kriegskosten betrugen ein Drittel des amerikanischen Staatshaushalts.

Die Routinelügen der Regierung, es würden nur militärische Ziele angegriffen, zerplatzten wie Seifenblasen, als der „New York Times"-Reporter Harrison E. Salisbury erstmals aus dem Norden berichtete. Das klang so: „Wie die meisten ‚militärischen' Ziele, die ich in Nordvietnam zu sehen bekam, erschien Nam Dinh in der Sprache eines Pentagonsprechers viel bedeutsamer, als wenn man es mit eigenen Augen sah. Es war keine große Stadt. Sie war es nie gewesen. Nun, angesichts der kriegsbedingten Evakuierung, war sie nahezu verlassen.

Häuserblock um Häuserblock konnte ich nichts als Verwüstungen sehen. Wohnhäuser, Läden, alle Gebäude waren zerstört, beschädigt oder verlassen. Ich hatte das Gefühl, als liefe ich durch die Stadt einer untergegangenen Zivilisation. Hier und dort waren eine Hand voll junger Männer und Frauen bei der Arbeit. Geduldig zogen sie Bauholz aus den Ruinen, um es sorgfältig zu stapeln. Welche vernünftige Bedeutung konnte man dieser Verwüstung abgewinnen? Welchem militärischen Zweck diente sie?"

Ende 1968 kämpften 543 000 amerikanische GIs in Vietnam. Es war ein Krieg, den sie nicht gewinnen konnten. Das Terrain und die zähen Vietcong waren unbesiegbar. Die Gefallenenrate stieg immer schneller, und parallel wuchs zu Hause die Antikriegsstimmung. Der in jeder Hinsicht immens hohe Preis – 25 Milliarden Dollar pro Jahr – dieses von Anfang an absurden Krieges war an der Heimatfront nicht mehr zu erklären, jedenfalls nicht mit einem diffusen Zurückdrängen des Kommunismus.

Das wurde spätestens mit der Tet-Offensive des Jahres 1968 klar. „Victor Charlie", der Vietcong, griff mit 80 000 Männern und Frauen zeitgleich im ganzen Süden an. Die Verluste waren auf beiden Seiten hoch, und der letzte Rest an Kampfmoral ging bei den Amerikanern verloren.

Das Massaker an der Bevölkerung von My Lai

Die Nerven der GIs lagen blank, und so nahmen auch die Massaker an der vietnamesischen Zivilbevölkerung zu. In die Geschichtsschreibung ging der Angriff auf das Dorf My Lai in der Provinz Quang Ngai ein, angeblich ein Zentrum des Widerstandes. Wie in einem Blutrausch massakrierten US-Soldaten der „Task Force Barker" am

16. März 1968 innerhalb weniger Stunden 503 Dorfbewohner, unter ihnen 182 Frauen, 172 Kinder und 60 alte Männer, die sie zuvor in Gruppen von 20 bis 40 Menschen zusammengetrieben hatten.

Die Verantwortlichen der C-Kompanie, vor allem Leutnant William L. Calley jr., wurden später nur halbherzig zur Rechenschaft gezogen. Pentagon und Weißes Haus unternahmen erst einmal alles, um die Wahrheit über My Lai zu vertuschen. Mit diesem Job wurde ein junger Offizier namens Colin Powell beauftragt. Er handelte also mit einschlägiger Erfahrung, als er am 5. Februar 2003 als US-Außenminister dem Sicherheitsrat der Vereinten Nationen ziemlich dünne Beweise für Saddam Husseins Massenvernichtungswaffen präsentierte.

Unter dem ungeheuren Druck der Ereignisse liefen 1968 erste Friedensgespräche zwischen den USA und Nordvietnam an – ohne Erfolg. Der Krieg sollte deshalb noch mehrere Jahre dauern. 1970 und 1971 ordnete der neue US-Präsident Richard M. Nixon schwere Angriffe auf Laos und Kambodscha an. Im Oktober 1972 folgten die massivsten und rücksichtslosesten Luftschläge gegen Hanoi und Haiphong. Erst jetzt war das Waffenstillstandsabkommen greifbar. Die geschlagenen US-Truppen verließen Vietnam bis März 1973. Am 30. April 1975 nahmen Vietcong-Einheiten Saigon ein. Der längste Krieg des 20. Jahrhunderts war beendet. Ein vermeintlicher Etappensieg des Kommunismus.

Die Statistiker sagen, dass drei Jahrzehnte Vietnamkrieg 4,6 Millionen Menschenleben forderte. 5,5 Millionen wurden verletzt. 13 Millionen Vietnamesen verloren ihre Heimat. Während der amerikanischen Phase sollen 350 000 Zivilisten im Norden (dazu 920 000 Soldaten) und 450 000 im Süden getötet worden sein. Eine schwarze Gedenkmauer unweit des Weißen Hauses verzeichnet die Namen der toten Amerikaner. Die Überlebenden einer unglücklichen Generation haben hier ihren Wallfahrtsort geschaffen.

Gerade an diesem Ort stellt sich heute die Frage, was die Verantwortlichen des Irak-Abenteuers aus Vietnam gelernt haben und ob ihnen nicht erste Parallelen auffallen.

Polizeieinsätze im Hinterhof

Gegen missliebige Linke und überzählige Diktatoren der eigenen Hemisphäre: CIA-Operationen und kleine US-Kriege in Guatemala, Kuba, Chile und Panama

„Aus meinen Worten spricht keine Bitterkeit, nur Enttäuschung. Die Verräter werden ihre moralische Strafe erhalten. Ich werde nicht zurücktreten. Sie können uns unterjochen, aber den Fortschritt nicht aufhalten. Ich danke Ihnen, dass Sie einem Mann vertraut haben, der der Sehnsucht nach Gerechtigkeit eine Stimme gegeben hat."

Salvador Allende, am 11. September 1973
an das chilenische Volk

„Die Beziehungen zwischen Panama und den Vereinigten Staaten müssen aufrechterhalten werden, weil wir Partner bei ein- und derselben Mission sind. […] Wir befinden uns in einem Zeitalter, das in dieser Hinsicht Reife und eine offizielle Ernsthaftigkeit erfordert."

General Manuel Noriega, 2. Oktober 1986

Die Monroe-Doktrin von 1823 wollte vor allem eines – den europäischen Kolonialmächten, allen voran Großbritannien und Spanien, mitteilen: Bis hierher und nicht weiter! US-Präsident Monroe schrieb den Hegemonieanspruch seines Landes für die westliche Hemisphäre fest. Das hieß, die USA würden sich mehr oder weniger vormundschaftlich um die Region zwischen Rio Grande und Feuerland kümmern, in guten wie in schlechten Tagen. Und sie würden, wenn notwendig, mit Polizeiaktionen ihres Militärs oder auch geheimen Operationen für Ordnung sorgen. Das haben sie dann auch konsequent getan und ihre Führungsrolle auf dem Doppelkontinent kompromisslos durchgesetzt. Eine Regel, die von der Ausnahme Kuba bestätigt wird. Mehrere, sehr unterschiedliche Beispiele sollen diese Taktik regionaler Machtprojektion zeigen.

Guatemala 1954

Nachdem der Sturz des unbequemen iranischen Premierministers Mohammed Mossadegh so gut geklappt hatte, setzten sich die Strategen der CIA wieder zusammen und brüteten über das Problem mit Guatemala. Kermit Roosevelt, der den Einsatz im Mittleren Osten geleitet hatte, sollte gleich wieder an die unsichtbare Front. Er lehnte ab, weil er Gefallen am Orient gefunden hatte. Dort wollte er die CIA weiter vertreten. Also rückte für ihn Oberst J. C. King nach, der Referatsleiter für die westliche Hemisphäre in der CIA-Planungsabteilung.

Es gab gewisse Parallelen zwischen dem Iran und Guatemala. Was im einen Fall die „Anglo-Iranian Oil Company" war, sollte in Mittelamerika die „United Fruit Company", kurz UFC, sein, ein US-Multi, der alles beherrschte. Die Firma war beinahe gleichzusetzen mit dem Land. Sie hielt das Monopol für den Schiffsverkehr, für das Kommunikationswesen, die Eisenbahn und zog die Fäden bei vielen wichtigen Handelstransaktionen, zum Beispiel mit Bananen.

75 Jahre lang lief die Vormundschaft der „United Fruit Company" gegenüber den Diktatoren Guatemalas auf sicheren Gleisen. Bis 1944 ein Präsident gewählt wurde, der soziale Reformen im Sinn hatte. Das bewirkte Unruhe, brachte das Volk auf eigenständige Gedanken. Es sollte noch schlimmer kommen. Ende 1950 bestimmten die Nachfolger der Mayas einen neuen Präsidenten: Jacobo Arbenz. 65 Prozent der Wahlberechtigten standen hinter ihm, dazu auch die kleine Kommunistische Partei und die Gewerkschaften.

Arbenz wollte die Sozial- und Wirtschaftsreformen seines Vorgängers weiterführen, zum Beispiel die Landreform. Also ordnete er 1953 die Beschlagnahme der Besitztümer der UFC an. US-Außenminister John Foster Dulles forderte Schadenersatz, aber die Guatemalteken hatten kein Geld. Sie wollten sich auch keinem internationalen

Gericht stellen. Damit kam die CIA auf den Plan. Oberst King ließ 200 Guerilleros von der Leine. Sie besetzten eine kleine Stadt namens Salamá, wurden aber nach 17 Stunden von Regierungstruppen überwältigt. Damit verlor auch der CIA-Oberst seine Zuständigkeit für das Problemland.

Kings Kollege Frank Wisner war nun an der Reihe. Er organisierte eine richtige verdeckte Aktion und taufte sie mit einer Menge Zweckoptimismus „Operation Success". Im ersten Halbjahr 1954 investierte der US-Geheimdienst 20 Millionen Dollar. Mit Hilfe von rechten Exilguatemalteken wurde im benachbarten Honduras eine geheime Guerillaarmee mit eigener Luftwaffe aufgestellt. Oberst Carlos Castillo Armas stand bereit, um Arbenz abzulösen.

Inzwischen fühlte sich die Regierung in Guatemala-City bedroht. Sie bestellte in der Tschechoslowakei 2000 Tonnen Handfeuerwaffen. Die brisante Ware, in 15 424 Kisten verpackt, traf am 15. Mai 1954 in Guatemala ein. Das reichte den Paranoikern im Weißen Haus, um Arbenz im kommunistischen Lager anzusiedeln. Auf der Interamerikanischen Konferenz in Caracas wurde der Guatemalteke als Kommunist dargestellt, als Gefahr für Lateinamerika.

Nun gab es grünes Licht für die Oppositionellen. Mit Hilfe amerikanischer Kampfflugzeuge griffen 400 Rebellen die Hauptstadt Guatemala-City an und stürzten Arbenz in der letzten Juniwoche. Der Sozialreformer wurde, wie üblich, durch einen Offizier ersetzt. Die „United Fruit Company“ saß wieder fest im Sattel, und die USA hatten in ihrem Hinterhof ein Problem weniger. In den nächsten vier Jahrzehnten sollten noch 200 000 Guatemalteken in einem besonders grausamen Guerillakrieg ums Leben kommen. Es war Präsident Bill Clinton, der sich viele Jahre später bei Guatemala für die amerikanische Politik des Jahres 1953/54 entschuldigte.

Kuba 1961

Guatemala war eine Kleinigkeit im Vergleich zu den Problemen, die durch die Zuckerinsel Kuba auf die mächtigen USA zukommen sollten. Auf dem Höhepunkt der Kubakrise von 1962 standen sich bis an die Zähne bewaffnete Marine-Einheiten der Amerikaner und der Sowjets im Nordatlantik gegenüber. Nur mit Mühe konnte ein Atomkrieg zwischen den beiden Supermächten vermieden werden.

Dabei begann alles relativ harmlos. Das Havanna der fünfziger Jahre war eine glitzernde, mondäne Stadt mit Spielkasinos und Bordellen. Die Amerikaner kamen hierher, um sich etwas ausschweifender als in Las Vegas zu amüsieren. Eine solche Situation bot natürlich ideale Arbeitsbedingungen für die Mafia. Die Gangster hatten nichts zu befürchten, verstanden sie sich doch bestens mit dem kubanischen Diktator General Fulgencio Batista, der die Insel seit 1933 mit eiserner Hand regierte. Gleichzeitig war Batista Washingtons Mann, nicht zuletzt weil Kuba wirtschaftlich völlig von den USA abhängig war. Die meisten kubanischen Oppositionellen befanden sich im Exil.

Unter dem Befehl des Rechtsanwalts Fidel Castro kehrten 82 mäßig bewaffnete Guerilleros im Dezember 1956 nach siebentägiger Überfahrt aus Mexiko zurück und nahmen den Kampf mit Batistas Regime auf. Zuerst igelten sie sich in der entlegenen Sierra Maestra ein. Als sich das kleine Häuflein gegen die von Batista geschickten 10 000 Soldaten behaupten konnte, schlossen sich ihnen immer mehr Sympathisanten an. „Seien wir realistisch“, schärfte Castros rechte Hand, Ernesto „Che“ Guevara, seinen Leuten ein, „versuchen wir das Unmögliche!“

Die Guerilla siegte und übernahm am 3. Januar 1959 die Macht. Batista und seine Umgebung waren bereits ins Exil geflohen. Am 8. Januar 1959 zogen Castro und seine bärtigen Revoluzzer in Havanna ein. Im Weißen Haus und bei der CIA begannen die Planspiele, wie man Kuba wieder von ihnen befreien könnte.

Dazu bildete sich eine bizarre Koalition aus Mafia, CIA, „United Fruit Company“ und Exilkubanern. Sie alle schmiedeten abenteuerliche Pläne zur Ermordung Fidel Castros. Die Exilanten saßen vorwiegend im 90 Meilen entfernten Florida. Mit Klein-Havanna schufen sie sich in Miami einen eigenen Stadtteil, der heute noch allen heimwehkranken Kubanern als Kompensation dient. In den teilweise schwer zugänglichen Everglades trainierten sie Militäraktionen zur Rückeroberung der Heimatinsel.

Im Mai 1960 vereinigte die CIA alle exilkubanischen Organisationen unter dem Namen „Demokratische Revolutionäre Front". Eine Operation der CIA nach dem Muster von Guatemala war bereits angelaufen. Freiwillige wurden, mit Hilfe der „United Fruit Company", in Panama, Guatemala und Nicaragua ausgebildet. Sie sollten das Castro-Regime überraschend angreifen. Für Außenstehende musste es wie eine interne, kriegerische Auseinandersetzung zwischen verschiedenen kubanischen Fraktionen aussehen.

Die Vorbereitungen für die Invasion begannen unter dem Präsidenten Eisenhower. Sie wurden 1960 von John F. Kennedy übernommen und fortgesetzt. Direkt verantwortlich zeichnete Richard Bissell, der stellvertretende Direktor der CIA. Hinter ihm stand sein Chef Allen Dulles, ein Bruder des Außenministers. Auch Oberst King, der in Guatemala den Kürzeren gezogen hatte, mischte wieder mit. Im März 1961 wurde der Präsident über den genauen Plan informiert. Eine gut bewaffnete Brigade von 1 500 Exilkubanern sollte, von Luftangriffen unterstützt, im Süden Kubas landen. Die Truppe würde dann, von mitgebrachten Panzern begleitet, Richtung Havanna marschieren. Damit hatte man sich vom ursprünglichen Guerillakonzept verabschiedet.

Langsam sickerten Gerüchte über eine möglicherweise bevorstehende Intervention in Kuba an die Öffentlichkeit. Also trat John F. Kennedy am 12. April 1961 vor die Presse. Seine Erklärung:

„1. Eine Invasion Kubas durch die Streitkräfte der USA wird nicht stattfinden.
2. Die Regierung der USA wird alles tun, was in ihren Kräften steht, um zu verhindern, dass nordamerikanische Bürger in irgendwelche Aktionen auf kubanischem Boden verwickelt werden.
3. Unsere Behörden werden gegen alle vorgehen, die in Kuba ein Regime vom Schlage Batistas errichten wollen.
4. Die Auseinandersetzung über die Zukunft Kubas findet nicht zwischen den USA und Kuba, sie findet zwischen den Kubanern selbst statt.
5. Die Regierung der USA wird nicht zulassen, dass eine Invasion gegen Kuba von den Vereinigten Staaten aus organisiert wird."

Während Kennedy die Medien belog, waren die 14 Schiffe der Exilkubaner unter dem Geleitschutz amerikanischer Zerstörer und Flugzeugträger bereits auf dem Weg von Guatemala nach Kuba. Drei Tage später, am 15. April, flogen zwei von der CIA organisierte B-26-Bomber – sie kamen aus Nicaragua – Angriffe auf die Flughäfen von Havanna, San Antonio de los Baños, Cienfuegos und Santiago de Cuba. Dabei sollte die ohnehin bescheidene kubanische Luftwaffe größtenteils zerstört werden. Anschließend landeten die Maschinen in Miami und wurden in den Medien so präsentiert, als seien sie aus Kuba geflüchtet.

Nach heftigen Reaktionen bei den Vereinten Nationen verließ den Präsidenten der Mut. Er stoppte die zur Unterstützung der Invasionstruppe vorbereiteten weiteren Luftangriffe auf kubanische Ziele. Am Morgen des 17. April gegen zwei Uhr gingen die ersten Taucher in der so genannten Schweinebucht auf der Halbinsel Zapata an Land. Sie markierten den Strand mit Positionslichtern, damit die Panzer ausgeladen werden konnten. Inzwischen hatte Castro sein gesamtes Militär in Alarmbereitschaft gebracht. Als die „Brigade 2506“ der Exilanten eintraf, empfing sie bereits heftiges Abwehrfeuer. Die Angreifer hatten dem wenig entgegenzusetzen, weil ihnen die Unterstützung aus der Luft fehlte.

Nach drei Tagen war alles vorbei. In den Sümpfen der Schweinebucht lagen überall rauchende Militärfahrzeuge. 114 der Söldner waren umgekommen, 1 189 gefangen genommen worden. Sie sollten später gegen Medizin und Nahrungsmittel im Wert von 53 Millionen Dollar freigekauft werden.

Fidel Castro trat vor die Presse und erklärte seinen Sieg gegen die Invasoren. In Washington versicherte der Sprecher des Weißen Hauses, Pierre Salinger, der Präsident übernehme die volle Verantwortung für das Debakel. Insgeheim zürnte Kennedy seinem Vorgänger Eisenhower, sprach von einem „vergifteten Geschenk“. Später sickerte durch, dass die USA noch während der Invasion aktive Solidarität des kubanischen Volkes erwartet hatten. Eine Fehlkalkulation ersten Ranges.

Die Amerikaner verdrängten alles ganz schnell und kalkulierten im Jahr 2003 mit derselben Reaktion – beim völkerrechtswidrigen Einmarsch im Irak. Aber auch dort empfing sie Abwehrfeuer und kein Spalier mit Fähnchen.

Chile 1973

Wie sich die Vorlagen doch gleichen. In Chile, am anderen Ende des Kontinents, dauerte es auch Jahrzehnte, bis Politiker an die Macht kamen, die nicht in das Schwarzweiß-Raster Washingtons passten. Der Anwaltssohn Salvador Allende tauchte keineswegs aus dem Nichts auf, um als linker Volkstribun die Macht zu übernehmen. Bereits 1952 kandidierte er vergeblich für die Präsidentschaft. Er stand für eine Volksfront von Sozialisten und Kommunisten, für freie und demokratische Wahlen und soziale Reformen.

In Chile begegneten sich die Linken und die Christdemokraten traditionell unversöhnlich. Ihre Ideologien trennten sie, da gab es auch in schlechten Zeiten kein Miteinander. Die große Armut unter den Chilenen löste jedoch in beiden Strömungen sozialreformerische Tendenzen aus. Allendes christdemokratischer Vorgänger ließ die Amerikaner bereits vermuten, der revolutionäre Funke aus Kuba sei übergesprungen, als er die in US-Hand befindlichen Minen des Multis „Anaconda Copper“ zu 51 Prozent enteignete. Dann kündigte er eine Agrarreform an.

Die Umsetzung blieb seinem Nachfolger Allende vorbehalten, der 1970 im dritten Anlauf mit knapper Mehrheit gewählt wurde. Als Chef der „Unidad Popular“, als bürgerlicher Träumer und bekennender Marxist aus großbürgerlichem Milieu löste er Schockwellen in Washington, aber auch bei konservativen europäischen Regierungen aus. Im Weißen Haus des Präsidenten Richard Nixon befürchtete man das Schlimmste, zum Beispiel eine rigorose Verstaatlichung der US-Firmen in Chile.

Washington versuchte, Allendes Amtsantritt zu verhindern. Die traditionell von den USA geförderten Streitkräfte – eine Million Dollar allein 1972 – sollten putschen. Diesem Vorhaben stand jedoch der regierungstreue Generalstabschef René Schneider im Weg. Von den USA angestiftete Militärs sollten ihn beseitigen. Die Entführung misslang zweimal. Beim dritten Mal wurde Schneider getötet. Das Militär schloss seine Reihen und trauerte um ihn. Also fiel der Putsch aus. Allende wurde im November 1970 als Präsident vereidigt.

Nun begann der „demokratische Weg zum Sozialismus“. Salvador Allende enteignete die amerikanischen Betreiber der Kupferminen. Bei seiner Landreform teilte er

Großgrundbesitz unter den Bedürftigen auf. Er versprach Milch für jeden Säugling, gerechte Bildungschancen und Löhne. Spätestens als Chile diplomatische Beziehungen mit Staaten wie Kuba und Nordvietnam einging, stoppten die Amerikaner ihre Hilfsgelder. Die Spannungen zwischen Washington und Santiago hatten einen ersten Höhepunkt erreicht. Nun begann die übliche Strategie. US-Gelder erreichten die Opposition, auch die Medien. Die CIA kümmerte sich intensiv um die Streitkräfte, lud ihre Offiziere zur Ausbildung nach Panama und in die USA ein.

Allendes Regierung war nicht stabil genug, dem Druck von außen über längere Zeit standzuhalten. In Chile entwickelte sich eine massive Wirtschaftskrise. Die Arbeiter wandten sich von der Regierung ab, und die „Unidad Popular" begann sich aufzulösen. Das historische Bündnis war gescheitert. 1972 sorgte eine blutige Terrorwelle von Rechts für weitere Destabilisierung. Der Bürgerkrieg schien nicht mehr fern zu sein. Allende neutralisierte die Militärs, indem er sie mit in die Regierung nahm. Oberbefehlshaber Carlos Prats wurde im Herbst 1972 zum Vizepräsidenten ernannt.

Ende 1972 flog Allende nach Moskau und bat Leonid Breschnew um Hilfe. Das KGB riet ab. General Nikolai Leonow in einer aktuellen Stellungnahme, von der Berliner „tageszeitung" zitiert: „Unsere Meinung war: Das chilenische Experiment ist zum Tode verurteilt. Weil Allende gegen eine Politik der eisernen Faust war. Aus der Erfahrung anderer Länder wussten wir, mit diesem Idealismus war es unmöglich, die Ordnung aufrechtzuerhalten.“ Das übermittelten die Sowjets auch den Amerikanern. Moskau wollte kein zweites Kuba fördern. Richard Nixon und seine Mitstreiter atmeten auf.

Im Mai 1973 gewann der fünfundsechzigjährige Visionär wider Erwarten noch einmal die Zwischenwahlen. Nun gab es keine dezenten Oppositionsaktionen mehr. Washington forderte den Kopf von Salvador Allende und damit einen Machtwechsel um jeden Preis. Ein erster, primitiver Putschversuch des Militärs wurde im Juni niedergeschlagen.

Seit Monaten anwesende CIA-Experten hetzten das Volk auf, sorgten für Versorgungsengpässe. Der als Diplomat getarnte Harry Shlaudeman koordinierte den Kontakt zwischen der CIA und den chilenischen Militärs. Das Engagement des Nachrichtendienstes wurde von seinem Direktor William Colby vor dem Unterausschuss für inneramerikanische Fragen am 11. Oktober 1973 ausdrücklich bestätigt.

Da sich die Lage nicht besserte, entschied Allende zu Gunsten einer Volksabstimmung über den weiteren Kurs des Landes. Als Ergebnis kalkulierte er sogar eine mögliche große Koalition ein. Sein Plebiszit wollte er am 11. September 1973 ankündigen. Zwei Tage vorher empfing der Präsident den von ihm gerade zum neuen Heereschef ernannten General Augusto Pinochet. Allende erzählte von seinem Plan. Pinochet wusste aber bereits, dass am 14. September gegen Allende geputscht werden sollte. Er zuckte zusammen. Wie konnte man einen Staatsstreich rechtfertigen, wenn sich der Präsident in die Hand des Volkes begeben will? Also wurde der Coup d'État vorverlegt.

Am Morgen des 11. September 1973 zogen Einheiten der Marine durch die Straßen der Hafenstadt Valparaiso und schossen um sich. Allende ordnete Gegenmaßnahmen an und fuhr um 7.20 Uhr zu seinem Amtssitz, der Moneda. Wenig später entstand das letzte Foto des Präsidenten, eine berühmte Aufnahme. Allende spaziert mit seinen Leibwächtern durch das weitläufige Gebäude, um Verteidigungsmaßnahmen zu beratschlagen. Er trägt einen Stahlhelm auf dem Kopf, in der Hand die ihm von seinem Freund Fidel Castro geschenkte Kalaschnikow.

Nun überschlugen sich die Ereignisse. Allende sprach zweimal hintereinander im Rundfunk, bat die Chilenen Ruhe zu bewahren. Darauf folgte Marschmusik und eine erste Kriegserklärung der Militärs: „Angesichts der schweren wirtschaftlichen, sozialen und moralischen Krise, die das Land zerstört, der Unfähigkeit der Regierung, dem zunehmenden Chaos Einhalt zu gebieten, und des Anwachsens paramilitärischer Gruppen, die von den Parteien der ‚Unidad Popular' organisiert und ausgebildet werden und die Chile unweigerlich in einen Bürgerkrieg stürzen", habe das Militär die historische Aufgabe übernommen, „für die Befreiung des Vaterlandes vom marxistischen Joch zu kämpfen, Ruhe und Ordnung wiederherzustellen".

Um die Moneda begannen erste Feuergefechte. Noch einmal war Allende, direkt aus seinem Büro, über einen Rundfunksender zu hören: „Ich werde die Loyalität zum Volk mit meinem Leben bezahlen. Sie haben zwar die Macht, uns zu unterwerfen, aber gesellschaftliche Prozesse kann man nicht mit Verbrechen und Gewalt aufhalten. [...] Ich habe die Gewissheit, dass mein Opfer nicht vergebens sein wird. Zumindest ist es eine moralische Lektion, die den Treuebruch, die Feigheit und den Verrat strafen wird."

Ein Anruf aus dem Verteidigungsministerium. Admiral Patricio Carvajal bietet zum Schein den freien Abzug Allendes und seiner Familie an. Er fordert die Kapitulation der Moneda. Der Präsident lehnt ab, bezeichnet die Putschisten als „Verräter". Aus dem Telefonhörer kommt die Antwort: „Wir müssen Sie also wie Ratten töten." Allende bittet seine Mitarbeiter, den Palast zu verlassen. Manche folgen seinem Wunsch. 56 Personen bleiben zurück. Die Schießereien nehmen zu. Um 11.55 Uhr überfliegen vier Militärjets die Moneda und werfen Bomben ab. Weitere sieben Luftangriffe folgen. Die Moneda beginnt zu brennen.

Als die Lage immer schlimmer wird, kapituliert Allende. Seine Getreuen verlassen das Gebäude, während er sich in den Unabhängigkeitssaal zurückzieht.

Was dann passierte, schilderte Allendes Leibwächter Pablo Zepeda erstmals 2003 dem Bremer Dokumentarfilmer Wilfried Huismann: „Er setzte sich, stellte das Gewehr zwischen die Beine und legte das Kinn auf die Mündung. Die Hand glitt nach unten zum Abzug, und er drückte ab. Es kam völlig unerwartet. Wir waren starr vor Schrecken."

Auch General Javier Palacios, der die Moneda zur selben Zeit betrat, sprach erstmals nach 30 Jahren über die Szene im Salon der Unabhängigkeit: „Auf dem roten Sofa, zur Seite geneigt, sah ich den Körper des Herrn Allende. Zwischen den Beinen das Gewehr, das ihm Fidel Castro geschenkt hatte. Sein Gehirn war herausgeflogen. Das Gesicht war fast intakt, aber angeschwollen." Damit hat sich der weltweit gepflegte linke Mythos von der Ermordung Allendes nach einer langen, heldenhaften Abwehrschlacht in nichts aufgelöst.

General Augusto Pinochet etablierte eine den USA genehme, rechte Militärdiktatur, die 17 Jahre lang für Friedhofsruhe sorgte und mit brachialer Gewalt gegen Allende-Anhänger vorging. Eine Wahrheitskommission ermittelte 1990, dass unter Pinochet 3 197 Menschen aus politischen Gründen ermordet wurden, 423 von ihnen bei Zusammenstößen mit der Staatsmacht. Das Militär und der berüchtigte Geheimdienst DINA töteten 2 600 Menschen. Die Hälfte von ihnen wurde hingerichtet. Die andere

Hälfte verschwand spurlos. Rund einhunderttausend Chilenen saßen in Gefängnissen und wurden von den Handlangern der Junta gefoltert. Auf das Konto des Widerstandes gingen etwa 100 Tote.

Panama 1989

Das Beispiel Panama zeigt, dass es kein Schema für US-Interventionen gibt. Seit ihrer Gründung im Jahre 1903 war die kleine Republik an der Schnittstelle zwischen Mittel- und Südamerika eine Art Protektorat der USA. 1914 entstand der Panamakanal, der den Weg vom Atlantik zur Westküste Nordamerikas erheblich abkürzte. Die Amerikaner pachteten den Kanal und errichteten in seinem Umfeld eine Reihe von Militärcamps, unter anderem die „School of the Americas“, wo vorwiegend Offiziere aus Lateinamerika ausgebildet wurden. Nach langen Verhandlungen gaben die USA den Panamakanal am 31. Dezember 1999 zurück. Das Land war endgültig unabhängig.

Vorher wurde aber noch die Militäraktion gegen Panamas Diktator Manuel Noriega durchgeführt, einem einst wertvollen Verbündeten Washingtons. Der ehemalige „Schlapphut“ organisierte für die CIA einen tragfähigen Kontakt zu seinem Freund Fidel Castro. Noriega spielte eine wichtige Rolle bei der Iran-Contra-Affäre. Damals lieferte die Reagan-Regierung unerlaubte Waffen an das Teheraner

Mullah-Regime. Aus den Erlösen wurden wiederum, gegen den Willen des Kongresses, Waffen für die „Contras“ finanziert. Diese prowestliche Guerilla kämpfte in den achtziger Jahren einen amerikanischen Stellvertreterkrieg gegen die regierenden Sandinisten von Nicaragua.

In eigener Regie unterstützte Amerikafreund Noriega das kolumbianische Medellín-Drogenkartell. Er kümmerte sich um sichere Vertriebswege für Kokain aus dem Dschungel des Nachbarlandes. Die Drogenbarone lieferten über Panama an die amerikanischen Kunden. Mit Noriegas Hilfe sollen zwei Millionen Tonnen des weißen Gifts transportiert worden sein.

Frederick Kempe vom „Wall Street Journal“ über „die 1,67 Meter große uncharismatische, hässliche Persönlichkeit“: „Noriega war eine neue Art Despot, eine Kombination aus Straßenkämpfer, orientalischem Mystiker, Geheimagenten und Mafia-Paten. Und er besaß eine Menge opportunistischer Freunde, die ihm – weil sie Gewinn machen wollten – seine Herrschaft immer weiter auszudehnen halfen. Die Israelis gaben ihm geheimdienstliche Informationen und Sicherheitsratschläge. Die Taiwaner und Japaner suchten Geschäftsmöglichkeiten. Die Kubaner stellten ihm Ratschläge für seine Propaganda und Ausbildung für seine Spezialtruppen zur Verfügung.“

In Washington kannte man ihn gut und vertuschte viele Jahre lang seine wahre Rolle. Als jedoch immer unangenehmere Wahrheiten bekannt und gegen ihn von amerikanischen Gerichten Anklagen erhoben wurden, konnten die US-Behörden ihren Mann in Panama nicht länger halten. Sie mussten etwas gegen ihn unternehmen. Das war aber nicht so einfach, weil sich Noriega 1989 wieder durch Manipulation in seinem Amt bestätigen ließ.

Wirtschaftssanktionen halfen nichts, kein intensives Säbelrasseln in der Kanalzone. Auch die CIA kam nicht an ihren ehemaligen Verbündeten heran, obwohl die Regierung drei Extramillionen genehmigt hatte, um den starken Mann in Panama-City zu stürzen. Der neue US-Präsident George Bush senior (Wahlkampf-Motto: „Kampf den Drogen“) hatte schließlich keine andere Wahl als die direkte Intervention.

Der pockennarbige Noriega erkannte die Zeichen der Zeit und rief am 15. Dezember 1989 den Kriegszustand mit den USA aus. Unter dem Codewort „Gerechte Sache“ („Just Cause“) rückten die US-Truppen schließlich am 20. Dezember gegen den nun so lästig gewordenen Diktator aus. Das Weiße Haus begründete die offiziell 41 Tage dauernde Militäraktion mit dem dringend erforderlichen Regierungswechsel in Panama und der damit notwendigen Verhaftung Noriegas.

Außerdem sollten alle gefährdeten amerikanischen Staatsbürger ausgeflogen und die Anhänger des Despoten entwaffnet werden. 25 000 US-Soldaten rückten in Panama ein. Noriega flüchtete mit dem Auto, kapitulierte aber dann vor der absoluten Übermacht und ergab sich. Bereits am siebten Tag waren die Kampfhandlungen beendet. Die Amerikaner setzten Guillermo Endara als neuen Präsidenten ein.

Die Statistik von Operation „Just Cause“: 23 gefallene GIs, 324 Verwundete. 450 Panamaer kamen als Kombattanten ums Leben, weitere 500 als unbeteiligte Zivilisten. Tausende Verletzte lagen an Weihnachten 1989 in den Krankenhäusern der Tropenrepublik. Amerika stellte seinen einstigen Vasallen Manuel Noriega in Florida vor Gericht. Die Justiz der Sieger verurteilte ihn zu 40 Jahren Haft.

Viel kleinere und weniger spektakuläre Polizeiaktionen des US-Militärs finden seit 1989 gegen die vorwiegend kolumbianischen Drogenkartelle statt. Nachdem in einem demokratischen Lateinamerika keine Diktatoren oder politisch unkorrekten Abweichler mehr existieren – von lästigen Ausnahmen in Kuba und Venezuela abgesehen –, genießt der längst verlorene Kampf gegen die Drogenmafia höchste Aufmerksamkeit.

Regelmäßig ziehen, vom „Southern Command“ des Pentagon koordiniert, 400 mobile US-Soldaten in den Krieg gegen die Drogen. 800 Militärberater wurden in Kolumbien stationiert („Plan Columbia“), wo jährlich rund 3 000 Menschen bei Kämpfen in den Drogenanbaugebieten ums Leben kommen. Die US-Truppen sollen die

Strukturen der Drogenbarone und die Transportwege der verbotenen Ware ausfindig machen.

Präsident George Bush junior stellte zu Beginn seiner Amtszeit die Rekordsumme von 1,3 Milliarden Dollar für die Bekämpfung des Rauschgiftgeschäfts zur Verfügung. Davon fließen 85 Prozent zum Militär und nur der geringe Rest in die eigentlich viel nötigere Entwicklungshilfe (Substitutionsprogramme) und in die Verwaltung.

Inzwischen haben die Planungen des Weißen Hauses eine neue Dimension erreicht. Die mit 19 lateinamerikanischen Staaten abgestimmte Anti-Drogen-Strategie vermischt sich – seit „Nine/Eleven", den Anschlägen von New York und Washington – mit dem intensivierten Kampf gegen den Terror. Offene US-Militäroperationen gegen Guerillaorganisationen in Mittel- und Südamerika sind vermutlich nur noch eine Frage der Zeit.

Der Fall Kissinger

Der Friedensnobelpreisträger als Kriegsverbrecher? – Neue Dokumente beweisen Kissingers Komplizenschaft in Indochina, Chile, Osttimor, Bangladesch und Zypern

„Der Durchschnittsbürger denkt, Moralvorstellungen seien allgemein anwendbar und können auf das Verhalten von Staaten übertragen werden wie auch auf zwischenmenschliche Beziehungen. Das ist nicht immer der Fall. Denn manchmal müssen Staatsmänner zwischen zwei Übeln wählen.“

Henry A. Kissinger,
US-Außenminister von 1973 bis 1976

Im Dezember 1998 kündigte die „New York Times“ die Freigabe bisher geheimer US-Dokumente über Morde und Folterungen während der Diktatur Augusto Pinochets in Chile an. Die Regierung Clinton war im Zusammenhang mit der vorübergehenden Verhaftung des ehemaligen chilenischen Diktators in London zunehmend unter

Druck geraten und zog schließlich den Schutz von Menschenrechten möglichen Risiken für die nationale Sicherheit vor. Für einen schien das Risiko zuzunehmen: Henry Kissinger.

Ein ehemaliger CIA-Agent, der in Chile stationiert war, sprach in diesem Artikel davon, dass die Freigabe der Dokumente eine „Dose voller Würmer“ öffnen und preisgeben könne, wie viel die Vereinigten Staaten wirklich über die Verbrechen wussten, die Pinochet und seiner Junta zur Last gelegt wurden.

Bereits veröffentlichte Akten hatten belegt, dass Präsident Richard M. Nixon und sein damaliger Nationaler Sicherheitsberater und späterer Außenminister Henry A. Kissinger Anfang der siebziger Jahre den rechtsgerichteten Putsch gegen Salvador Allende unterstützten. „Doch ein Großteil dessen, was die Vereinigten Staaten während des Staatsstreichs von 1973 taten“, hieß es im Leitartikel der „New York Times“ weiter, „und vieles von dem, was amerikanische Staatsführer und Geheimdienste in Zusammenarbeit mit dem Pinochet-Regime nach dessen Machtergreifung unternahmen, fällt weiterhin unter die Geheimhaltung im Namen der nationalen Sicherheit. [...] Nach Unterlagen im Justizministerium sollen diese Akten Darstellungen von Menschenrechtsverletzungen und internationalem Terrorismus enthalten.“

Als der Präzedenzfall Pinochet hochkam, war also Kissinger selbst in Gefahr, auch wenn der Gedanke für die

US-amerikanische politische und journalistische Kultur durchaus neu war, einen ranghohen Politiker in den eigenen Reihen beherbergen und schützen zu müssen, obwohl ihn die Vereinigten Staaten möglicherweise als Kriegsverbrecher oder internationalen Terroristen verfolgen und verurteilen sollten.

Diesen Gedanken griff der amerikanische Journalist und Professor für liberale Studien an der New School in New York, Christopher Hitchens, auf. Nach umfangreichen Recherchen veröffentlichte er das Buch „The Trial of Henry Kissinger" („Die Akte Kissinger"), das Anfang 2001 zunächst in Form zweier Artikel in „Harper's Magazine" erschien. Hitchens wirft dem ehemaligen Außenminister Kriegsverbrechen und Verbrechen gegen die Menschlichkeit vor und verlangt die Einleitung eines Ermittlungsverfahrens gegen ihn.

Dabei beschränkt er sich auf die „erkennbaren Verbrechen, die sich in einer ordentlich verfassten Anklageschrift finden könnten und sollten, unabhängig davon, ob diese Taten im Einklang mit der herrschenden ‚Politik' waren oder nicht".

Dazu gehören:

- die vorsätzliche Tötung von Zivilpersonen in Indochina;
- das vorsätzliche Einverständnis zum Massenmord und später zu einem Attentat in Bangladesch;
- die persönliche Anstiftung zur Planung der Ermordung eines ranghohen Staatsbeamten in einem demokrati-

schen Land – Chile –, mit dem die Vereinigten Staaten sich nicht im Kriegszustand befanden;

- die persönliche Beteiligung an einem Plan, das Staatsoberhaupt des demokratischen Zypern zu ermorden;
- die Anstiftung und Durchsetzung des Genozids auf Osttimor;
- die persönliche Beteiligung an einem Plan, einen Journalisten, der in Washington (DC) lebte, zu entführen und zu ermorden.

Da Kissinger dafür gesorgt habe, so Hitchens, dass viele Unterlagen zurückgehalten oder sogar vernichtet worden seien, könnten einige dieser Vorwürfe nur prima facie, nach Augenschein, belegt werden.

Hitchens weist aber in diesem Zusammenhang darauf hin, dass die Verhaftung Pinochets das Schutzschild „souveräner Immunität“ zerstört habe, die Verbrechen decke, die im Namen der Staatsraison verübt wurden. Es gäbe also laut Hitchens keinen Grund mehr, warum nicht die Justiz eines betroffenen Landes einen Haftbefehl gegen Kissinger ausstellen könnte. Zudem habe man noch den Präzedenzfall der Nürnberger Prozesse, an deren Grundsätze zu halten sich die Vereinigten Staaten feierlich verpflichtet hätten.

Im ganzen Land erregten Hitchens und seine Thesen Aufmerksamkeit. Der forsche Autor beeindruckte in seiner Rolle als Don Quichotte, der mit einer Feder als Lanze gegen den guten Ruf Kissingers kämpfte.

Ein globaler und genialer Stratege

Henry Kissinger war längst ein erfolgreicher Geschäftsmann. Er leitete seine New Yorker Kanzlei mit dem Namen „Kissinger Associates Inc.“, nutzte seine weltweiten Beziehungen, um Kunden aus der Industrie, aber auch Staaten zu vertreten. Kissingers Bild in der Öffentlichkeit war untadelig: ein brillanter Diplomat, der wegen des Friedensschlusses mit Vietnam den Nobelpreis bekommen hatte, ein Gentleman der alten Schule mit Herz und sozialer Ader. Seine Bewunderer priesen ihn als einen einflussreichen, globalen Strategen, der während des Kalten Krieges die internationale Diplomatie genial genutzt hatte, um das richtige Gleichgewicht zwischen zwei Supermächten zu finden.

Dank der Dreiecksdiplomatie, seinem größten Verdienst, konnte er China gegen die Sowjetunion ausspielen, was Amerika erlaubte, nach dem Vietnamkrieg weiterhin eine Rolle in der Weltpolitik zu spielen, obwohl es natürlich gewesen wäre, sich zurückzuziehen. Kritiker behaupten eher verhalten, seine Weltsicht im Kalten Krieg hätte ihn blind gemacht für das menschliche Leid. „Obwohl Kissinger immer wieder Vorwürfen ausgesetzt war, konnte er stets ausweichen und wurde nie entblößt.“

Die nun freigegebenen Dokumente enthüllen Gelegenheiten, bei denen Kissinger womöglich unnötig Menschenleben geopfert hat, um seine strategischen Ziele zu erreichen. Das macht den Friedensnobelpreisträger in den Augen seiner schärfsten Widersacher zu einem Kriegsverbrecher, der eine schmutzige Politik betrieb und Komplotte im Interesse der USA schmiedete.

Henry Alfred Kissinger wurde am 27. Mai 1923 in Fürth als Sohn jüdischer Akademiker geboren. 1938 floh die Familie nach New York. Nach dem Krieg, den Kissinger als Abwehroffizier in Deutschland erlebte, studierte der ambitionierte junge Mann in Harvard. Er interessierte sich von Anfang an für außenpolitische Zusammenhänge, bevorzugt für Metternich und Bismarck. Ihre Listigkeit und ihr Geschick in der Kunst der Diplomatie faszinierten ihn. Er selbst entwickelte einen Sinn für Geheimhaltung und Doppelzüngigkeit.

1968 war Kissinger zum Berater der Regierung von Lyndon B. Johnson (LBJ) aufgestiegen. Der Präsident, ein ehemaliger Grundschullehrer aus armer Familie und späterer Senator für Texas, hatte sich so tief in den Vietnamkrieg verstrickt, Kongress und Volk belogen, dass er keine Chance mehr sah, 1968 erneut gewählt zu werden. Die Antikriegsbewegung war zu stark. Das wusste er und verzichtete auf die Macht. So trat sein Vize Hubert Humphrey gegen den Republikaner Richard Nixon an.

Während Nixon seinerseits das Wahlversprechen ablegte, den Krieg auf gerechte und ehrenhafte Weise zu beenden, verhandelten Vertreter der Johnson-Regierung mit den Nordvietnamesen seit Mai in Paris. Ein voreiliges Friedensabkommen – so fürchtete Nixon – könnte ihn um den Wahlsieg bringen. Deshalb versuchte er, die offiziellen Regierungsgespräche zu stören.

Das folgende Beispiel ist bezeichnend für Kissinger. Der aufstrebende Jurist verfügte wegen seiner Nähe zu den Johnson-Unterhändlern über vertrauliche Informationen. Das LBJ-Team hatte allerdings keine Ahnung, dass Kissinger bereits mit Nixons Wahlmännern in Kontakt stand. Er hatte Vietnam dreimal besucht und daraus die Erkenntnis gewonnen, der Krieg sei nicht zu gewinnen. Ein sofortiger Abzug der amerikanischen Streitkräfte würde jedoch die Glaubwürdigkeit der Vereinigten Staaten über Gebühr in Frage stellen.

Sein konspirativer, manchmal manipulativer Charakter sowie der Wunsch, um jeden Preis im Zentrum der Macht zu stehen, ließ ihn mit beiden Seiten paktieren. Kissinger erzählte der Nixon-Truppe, dass die Johnson-Unterhändler bald ein Abkommen mit Nordvietnam treffen würden. Bis die Abmachung perfekt sei, wollten sie die Verhandlungen mit Südvietnam geheim halten.

Ende September 1968 kehrte Kissinger nach Harvard zurück. Während des Wahlkampfs hielt er den Kontakt sowohl mit den Demokraten als auch mit den Republikanern aufrecht. Kissinger wollte auf alle Fälle bei den Siegern sein.

Am 31. Oktober signalisierte er Nixons Wahlmännern, dass es einen Durchbruch bei den Verhandlungen gegeben habe und ein Bombardierungsstopp auf Nordvietnam nahe sei. Zwölf Stunden später wurde die Nachricht offiziell bekannt gegeben. Die Aussicht auf Frieden ließ Humphreys Chancen für einen Wahlsieg hochschnellen. Doch nur drei Tage vor den Wahlen stellte sich Präsident Nguyen Van Thieu quer und lehnte die Friedensverhandlungen für Südvietnam ab.

„Sicherlich war ein Grund dafür der Rat, den sie von Nixons Leuten bekommen hatten", mutmaßt Daniel Davidson, ein ehemaliger Gesandter, zu den Friedensgesprächen in Paris. „Man hatte ihnen bestimmt gesagt, sie sollten eine Entscheidung hinauszögern und nicht nach Paris gehen." Eine FBI-Akte über den Kontakt zwischen dem Nixon-Lager und Südvietnam bestätigt diese Vermutung. „Haltet aus", heißt es dort in einem Telegramm. „Wir werden siegen."

Durch die Abwesenheit Südvietnams brachen die Friedensgespräche zusammen. Johnson und Humphrey wirkten vor der Öffentlichkeit wie dumme Jungen. Richard Nixon gewann die Wahl mit einem Vorsprung von nur einem Prozent. Johnson zog sich auf seine Farm in Texas zurück, wo er fünf Jahre später starb.

Hauptnutznießer dieser folgenschweren Pleite war Henry Kissinger. Er blieb auf der Seite der Sieger und wechselte über ins andere Lager. Nixon, der sonst für Akademiker und Juden nicht viel übrig hatte, belohnte ihn mit der Position des Nationalen Sicherheitsberaters.

Nach seiner Vereidigung strukturierte Nixon die Regierung um. Kissinger erarbeitete ein Konzept für den Nationalen Sicherheitsrat, das ihm und Nixon ungewöhnlich viel Macht und Kontrolle in der Außenpolitik gab. Fast alle Ausschüsse und Unterausschüsse, die mit dem Nationalen Sicherheitsrat zusammenhingen, fanden ab sofort unter dem Vorsitz Henry Kissingers statt.

Der Vietnamkrieg greift auf Kambodscha über

Nixon wiederholte öffentlich sein Wahlkampfversprechen, den Krieg ehrenvoll zu beenden. Privat war er sich mit Kissinger einig, dass ein Frieden nur unter extremer Gewaltanwendung herbeizuführen sei. Ihnen ging es vor allem um amerikanische Glaubwürdigkeit, vor allem vor den Sowjets und letztendlich vor den Chinesen. Sie wollten Hanoi und dem Rest der Welt zeigen, dass der neue Präsident zu allem fähig war, um einen „ehrenvollen Frieden" zu erreichen. Dabei hatten sie ein Problem, und das hieß Kambodscha.

Das Land stand weder auf der Seite der Nord- noch der Südvietnamesen. Theoretisch war es neutral. Allerdings hatten nordvietnamesische Kommunisten bereits weite Gebiete Ostkambodschas übernommen, um sie als Nachschubbasis für ihre Angriffe auf südvietnamesische und amerikanische Truppen zu nutzen.

Mit seiner Vogel-Strauß-Taktik hatte der kambodschanische Prinz Norodom Sihanouk bislang sein Land aus dem Vietnamkrieg heraushalten können. Er schloss die Augen vor den geheimen Verstecken und hoffte so, eine Verletzung der Neutralität Kambodschas zu vermeiden.

Weniger als einen Monat nach seinem Amtsantritt begann Nixon mit Kissinger, einen Angriff auf die heimlichen Verstecke des Vietcong im Nachbarland Kambodscha zu planen. Den Krieg in ein neutrales Land zu tragen, hätte aber gemäß der Verfassung der Vereinigten Staaten der Zustimmung des amerikanischen Kongresses bedurft. Damit war nicht zu rechnen.

Der Kongress wollte alles andere als eine Ausweitung des Krieges. „Das bedeutete, dass man die tatsächlichen Akten zerstören oder sehr, sehr gründlich verstecken musste, dass man genau genommen lügen musste", beschreibt der Publizist William Shawcross die Problemlage des Präsidenten und seines Sicherheitsberaters.

Im Februar 1969 saßen Henry Kissinger und sein Mitarbeiter Alexander Haig in der Präsidentenmaschine „Air Force One" mit Luftwaffenoberst Ray Sitton zusammen. Der Offizier wurde mit der Ausarbeitung einer Strategie beauftragt, wie die Bombardierung Kambodschas zu verschleiern sei. Gesagt, getan. Die ersten geheimen Luftangriffe im Jahre 1969 wurden „Operation Menü" genannt. Mit appetitlichen Namen wie „Frühstück", „Lunch", „Abendessen", „Snack" wurden die Ziele nach verschiedenen kommunistischen Basen in Kambodscha unterteilt.

Angefangen mit „Frühstück“ genehmigte Kissinger einen Plan, um die Vereinbarungen über die Bombardierung Kambodschas in den militärischen Akten zu verbergen. Unter diesem doppelten Meldesystem waren B-52-Piloten vorerst auf Ziele in Südvietnam angesetzt. Während des Fluges wurden sie zu Luftangriffen auf Kambodscha umgeleitet. Die zurückkehrenden Piloten meldeten, dass sie ihre Bomben über Südvietnam abgeworfen hätten. Das eigentliche Ziel Kambodscha erschien nirgendwo offiziell.

Unter Kissingers Aufsicht flog die Air Force innerhalb von 14 Monaten 3 600 geheime Einsätze über Kambodscha und warf insgesamt 110 000 Tonnen Bomben ab. Doch diese Luftschläge konnten die Vietcong-Verstecke nicht zerstören. Die Nordvietnamesen hatten inzwischen ihre Allianz mit den kambodschanischen Kommunisten ausgebaut und waren tiefer in das Land gesickert.

US-Truppen marschieren in Kambodscha ein

Prinz Sihanouk wurde 1970 in einem von der CIA unterstützten Putsch gestürzt – und mit ihm die Hoffnung, die unterschiedlichen Fraktionen im Land noch vereinen zu können. Kissinger und Nixon leugneten die Verwicklung der CIA und versicherten die neue Militärjunta des Generals Lon Nol ihrer vollen Unterstützung. Lon Nol startete einen Angriff auf die Nordvietnamesen, die prompt zurückschlugen und noch tiefer in Kambodscha eindrangen. Nixon und Kissinger sahen darin eine Kampfansage. Sie fürchteten um die amerikanische Macht und um die Glaubwürdigkeit der US-Außenpolitik.

Am 30. April 1970 marschierten amerikanische Truppen in Kambodscha ein. Diese Entscheidung führte zu Kontroversen im Nationalen Sicherheitsrat. Kissinger unterstützte diesen Schritt, während andere deshalb zurücktraten. Sie hielten die Intervention im Land der Khmer für einen Verrat am Wahlversprechen, einen ehrenvollen und gerechten Frieden in Vietnam anzustreben.

Die Nachricht vom Einmarsch brachte mehr Amerikaner denn je auf die Barrikaden. Fast 500 Universitäten stellten den Lehrbetrieb ein. Vier Studenten wurden bei Demonstrationen von Soldaten der Nationalgarde erschossen. Nixon versprach, die Truppen aus Kambodscha zurückzuholen. Kissinger arbeitete derweil an einem brutalen Plan, den Druck auf Nordvietnam zu verstärken.

Im Dezember 1972 warfen während des so genannten „Christmas Bombing“ 129 B-52-Bomber an elf Tagen 40 000 Tonnen Bomben auf Nordvietnam. Hitchens lässt es in seinem Buch nicht an Deutlichkeit vermissen: „Das Weihnachtsbombardement Nordvietnams 1972 muss nach allen Maßstäben als Kriegsverbrechen angesehen werden. Es begann in der Wahlkampagne [...] und wurde auch nach Nixons Sieg fortgesetzt. Das Bombardement wurde nicht aus irgendwelchen militärischen Zielen durchgeführt, sondern aus zwei politischen Gründen. Der erste war innenpolitischer Natur: ein Beweis der Stärke gegenüber Scharfmachern im Kongress und Mittel, um die Demokratische Partei in die Defensive zu zwingen. Der zweite Grund bestand darin, die südvietnamesischen Führer wie Thieu – unnachgiebig wie all die Jahre zuvor – davon zu überzeugen, dass ihre Einwände gegen einen Rückzug der Amerikaner zu ängstlich waren."

Tatsächlich hatte Kissinger schon zwei Monate vor der „Weihnachtsbombardierung" mit seinem nordvietnamesischen Partner Le Duc Tho ein formloses Friedensabkommen formuliert, aber Thieu weigerte sich, das Abkommen ohne die Garantie zu akzeptieren, dass die Amerikaner seine Konditionen auch wirklich durchsetzen könnten. Hitchens in einem Interview: „Sie haben die Nordvietnamesen bombardiert, einfach um die Südvietnamesen davon zu überzeugen, dass es ihnen ernst war. Es war ein demonstrativer Luftangriff. Ein Massenmord aus dem Himmel als Werbespektakel."

Das „Werbespektakel" überzeugte die Südvietnamesen offensichtlich, und Kissinger überredete seinerseits Hanoi zu weiteren Zugeständnissen. Im Januar 1973 unterzeichnete Kissinger ein Friedensabkommen mit Le Duc Tho. Die Details waren beinahe identisch mit denen der Johnson-Regierung kurz vor den achtundsechziger Wahlen.

In der Zeit vom Amtsantritt Nixons und Kissingers bis 1973, als sich die amerikanischen Truppen zurückzogen, ließen 20 763 Amerikaner, 109 230 Südvietnamesen und 496 260 nordvietnamesische Soldaten ihr Leben. Die Zahl der zivilen Verluste wird wohl nie genau zu ermitteln sein.

Deshalb erscheint es zunehmend als Hohn, dass ausgerechnet Henry Kissinger 1973 den Friedensnobelpreis erhielt. Der joviale Le Duc Tho, mit dem er sich die Auszeichnung teilte, blieb übrigens der Zeremonie in Oslo mit einer sehr menschlichen Erklärung fern. „Es gibt in Vietnam keinen Frieden zu feiern“, begründete er seine Verweigerung, „also sollte es dafür auch keinen Preis geben.“

Mit dem Friedensabkommen endete die direkte amerikanische Beteiligung am Vietnamkrieg. Aber um den von ihnen angestrebten „ehrenvollen“ Frieden zu erreichen, entschlossen sich Nixon und Kissinger noch einmal, das Lon-Nol-Regime in Kambodscha zu stärken. Es sollte eine geheime Mission sein, eine Serie von weiteren schweren Luftangriffen, geleitet aus der amerikanischen Botschaft in Phnom Penh.

Die Amerikaner warfen so viele Bomben ab wie im ganzen Zweiten Weltkrieg auf Japan. Bis 1973 starben mehr als 500 000 Kambodschaner. Die Landwirtschaft war weitestgehend zerstört, was eine verheerende Hungersnot auslöste. Über zwei Millionen Flüchtlinge strömten in die überfüllten Städte.

Die Roten Khmer gewannen durch das Chaos im Land an Stärke. Als sie 1975 unter dem geheimnisvollen Chefideologen Pol Pot die Macht ergriffen, zwangen sie die Bevölkerung ganzer Städte zurück aufs Land. Dann starteten sie an speziellen Hinrichtungsstätten die Ausrottung ihrer Feinde. Bis 1979 verloren weitere drei Millionen Kambodschaner ihr Leben.

Dazu noch einmal der Kissinger-Kenner William Shawcross: „Die amerikanische Außenpolitik half Umstände herbeizuführen, unter denen die Roten Khmer an die Macht kommen konnten. [...] Keiner wusste, was die Roten Khmer tun würden. Es ist völlig falsch, die Vereinigten Staaten für die Roten Khmer verantwortlich machen zu wollen. Das wäre wirklich unredlich. Aber die Nachlässigkeit, mit der die Vereinigten Staaten Kambodscha als Nebenkriegsschauplatz behandelt haben, hat sicherlich großen Anteil an dem Desaster."

Immerhin bleibt festzuhalten, dass es vor Nixon und Kissinger keinen Krieg in Kambodscha gegeben hat. „Das ist völlig falsch", so Kissinger zu diesem Vorwurf. „Wir hatten eine Tragödie geerbt. Wir versuchten und waren auch erfolgreich darin, Amerika ehrenvoll aus dieser Tragödie zu befreien." In der Tat autorisierte der Kongress Geld für Bomben in Südvietnam, aber Nixon und Kissinger griffen Kambodscha an. Keiner hatte sie dazu ermächtigt.

Im Juli 1973 führte die Entdeckung von Nixons Tonbandaufzeichnungen zur Watergate-Affäre zu einer Anklage von Schlüsselfiguren im Weißen Haus und schließlich zu Nixons Rücktritt. Nixon wollte einem Impeachment, einer Amtsanklage, entgehen und zog es deshalb vor, das Oval Office zu verlassen. Einer der ursprünglichen Anklagepunkte bezog sich auf sein Verschweigen der Bombardierung Kambodschas. Als das Impeachment-Verfahren eingestellt wurde, endeten auch diese Ermittlungen. Der schwache Übergangspräsident Gerald Ford behielt Henry Kissinger als Außenminister und begnadigte Nixon.

Doppeltes Spiel in Osttimor

„Es gibt eine kleine, aber wichtige Region, die sich dadurch auszeichnet, dass sie in Henry Kissingers Memoiren ausgelassen wird – und zwar völlig. Da Osttimor im dritten und letzten Band von Kissingers Memoiren nicht erscheint, kann es anders als Zypern auch nicht auf eine hastige und spätere Korrektur hoffen. Es wurde, kurz gesagt, unter den Teppich gekehrt. Es ist recht einfach, zu erkennen, warum Kissinger hofft, die Diskussion über ein Land zu vermeiden, dessen Schicksal er so entscheidend beeinflusst hat." (Christopher Hitchens, „Die Akte Kissinger").

Kissinger war schon lange darauf aufmerksam geworden, dass eine linke Unabhängigkeitsbewegung namens FRETILIN („Revolutionäre Front für ein Unabhängiges Osttimor") im indonesischen Archipel immer beliebter wurde.

Hier witterte er eine Gefahr für das globale Gleichgewicht. Das kleine Land strebte seine Unabhängigkeit von Portugal an. Das indonesische Militär befürchtete zur gleichen Zeit, dass sich auf einer ihrer Inseln eine unabhängige Nation unter dem Einfluss des kommunistischen Chinas bilden könnte. Deshalb hielt es die indonesische Diktatur für richtig, Land und Leute Osttimors zu annektieren. Hitchens: „Sie entwickelten also einen Plan, sich das Land einzuverleiben und die Menschen in einer Völkermordkampagne auszulöschen. Was aber weniger bekannt ist, ist die Tatsache, dass sich an diesem Tag der Entscheidung Henry Kissinger mit dem indonesischen Generalstab in einem Raum befand."

Am 5. Dezember 1975 waren Ford und Kissinger nach Indonesien gereist, um Gespräche mit Präsident Suharto zu führen. Sie wollten den Kontakt zu ihrem wichtigsten nichtkommunistischen Partner zwischen Australien und Vietnam, der unter anderem kritische Schifffahrtswege kontrollierte, pflegen.

David Newsom, zu dieser Zeit US-Botschafter in Indonesien, geht davon aus, dass die Indonesier ihre Versuche, mit den Portugiesen zu verhandeln, längst aufgegeben hatten. Stattdessen lief die militärische Planung an. Newsom war bei dem Gespräch zwischen Ford, Kissinger und Suharto anwesend: „Viele haben damals dieses Treffen so interpretiert, dass Dr. Kissinger den Indonesiern für die Invasion Timors grünes Licht gegeben habe."

In Interviews hatte Kissinger lange abgestritten, während des Treffens mit Suharto über die Invasion gesprochen zu haben. Später räumte er ein, dass er und Ford erst kurz vor ihrem Heimflug darüber informiert worden seien, dass die Indonesier in den nächsten Tagen Osttimor erobern wollten.

Sowohl Newsom als auch das damals noch nicht freigegebene Protokoll über ihr Treffen widersprechen dieser Aussage. Ausdrücklich verkündete Suharto direkte Maßnahmen gegen Osttimor, begleitet mit der Bitte um Verständnis bei der US-Regierung. Das sicherte ihm Ford zu. Henry Kissinger laut Protokoll: „Sie sehen aber ein, dass der Einsatz US-produzierter Waffen problematisch sein könnte. [...] Es kommt darauf an, wie wir es auslegen: ob es Selbstverteidigung ist oder eine auswärtige Operation. Es ist wichtig, dass das, was Sie vorhaben, schnell Erfolg hat. Wir werden die Reaktionen in Amerika beeinflussen können, wenn das, was geschieht, nach unserer Rückkehr geschieht."

Es war klar, dass bei jeglichem militärischen Einsatz auch amerikanische Waffen verwendet würden, die ausschließlich zum Zweck der Selbstverteidigung verkauft worden waren. Während Ford und Kissinger ihren Besuch beendeten, waren am 6. Dezember schon Vorbereitungen für eine Invasion im Gange. Vom 7. bis 9. Dezember töteten indonesische Truppen in einem unkontrollierbaren Blutrausch eine unbekannte Zahl von Bewohnern Osttimors. Geschätzte 100 000 Opfer – etwa ein Sechstel der Gesamtbevölkerung – werden allein nach der ersten Welle der Gewalt als zu gering erachtet.

Der ehemalige CIA-Resident im Indonesien des Jahres 1975, C. Philip Liechty, erinnert sich: „Ich sah, dass meine eigene Regierung tief in die Vorgänge in Osttimor verstrickt war. Wir stellten die meisten Waffen, Helikopter, logistische Hilfe, Nahrungsmittel, Uniformen, Munition ... alle Hilfen, die Indonesien brauchte, um diesen Krieg zu führen. Sie können ganz sicher sein, dass man Suharto für das, was kommen sollte, ausdrücklich grünes Licht gegeben hatte.“

Die US-Regierung wusste über die Gräueltaten in Osttimor Bescheid. Das State Department war so beunruhigt, dass es seinem Chef zwei Telegramme schickte und ihm berichtete, der US-Kongress würde Militärhilfe und bilaterale Waffenverkäufe an Indonesien stoppen, weil Suharto dieses Kriegsgerät eindeutig offensiv verwende. Während Kissinger noch auf dem Heimflug war, musste der Kongress in diesem Sinne eine Erklärung abgeben.

Kaum von seiner Reise zurückgekehrt, machte der Außenminister seinen Mitarbeitern die Hölle heiß. Er war wütend, weil er befürchtete, durch das unvorsichtige Telegramm könnte offenbar werden, dass er das Gesetz gebrochen hatte. Seine Experten erklärten ihm eingehend das vom Kongress verabschiedete Gesetz zur Kontrolle von Waffenexporten und auch das Auslandshilfe-Gesetz. Beide beschränken den Einsatz amerikanischer Waffen auf die Selbstverteidigung der Empfänger.

Kissinger reagierte unwirsch: „Ich kenne die Gesetze. Aber kann es im Interesse der USA sein, die Indonesier so vor den Kopf zu stoßen?“ Das Meeting endete mit einer Debatte, wie man den Kongress über Waffenverkäufe in die Irre führen könne. Jahre später kommentierte Kissinger diese Ereignisse mit den lapidaren Worten: „Es geschah in dem Jahr, als Südostasien, als Indochina zusammengebrochen war. Es ging also nicht um Zustimmung. Es ging darum, nichts dagegen tun zu können.“

Ein Drahtzieher des Putsches gegen Allende

Ende der neunziger Jahre holte Henry Kissinger die Vergangenheit in einer ganz anderen Sache wieder ein. Er war gerade auf einer Reise nach Paris, als ihn ein französischer Richter vorlud, um Fragen über die Verwicklungen der USA in Chile vor fast dreißig Jahren zu beantworten. Es ging um die „Operation Condor“, eine Mord- und Folterkampagne, die das Pinochet-Regime zu verantworten hatte.

„Die Verhaftung Pinochets in London übte direkten Druck auf die Clinton-Regierung aus, Hunderttausende von Dokumenten freizugeben; Geheimdokumente der CIA, des Außenministeriums und anderer Stellen, schwarz übermalt, wie sie sind“, berichtet Peter Kornbluh, ein Mitarbeiter aus dem Archiv der Nationalen Sicherheit. „Diese Dokumente sind wirklich ganz ungewöhnlich. Es existiert quasi eine Papierspur, die bis in Kissingers Büro führt. Sie lässt jene Zeit wieder aufleben und enthüllt die damaligen Bemühungen, heimlich eine demokratisch gewählte Regierung in Chile zu stürzen."

In den sechziger Jahren war Chile ein fruchtbarer Boden für amerikanische Geschäftsinteressen. Alle namhaften Firmen waren vertreten, unter ihnen ITT, Pepsi-Cola und die Chase Manhattan Bank. Politisch hielt Washington alles unter Kontrolle. In den Jahren des Kalten Krieges wählte etwa ein Drittel der Chilenen konservativ, ein Drittel sozialistisch und kommunistisch und ein Drittel christdemokratisch und zentrumsorientiert.

So klappte es problemlos, das marxistische Element von der Regierungsverantwortung fernzuhalten. Seit 1962 hatte die CIA sich, wie bereits in Italien und anderen vergleichbaren Ländern, darauf beschränkt, den Freunden der USA mit Geld beizustehen.

Zu Beginn des Jahres 1970 beunruhigte die politische Entwicklung in Chile nicht nur die extremen Rechten, sondern auch die dort ansässige amerikanische Wirtschaft und damit die CIA: Während die Präsidentschaftswahlen näher rückten, stieg die Popularität von Salvador Allende. Seine Verbindung zu Fidel Castro machte ihn für die Vereinigten Staaten nicht nur zum roten, sondern zum dunkelroten Tuch.

Allende versprach, die Kupferindustrie zu verstaatlichen, eine direkte Bedrohung für ITT. Aber auch andere Firmen zeigten sich beunruhigt. Während ITT Kissinger bat, etwas gegen Allende zu unternehmen, trug Donald Kendall, Direktor von Pepsi, seinem alten Freund Nixon ein ähnliches Anliegen vor.

Am 4. September 1970 gewann Allende die Mehrheit der Stimmen. Es schien sicher, dass ein Wahlsieg durch den chilenischen Kongress bestätigt würde. Nach einer Übergangszeit von etwa 60 Tagen würde der Arzt seinen Amtseid als Präsident ablegen.

Für seine Widersacher blieb nur wenig Zeit. Der Gedanke an einen Präsidenten Allende war für Nixon völlig inakzeptabel, obwohl die CIA beschwichtigend erklärte, Chile werde unter ihm keine Gefahr für die Vereinigten Staaten darstellen. Doch Nixon dachte auch an die Spendengelder der eigenen Industrie. Wenn er es in Chile richtig und im Interesse von ITT, Pepsi und der Chase Manhattan Bank anstellen würde, wäre ihm ein reichliches Plus für die Wahlen von 1971/72 sicher. Allende durfte nicht im Amt bleiben.

Außenminister Kissinger hatte sich vorher nicht für Chile interessiert, passte sich aber der Meinung seines Chefs an. Während eines Treffens im September äußerte er seine Ansichten über die demokratischen Wahlen in Chile. „Ich sehe nicht ein, warum wir unbeteiligt zusehen müssen, wie ein Land auf Grund der Verantwortungslosigkeit seiner Bevölkerung kommunistisch wird."

Am 15. September trafen sich Nixon, CIA-Direktor Richard Helms und Kissinger im Oval Office des Weißen Hauses. Helms' Notizen von diesem Treffen decken den Plan auf, Allendes Machtantritt zu verhindern. „Eventuelle Risiken unwichtig. Keine Beteiligung der Botschaft. Zehn Millionen Dollar zur Verfügung, mehr, falls nötig. Voller Arbeitseinsatz. Die besten Männer, die wir haben."

Kissinger leitet die „Gleis zwei"-Verschwörung

Unter Aufsicht Kissingers wurde eine „zweigleisige" Politik entwickelt: eine vorgeschobene diplomatische („Gleis eins") und eine andere, die weder dem State Department noch dem Pentagon noch Edward Korry, dem amerikanischen Botschafter in Santiago, bekannt werden sollte. Sie umfasste eine drastische Destabilisierung, um einen Putsch auszulösen („Gleis zwei"). Kissinger wurde der Anführer dieses geheimen Plans. Er ignorierte dabei die Empfehlungen seiner Leute, die den Staatsstreich für undurchführbar hielten.

Tatsächlich galt es, langfristige und kurzfristige Hindernisse zu überwinden. Das langfristige Hindernis lag in der Tradition politischer Zurückhaltung des chilenischen Militärs begründet. Das kurzfristige Hindernis personifizierte sich in dem Chef der chilenischen Armee: General René Schneider. Er war strikt gegen innenpolitische Abenteuer des Militärs und erinnerte andere pausenlos an seinen Treueschwur auf die chilenische Verfassung. Also wurde bei einem Treffen im September 1970 entschieden, dass René Schneider verschwinden musste.

Hitchens: „Der Plan bestand darin, Schneider von extremistischen Offizieren entführen zu lassen, und zwar so, dass es aussah, als stünden linke und Allende freundlich gesonnene Elemente dahinter. Die sich daraus entwickelnde Verwirrung, so die Hoffnung, würde den chilenischen Kongress so in Panik versetzen, dass er Allendes Präsidentschaft die Zustimmung verweigern würde. In der chilenischen Hauptstadt Santiago wurden jedem Offizier, der tollkühn genug war, diese Aufgabe zu übernehmen, 50 000 Dollar angeboten."

In Santiago war die CIA dabei behilflich, die Pläne gegen Schneider voranzutreiben. Die zögerlichen Militärs gaben zunächst wenig Anlass zu Optimismus. Am 15. September 1970 erfuhr Kissinger jedoch von einem rechtsextremen General namens Roberto Viaux, der bereit war, das Geld der Amerikaner anzunehmen, um Schneider schachmatt zu setzen. Er hatte Kontakte zu einer Gruppe mit dem Namen „Patria y Libertad", einer quasi faschistischen Organisation, die sich den demokratischen Wahlergebnissen widersetzen wollten.

Bei dem Plan wurde immer wieder von Kidnapping gesprochen. Kissingers Handlanger genehmigten die Lieferung von Maschinenpistolen und Tränengasgranaten an

Viauxs Mitstreiter. Bei der CIA stellte sich die Frage, was die Gruppe wohl mit General Schneider anstellen würde, wenn sie ihn erst einmal in ihrer Gewalt hätten.

Viaux war selbst bei den Konservativen im Offizierskorps isoliert. Es mehrten sich die Zweifel an der Aktion. Doch dann gelang es parallel, eine „respektable" Gruppe für das Unterfangen anzuheuern. Diese Einheit wurde vom Kommandanten der Hauptstadtgarnison, General Camilo Valenzuela, angeführt.

Der Mord an Chiles Armeechef Schneider

Am 15. Oktober verkündete Kissinger bei einem Treffen mit der CIA seine Besorgnis, dass Pläne zu einem Putsch zu diesem Zeitpunkt keinen Erfolg haben würden. In letzter Minute teilte er die Bedenken gegenüber Viaux, der von der CIA-Dienststelle noch am 13. Oktober 20 000 Dollar in bar und die Aussicht auf eine Lebensversicherungspolice über 250 000 Dollar erhalten hatte.

In seinen Memoiren schrieb Kissinger später, er habe bei diesem Treffen „Gleis zwei" verworfen. Da aber nur noch wenige Tage bis zur Amtseinführung Allendes blieben und Nixon wiederholt deutlich machte, dass „es absolut notwendig ist, die Wahl von Mr. Allende zum Präsidenten zu vereiteln", nahm der Druck auf die Gruppe Valenzuela zu.

In Folge fühlte sich Viaux verpflichtet, zur Tat zu schreiten und all jene eines Besseren zu belehren, die Zweifel an ihm hegten. Hitchens beschreibt die weiteren Ereignisse: „Am Abend des 19. Oktober 1970 versuchte die Gruppe Valenzuela, unterstützt von einigen aus Viauxs Bande und ausgestattet mit den Tränengasgranaten, die die CIA bereitgestellt hatte, General Schneider zu entführen, als er ein offizielles Dinner verließ.

Der Versuch scheiterte, weil Schneider in einem Privatwagen wegfuhr und nicht wie erwartet in einem Dienstfahrzeug. Dieses Scheitern sorgte für ein äußerst bedeutsames Telegramm vom CIA-Hauptquartier in Washington an die örtliche Dienststelle, in der um schnelles Handeln gebeten wurde, da ‚Hauptquartier am Vormittag 20. Oktober auf Anfragen von hoher Stelle reagieren muss‘.

Daraufhin wurden Zahlungen über jeweils 50 000 Dollar an Valenzuela und seinen engsten Verbündeten genehmigt, unter der Bedingung, dass sie einen weiteren Versuch unternahmen. Dies taten sie am Abend des 20. Oktober. Auch diesmal konnte nur ein weiterer Fehlschlag gemeldet werden. Am 22. Oktober wurden die ‚sauberen‘ Maschinenpistolen an die Gruppe Valenzuela übergeben, damit sie erneut einen Versuch unternahm. Im Verlauf desselben Tages ermordete General Roberto Viauxs Bande schließlich General René Schneider."

Der Geheimdienstausschuss entschied bei seiner Untersuchung dieses Falles, dass es „keinen Beweis für einen

Plan gibt, Schneider zu ermorden, oder dafür, dass offizielle Stellen der Vereinigten Staaten ausdrücklich davon ausgingen, dass Schneider bei der Entführung erschossen werden sollte", da die Maschinenpistolen, die Valenzuela übergeben worden waren, nicht verwendet worden seien und die CIA General Viaux wenige Tage vor dem Mord offiziell davon abgeraten habe.

Hitchens führt diese schwachbrüstige Begründung ad absurdum: „Wenn Sie mit rauchendem Gewehr über einer Leiche stehen und sagen: ‚Ich wollte ihn nur entführen', führt das nicht zu mildernden Umständen."

Auch widersprüchliche Aussagen zwischen der CIA und Kissinger im späteren Untersuchungsausschuss lassen aufhorchen. Für Kissinger endete „Gleis zwei" am 15. Oktober. Die CIA sagte jedoch aus, Kissinger sei auch nach dem 15. Oktober über jeden Schritt informiert gewesen. Noch am 20. Oktober wollte er auf den neuesten Stand der Schneider-Situation gebracht werden.

Jahre später resümiert der amerikanische Topjournalist Seymour Hersh in einem Interview: „Er wusste, dass Schneider auf jeden Fall getötet werden würde – aber nicht von uns. Sehen Sie, dadurch war das in Ordnung. So funktioniert das."

Nach Schneiders Tod war Allendes Wahl nicht mehr zu verhindern. Dennoch sollten die Bemühungen Kissingers und Nixons, Allende zu stürzen, am Ende erfolgreich sein.

Im Sommer 2001, beinahe drei Jahrzehnte später, kam es zu einem ungewöhnlichen Vorgang. Der Oberste Gerichtshof Chiles beschloss, über ein Rechtshilfeersuchen Henry Kissinger zum mutmaßlichen Mord an einem amerikanischen Journalisten namens Charles Horman zu befragen. Horman hatte aufwändige Recherchen zur Rolle der CIA in Allendes Chile begonnen und war in Pinochets Chile spurlos verschwunden. Chiles Ermittler dachten, Kissinger könne etwas darüber wissen.

Bangladesch: Ein Völkermord, ein Coup, ein Anschlag

Im Dezember 1970 erlaubte die pakistanische Militärelite im damaligen Ostpakistan erstmals nach zehn Jahren freie Wahlen. Scheich Mujib-ur Rahman und seine bengalische Awami-Liga errangen dabei Anspruch auf eine deutliche Mehrheit in der zukünftigen Nationalversammlung. Am 1. März 1971, zwei Tage bevor das Parlament zusammentreten sollte, verschob General Yahya Khan, Pakistans starker Mann, die Einberufung. Das löste Massenproteste und gewaltfreien zivilen Ungehorsam im Osten aus.

Daraufhin holte die pakistanische Armee zur grausamen Unterwerfung der selbstbewussten Provinz aus. Wahlsieger Rahman wurde nach Pakistan verschleppt. Das Militär griff gegen die Zivilbevölkerung durch, mordete, vergewaltigte, folterte, auch Kinder. Die Zahl der zivilen Opfer wird auf 500 000 bis zu drei Millionen Menschen geschätzt.

Die Welt war entsetzt. Ranghohe amerikanische Diplomaten forderten Washington auf, umgehend zu reagieren, die Unterdrückung der jungen Demokratie zu verurteilen und energische Maßnahmen gegen den Völkermord zu starten. Henry Kissinger sah das anders. Ende April, auf dem Höhepunkt der Massenmorde, schickte er General Yahya Khan eine Botschaft, in der er sich für dessen „Feingefühl und Takt" bedankte. In dieser ungewöhnlichen Reaktion sieht Ankläger Hitchens unter anderem machtpolitische Motive. Henry Kissinger wollte sich Islamabad gewogen und damit einen Kanal zum Pakistan-Freund China offen halten.

Als zweites Motiv glaubt Hitchens die Verachtung des Präsidenten Nixon für Indien zu erkennen und dabei logischerweise eine gewisse Sympathie für Indiens Todfeind Pakistan. Hitchens Schluss: „Kissingers Politik mag zu großen Teilen tatsächlich nur um ihrer selbst willen gemacht worden sein, als Mittel, um den Groll, den sein Boss gegen Indien hegte, zu befriedigen und auf jeden Fall die Unabhängigkeit Bangladeschs zu verhindern." Und das tat er gründlich.

Hitchens' Recherchen und umfassende Untersuchungen des Historikers Lawrence Lifschultz von der Elite-Universität Yale schreiben es letztlich einer, ähnlich wie in Chile, „zweigleisigen" Vorgehensweise zu, dass am 14. August

1975 Mujib-ur Rahman und 40 Verwandte bei einem Militärputsch ermordet wurden. Einige Zeit vorher war Kissinger in Bangladesch gewesen. Wochen danach trafen sich Offizielle der amerikanischen Botschaft in Dhaka insgeheim mit den Verschwörern.

Kissinger und der Putsch gegen Makarios

Christopher Hitchens wirft Henry Kissinger durch sein geheimes Einverständnis die persönliche Beteiligung an einem Plan vor, das zypriotische Staatsoberhaupt, Erzbischof Makarios, zu ermorden. Die demokratisch gewählte Regierung von Nikosia wurde durch die griechischen Obristen und ihre gegnerischen Kollegen in Ankara in Frage gestellt. Ausnahmsweise waren sich beide Lager einig, als es gegen die Unabhängigkeit der Insel im östlichen Mittelmeer ging. In der ersten Hälfte der siebziger Jahre unterstützten sie rechtsradikale Verbrecherorganisationen, und beide waren sie sehr daran interessiert, einen mehr oder minder großen Teil von Zypern zu annektieren.

Kissinger war klar, „dass die nächste Nationalitätenkrise auf Zypern eine Intervention der Türkei nach sich ziehen würde". Hitchens denkt, dass Kissinger wesentlich mehr wusste, dass er von den Planungen zum Staatsstreich und zur türkischen Invasion informiert war. Das lässt sich Kissingers eigenen Äußerungen und auch späteren Untersuchungen entnehmen.

Der US-Außenminister unternahm nichts, um beispielsweise die griechische Junta zur Raison zu bringen. Der Staatsstreich geschah am 15. Juli 1974 – und misslang. Kissinger wurde später wegen seiner Untätigkeit kritisiert. Er erwiderte knapp und mürrisch, dass „die Information nicht gerade auf der Straße herumlag".

Amerikaner immun beim Weltgerichtshof

Für den Juraprofessor und Menschenrechtler Michael Tigar könnte man Henry Kissinger vor ein US-Gericht stellen, „wenn man ein Szenario einer auf Tatsachen beruhenden Basis herausarbeiten könnte, auf Grund derer Henry Kissingers Mitschuld feststünde". Das Problem mit den Verjährungsfristen sei mit folgendem Argument zu lösen: „Es ist die Doppelzüngigkeit, mit der Henry Kissinger das eine für den offiziellen Bericht und etwas ganz anderes privat oder in unter Verschluss gehaltenen Dokumenten gesagt hat. Es gäbe schon einige gute Gründe zu behaupten, eine Verjährung würde durch derartige Vermischungen aufgehoben."

Das Problem der Verjährungsfristen wäre spätestens bei der Frage aufgehoben, ob Kissinger Verbrechen gegen die Menschlichkeit begangen hat. Sein Fall wirft außerdem

Fragen auf zur Rechenschaftspflicht prominenter Persönlichkeiten.

Nachdem die Hitchens-Vorwürfe gegen Henry Kissinger international bekannt wurden, soll er seine Reisen stark eingeschränkt haben. Der „elder statesman" aus Washington will keinesfalls das Schicksal des chilenischen Diktators Pinochet erleiden, der in akuter Gefahr schwebte, in England oder Spanien vor Gericht gestellt zu werden.

Mit großem Misstrauen beobachteten die Amerikaner in den vergangenen Jahren die Bemühungen der UN zur Schaffung eines Internationalen Strafgerichtshofs, der vor allem Verbrechen gegen die Menschlichkeit verfolgen soll. Washington legte sein Veto ein und forderte permanente Immunität für die eigenen Soldaten. Im Juli 2002 setzten sich schließlich die Amerikaner mit unerbittlicher Sturheit durch.

Zuvor drohten sie, die Friedensmission in Bosnien und anderen Konfliktherden im Sicherheitsrat zu Fall zu bringen. Am Ende wurden die Erpresser mit der Resolution 1422 belohnt. Für ein (sich immer wieder verlängerndes) Jahr war erst einmal sichergestellt, dass US-Bürger wegen ihrer möglichen Kriegsverbrechen nicht belangt werden konnten.

76 Staaten hatten den Vertrag über das Weltgericht bereits ratifiziert, 139 Staaten hatten ihn unterzeichnet. Nach der Kompromisssitzung kündigten die USA an, sie würden mit 150 Staaten individuelle Verträge aushandeln,

die eine Überstellung von Amerikanern an das Weltgericht verbieten. Jeder Versuch des Gerichtshofs, US-Bürger zu belangen, so wurde der US-Botschafter bei den Vereinten Nationen, John Negroponte, zitiert, werde „ernste Konsequenzen" haben.

Super-Henry, mittlerweile 80 und ein lebendes Denkmal, kann wieder frohen Herzens reisen. Die Justiz wird ihn nicht so leicht zu fassen kriegen. Denn er und seine Landsleute stehen seit 2002 als mutmaßliche Menschenrechtsverletzer jenseits von Völkerrecht und Gesetz.

Konfrontation am Hindukusch

Weltkrise um Afghanistan – Der Ostblock wird tot gerüstet – Blind Date mit Israel – Die Iran-Contra-Affäre – Grenada: Mit Kanonen gegen Spatzen

„Drum reitet nicht nach Kabul, der Stadt! –
Blast Tusch und schultert das Messer! –
Die halbe Truppe und mein Kamerad,
Die liegen im kalten Gewässer!
Im kalten Gewässer der Kabul!
Im Kabul wohl in der Nacht!
Und zu rufen nach ihnen hat gar keinen Sinn!
Und schlammig und seicht zieht das Wasser dahin
Im Kabul, im Kabul in der Nacht!“

Rudyard Kipling, „Kabul“

War die Zeit wirklich so schön, so harmonisch und friedfertig, wie sie heute immer wieder dargestellt wird? Jene Jahre, in denen König Zahir zum ersten Mal an der Spitze seines archaischen Volkes stand? Der stattliche Mann mit dem glatt rasierten, markanten Gesicht übernahm am 8. November 1933 die Monarchie. Sein Vater Nadir Schah war gerade bei einem Fest der deutschen Schule von Kabul ermordet worden. Der neunzehnjährige Zahir kannte schon Frankreich, liebte europäische Kultur, die Jagd, und gelegentlich befasste er sich mit Archäologie.

Afghanistan hatte viel nach- und aufzuholen. Zahir Schah bat die Deutschen, Engländer und Amerikaner ins Land. Doch die Modernisierung des mittelalterlichen Landes schritt, von den Machtkämpfen innerhalb der Stämme abgebremst, nur langsam voran. Eigentlich blieb der König bis nach dem Zweiten Weltkrieg nur eine Galionsfigur. Es regierte stets einer seiner Verwandten, bis zum UNO-Beitritt Afghanistans 1946 sein Onkel Haschem Khan und dann dessen liberaler Bruder Mahmud.

Der Weltkrieg weckte das Bergland nicht aus seinem Dornröschenschlaf. Es lag ja weitab vom Geschehen. Beeinflusst wurde es jedoch, als die Briten den Subkontinent räumten. Die Sowjets beobachteten mit Interesse das südlich ihrer orientalischen Grenze entstehende Machtvakuum. Ihre amerikanischen Rivalen nahmen nun den Platz der Engländer ein, wenn auch reichlich unbeholfen.

Eine kurzfristige und unergiebige demokratische Phase brachte den Afghanen nach 1945 die Gründung von politischen Parteien und eine zaghafte Opposition. Moskauer Hilfsprogramme liefen im Norden an und führten auffällig rasch zum Ausbau von Verkehrsadern in Richtung Sowjetunion, während die Amerikaner ein unverdächtiges Bewässerungsprojekt im Süden starteten. Eine Regierungskrise führte 1953 zum Rücktritt des Kabinetts. General Mohammed Daud Khan, ein Vetter des Königs, rückte zum neuen Premierminister auf.

Daud war moskaufreundlich. Er griff hart gegen jegliche Opposition durch, hielt nichts von demokratischen Spielregeln und entwickelte seine ersten Fünfjahrespläne mit osteuropäischen Entwicklungsgeldern. Der General zettelte einen ernsten Grenzkonflikt mit dem Nachbarn Pakistan an. Schon damals, in den fünfziger Jahren, zeichnete sich die erste Polarisierung ab. Die Amerikaner lieferten Waffen nach Pakistan, und die Sowjets unterstützten Daud, den das Volk wegen seiner adeligen Herkunft und auch wegen seiner politischen Neigung den „roten Prinzen“ nannte. Die militärischen Drähte zwischen Moskau und Kabul glühten.

Der Premier verspielte die Gunst der Bevölkerung, als er 1959 die Aufhebung des Schleierzwangs für Frauen durchsetzte und auf Grund seiner aggressiven Wirtschaftspolitik gegenüber Pakistan eine permanente Wirtschaftskrise heraufbeschwörte. In den Jahren 1961 bis 1963 waren die Beziehungen zu Islamabad wieder besonders frostig, blieben die Grenzen geschlossen. Da zogen Zahir Schah und sein Clan die Konsequenz: Sie zwangen den radikalen Regierungschef zum Rücktritt. Es blieb, genau betrachtet, Zahirs einzige mannhafte Tat, bis er selbst seines Amtes enthoben wurde. Die Sympathien der Sowjets, falls es jemals welche gab, verlor er nach dieser Maßnahme sowieso.

Die erste Ära Daud war beendet, als Radio Kabul am 9. März 1963 folgende Erklärung ausstrahlte: „Mohammed Daud, der Premierminister von Afghanistan, der sein schweres Amt neuneinhalb Jahre lang versehen hat, reichte am 3. März bei Seiner Majestät dem König den Rücktritt ein, was königliche Einwilligung fand." Gleichzeitig wurden im Rundfunk auch Dauds Vorschläge für eine „wahre und stabile Demokratie" sowie für eine Gewaltenteilung verlesen. Der Wolf hatte Kreide gefressen.

Der bisherige Minister für Bodenschätze und Industrie, Mohammed Yousaf, wurde mit der Bildung einer neuen Regierung beauftragt. In einem ersten Schachzug ersetzte er die absolute durch eine konstitutionelle Monarchie. Damit wurde Mohammed Dauds legale Rückkehr schon einmal verhindert. Trotzdem brachten auch der Hoffnungsträger Yousaf und seine Nachfolger ihrem Land kein Glück.

Die sechs demokratischen Regierungen der Folgezeit konnten die zunehmenden innenpolitischen Unruhen und die immer offensichtlicher werdende Abhängigkeit von der mächtigen Sowjetunion nicht verhindern. Afghanistan war zum festen Posten in Moskaus Rechnung geworden, ein Abschütteln der Umklammerung von Jahr zu

Jahr weniger möglich. Nirgendwo außerhalb des Warschauer Paktes hat sich der Kreml in der Nachkriegszeit so stark und ausdauernd engagiert wie in dem kargen Bergland am Hindukusch.

Sowjetische Langzeitstrategie

Schon 1963 hatten die russischen Berater beinahe sämtliche türkischen Offiziere, die traditionsgemäß in Afghanistan arbeiteten, ersetzt. Einige hundert Sowjets waren in die afghanischen Einheiten integriert. Sie stellten sämtliche Flugzeuge und Ausbilder. Fast alle Piloten durchliefen die Schulung beim großen Nachbarn im Norden. Nie zuvor hatte Afghanistan über eine derart effiziente Streitmacht verfügt. Mit dem wachsenden Moskauer Einfluss stieg auch eine von den Streitkräften ausgehende Gefahr für die Monarchie.

Im amerikanischen „Gebietshandbuch für Afghanistan" hieß es 1967: „Die Streitkräfte sind bereits vollständig von den Sowjets abhängig, nicht nur bei der Ausrüstung, sondern auch beim logistischen Nachschub. [...] Die beinahe totale Abhängigkeit des Militärs von logistischer Hilfe der Sowjets, was Benzin, Munition und Ersatzteile betrifft, bedeutet, dass die Sowjets afghanische Militäroperationen größtenteils kontrollieren können." Das sollte spätestens 1978 sehr wichtig werden.

Zwischen 1956 und 1970 befanden sich schätzungsweise 7 000 afghanische Offiziere zur Ausbildung in der Sowjetunion und lediglich 600 in den USA. An die Mehrzahl wurden nicht nur waffentechnische Kenntnisse, sondern auch der dialektische und historische Materialismus vermittelt. Die Sowjets exportierten ihre kommunistische Ideologie gleichsam durch die Hintertür. Dabei spielten immer mehr afghanische Gaststudenten eine Rolle.

Nachdem sich der persische Schah Reza Pahlevi als Vermittler eingeschaltet hatte, nahmen Pakistan und Afghanistan wieder diplomatische Beziehungen auf. Zahir Schah reiste fünfmal nach Moskau, um den dortigen Gönnern immer wieder die Freundschaft seines Volkes zu bestätigen. Innenpolitisch verlor der Monarch jedoch den Boden unter den Füßen.

Den rechten Großgrundbesitzern und den konservativen islamischen Geistlichen ging die – in Wirklichkeit zögerliche – Demokratisierung längst zu weit, während die Kabuler Linken die Herrschaft der blaublütigen Durranis generell in Frage stellten. Ihr Idealsystem lag nicht weit vom Moskauer Vorbild entfernt. Blutige Studentendemonstrationen bereiteten den Boden für die unaufhaltsame tragische Entwicklung.

Die Linken warfen dem König unter anderem vor, dass er das bereits entworfene Parteiengesetz nie unterzeichnete. Bei einer Zulassung von politischen Parteien rechneten sie sich nämlich Chancen aus, von den intellektuellen Städtern ins Parlament gewählt zu werden. Stattdessen mussten sie sich zur Zeit der Monarchie noch bedeckt halten.

Die Kommunisten formieren sich

Seit den frühen sechziger Jahren hatte ihre Existenz systematischen Charakter erhalten. Am 1. Januar 1965 wurde schließlich die Demokratische Volkspartei Afghanistans gegründet. Zu ihren ersten Funktionären zählten der Schriftsteller Nur Mohammed Taraki, Generalssohn Babrak Karmal, Gewerkschafter und Universitätslehrer Mir Akbar Khyber und die Ärztin Anahita Ratebzad. Hafizullah Amin erhielt nach seiner Rückkehr aus dem Exil, im Herbst 1965, einen wichtigen Funktionärsposten in der Partei. Zu ihrem ersten Generalsekretär ernannten die Kommunisten Nur Mohammed Taraki.

Schon 1965 gehörten Babrak Karmal und Anahita Ratebzad als „Unabhängige" (eine Tarnbezeichnung der Kommunisten) dem halbherzigen Parlament lokaler Prägung an. Sie versuchten immer wieder, ihre Ideologie zu propagieren, was stets zu erregten Diskussionen führte. Die Lehre der linken Intellektuellen wurde in den sechziger Jahren durch ihre Zeitungen „Khalq" (Volk) und „Parcham" (Fahne) verbreitet. So nannten sich, nach einer tief greifenden Spaltung im Jahre 1967, auch die beiden Fraktionen der Demokratischen Volkspartei.

Bis zum Ende ihrer Tage konnten die Flügel der Einheitspartei ihre häufig blutigen Auseinandersetzungen nicht bereinigen. Die Differenzen waren unüberbrückbar. Die Khalq-Gruppierung, deren wichtigste Repräsentanten Taraki und Amin waren, wurzelte mehr im ländlichen Mittelstand und forderte die revolutionäre Umgestaltung der gesamten afghanischen Gesellschaft. Ihr Modell wies starke nationalkommunistische Züge auf.

Die Parcham-Fraktion verhielt sich dagegen ausgesprochen moskautreu. Sie besaß Rückhalt beim städtischen Bürgertum und den Intellektuellen. Karmal und Ratebzad waren ihre Führer. Die Parchamis lehnten einen gewaltsamen Umsturz ab. Ihre Ziele wollten sie durch eine permanente Unterwanderung der Institutionen und eventuell sogar durch Regierungsbeteiligung erreichen.

Anfang der siebziger Jahre wurde Afghanistan von Plagen aller Art heimgesucht. Eine zwei Jahre andauernde Dürreperiode forderte Tausende von Hungertoten und führte zu noch größerer Armut. Die Kleinbauern mussten sich nachhaltig verschulden und gerieten rasch in eine ausweglose Situation. Die Abhängigkeit vom Großgrundbesitzer und vom Saatgutlieferanten wurde für sie unüberwindbar. Von Seiten der Regierung kam keine nennenswerte Hilfe. An der Universität Kabul lieferten sich inzwischen islamische Fundamentalisten und linke Intellektuelle heftige Gefechte.

König Zahir weilte auch 1973 zu seiner üblichen Sommerkur in Italien, als ihn am 17. Juli die Nachricht erreichte, dass der kaltgestellte Mohammed Daud Khan sich wieder zu Wort gemeldet und die Republik ausgerufen hatte. Der Vierundsechzigjährige war bei einem friedlichen Staatsstreich mit Hilfe von sowjettreuen Armeeoffizieren erneut an die Macht gekommen. In seiner Gier nach Macht raffte Daud die Ämter des Staatspräsidenten und Regierungschefs, des Außen- und des Verteidigungsministers an sich.

In einer ersten Rede warf er seinem Schwager und Vetter Zahir Schah vor, dass dessen „korruptes System Afghanistan an den Rand des Ruins" gebracht habe. Nun werde ein republikanischer Staat, der mit dem wahren Geist des Islam übereinstimme, alles wieder ins rechte Lot rücken. Als Allheilmittel versprach Daud eine – für Afghanistan fiktive – „echte und neutrale Demokratie". Die Afghanen wurden, wie immer in ihrer Geschichte, durch windige Versprechen zum Narren gehalten.

Die demokratischen Bemühungen rückten in weite Ferne, als sich der „rote Prinz" bei seiner Machtübernahme sofort auf die Parchamis stürzte. Die Interessen von Babrak Karmal und die des neuen Staatschefs konnten naturgemäß nicht dieselben sein. Wie stark sie voneinander divergierten, wurde klar, als Daud trotz der mittlerweile unübersehbaren Abhängigkeit von Moskau einen eigenen Kurs zu steuern begann.

Auf Kollisionskurs mit dem Kreml

Daud akzeptierte vom „großen Bruder" schier unbeschränkt militärische Ausrüstung, drängte aber Moskaus ideologische Statthalter im eigenen Land zurück. Abdul Qader beispielsweise, der Wortführer der moskautreuen Offiziere, ernannte er zum Chef der militärischen Schlachthäuser – glatter Hohn für einen Kampfflieger. Daud setzte 1967 auch durch, dass sich die sowjetischen Militärberater in den afghanischen Streitkräften von der Kompanie- bis zur Bataillonsebene zurückziehen mussten.

Außenpolitisch heizte er den Grenzkonflikt mit Pakistan wieder an. Gleichzeitig rückte Daud näher an Pakistans Sponsor Saudi-Arabien, an die iranische Monarchie und das reiche Ölemirat Kuwait heran. Diese drei entschieden antikommunistischen Staaten waren von Dauds Sympathie sehr angetan und überlegten, wie man ihren neuen Freund vor der sowjetischen Gefahr retten konnte. Bald ging Daud dazu über, erste Offiziere zur Ausbildung nach Indien und Ägypten zu schicken. Die einstige sowjetische „Liebe" für den „roten Prinzen" kühlte spürbar ab. Spätestens bei Dauds einzigem Staatsbesuch in Moskau, im April 1977, war dies offensichtlich.

Etwa zur gleichen Zeit schlossen sich die Parchamis und Khalqis wieder zu einer – wenn auch nur äußerlich – einigen Partei zusammen. Ihr gemeinsamer Gegner hieß nun Mohammed Daud, und das erforderte internen Waffenstillstand.

Eine neue Verfassung gewährte dem Staatsoberhaupt 1977 absolute Vollmachten. Wie schon während seiner ersten Regierungsphase offenbarte sich auch diesmal Dauds mangelndes Verständnis für Demokratie. Er griff erbarmungslos durch, schlug Gewerkschaftsstreiks und Studentendemonstrationen brutal nieder. Extremisten des linken wie des rechten Lagers wurden vor Gericht gestellt und in der Regel hingerichtet.

Daud dachte längst nicht mehr an die versprochene Landreform. Nach wie vor herrschte die altbekannte Korruption. Wie auch schon bei früheren Gelegenheiten begann sich die fortschrittsfeindliche Landbevölkerung gegen die Neuerungen aus der Hauptstadt zu wehren – gegen Schulunterricht und ärztliche Versorgung, vor allem aber gegen Eingriffe in Besitz und Privatleben. Schließlich konnte es auch der selbstsüchtige Daud keinem seiner Bürger mehr recht machen.

Auch Moskau verärgerte er zunehmend, unter anderem dadurch, dass er Anfang 1978 den Ausschluss Kubas aus der Bewegung der Blockfreien Staaten forderte. Eine neue Hungersnot strapazierte die Afghanen wie selten zuvor. Im Untergrund formierten sich die ersten radikalen islamischen Gruppierungen. Sie bereiteten sich auf einen Guerillakrieg gegen den Einfluss der Linken in Kabul vor. Dabei wurden sie ideologisch von der weltweit operierenden Moslembruderschaft und finanziell von den frommen Reichen am Golf unterstützt. Bereits jetzt richteten sie ihre Hauptquartiere jenseits der Grenze im ihnen wohl gesonnenen Pakistan ein. Die Tage des Mohammed Daud waren gezählt.

Den letzten Anstoß zu seinem gewaltsamen Ende im April 1978 lieferte eine Bluttat. Mir Akbar Khyber, Parchami-Chefideologe und populärer Gewerkschaftsboss, wurde auf offener Straße erschossen. Die Gerüchte schwirrten durch Kabul. Steckte Daud hinter dem Politmord, waren es die Sowjets, um die nun folgenden, lawinenartigen Ereignisse auszulösen, oder hatten die beiden Parteiflügel wieder einmal ihre Vendetta ausgetragen?

Khybers Beerdigung brachte mehr Afghanen auf die Straße, als man sich bis dahin vorstellen konnte. Die Menschen beklagten nicht nur seinen Tod, sondern prangerten auch die Versäumnisse und Schwächen von Dauds Regierung an. Es war ein einzigartiges Misstrauensvotum gegen den „roten Prinzen“. Viele der 15 000 Menschen marschierten aber auch zur US-Botschaft und stimmten antiamerikanische Sprechchöre an.

Der schlaue Fuchs Daud wehrte sich noch einmal. Er ließ die führenden kommunistischen Funktionäre, unter ihnen Nur Mohammed Taraki und Babrak Karmal, einsperren. Einzig Hafizullah Amin, der schon immer Freunde bei Geheimdienst und Armee hatte, kam mit Hausarrest davon. Als die Hinrichtung der festgesetzten Genossen nur noch eine Frage von wenigen Tagen zu sein schien, mussten Amin und seine Getreuen reagieren.

Am 26. April beauftragte er seinen Sohn Abdur Rahman. Dieser pendelte permanent zwischen den Militärberatern in der sowjetischen Botschaft, den kommunistischen Offizieren bei den Streitkräften und seinem Vater. In den sowjetischen Luftwaffenstützpunkten Kabul und Bagram setzte fieberhafte Aktivität ein. Die Abhörspezialisten des afghanischen Geheimdienstes saßen etwas ratlos vor ihren Empfängern. Sie konnten die in russischer Sprache formulierten Befehle noch nicht deuten.

Die „Saur-Revolution“ stürzt Daud

Als die entscheidende Phase erreicht war, stand die Luftwaffe auf Seiten der linken Opposition, während das Heer gespalten war. Der Countdown lief an. Nun konnte sich mancher Beobachter vorstellen, was unter Operettenstaat zu verstehen war. Am Morgen des 7. Saur 1357, in der nichtislamischen Welt der 27. April 1978, sollten sich die Putschisten treffen und losschlagen. Am Vorabend trafen jedoch drei Lastwagen mit Polizisten vor Amins Haus in Kuschal Khan Mina ein, um ihn doch noch abzuholen.

Kurz darauf meldete Radio Kabul die Enttarnung einer „anti-islamischen Verschwörung“ und die Festnahme von sieben Drahtziehern. Das hatte von der Formulierung her nichts zu sagen, weil das Wort „Islam“ in jedem afghanischen Regime alles rechtfertigt. Die Nachricht an sich ließ aufhorchen. Um Mitternacht befahl der Verteidigungsminister allen Kommandeuren im Raum Kabul per Telefon, ihre Soldaten sollten die geglückte Verhaftung der Putschisten mit Tanz und Gesang feiern. Die Uhr lief.

Es war ein grauer Donnerstag, an dem nur selten die Sonne durchdrang, als Daud zum zweiten und letzten Mal gestürzt wurde. Der Vorgang sollte unter dem Begriff „Saur-Revolution" in die turbulente afghanische Geschichte eingehen. Linke Offiziere führten ihre Truppen mit Panzern und Flugzeugen gegen den Präsidentenpalast im Stadtzentrum von Kabul. Die Kämpfe dauerten bis zum nächsten Tag. Die Kommunisten befreiten ihre Führer aus dem Gefängnis, und diese übernahmen den Befehl. Nach etwa 20 Stunden wurde der Palast gestürmt. Die „Saur-Revolution" forderte 1 000 Tote, unter ihnen Daud Khan und seine Familie.

Nun begann der eigentliche Konflikt um Afghanistan, bei dem die Amerikaner die wahre Hauptrolle spielen und die Sowjets am Ende nur noch passive Statisten sein sollten. Eine Entwicklung, die auch das Ende des Kalten Krieges und den Niedergang der Moskauer Weltmacht beschleunigte.

Am 2. Mai 1978 stellte der grau melierte Schnauzbart Nur Mohammed Taraki, ein studierter Wirtschaftswissenschaftler und ungestümer nationalistischer Dichter, sein neues Kabinett vor. Mit dabei seine Rivalen Hafizullah

Amin und Babrak Karmal. Die Khalq-Fraktion brachte elf der Minister ein, die Parcham-Gruppe nur zehn.

Schon nach einigen Wochen hatte die islamische Opposition den Schock der Machtergreifung moskautreuer Kräfte überwunden. Ihre so genannten Heiligen Krieger, die Mudschahedin, griffen in zwei Grenzprovinzen zu Pakistan das Militär und andere Regierungseinrichtungen an.

Wie vorauszusehen war, kam es zum Zerwürfnis der beiden nationalkommunistischen Flügel, und die Khalqis warfen ihre Rivalen aus dem Kabinett. Erstmals intervenierten die Sowjets, um den landesüblichen Tod ihrer unterlegenen Parteigänger zu verhindern. Babrak Karmal wurde als afghanischer Botschafter in Prag geparkt, andere in Washington und Belgrad.

Taraki und Amin entpuppten sich als Apparatschiks im Geiste Stalins. Sie griffen hart durch, sperrten Andersdenkende ein, töteten viele von ihnen. Das löste die erste Flüchtlingswelle der Afghanen in die Nachbarstaaten aus. Bis Juni 1979 verließen 110 000 das Land. Es sollten am Ende vier Millionen sein. Die Islamisten freuten sich über den unerwarteten Zulauf.

Auf allen Ebenen wurde die afghanisch-sowjetische Zusammenarbeit verstärkt, vor allem natürlich im militärischen Bereich. Die ungebildeten afghanischen Soldaten erhielten über Nacht Politkommissare, die wissenschaftlichen Sozialismus unterrichten sollten, um das Klassenbewusstsein zu heben. Jedoch: Der Ruf des Propheten konkurrierte mit der fremdartigen, unverständlichen kommunistischen Lehre und traf auf fruchtbaren Boden. Viele Soldaten desertierten in das Lager der Gotteskrieger.

Von Pakistan und den strenggläubigen Herrschern der arabischen Halbinsel alimentiert, rückten die islamistischen Guerillatrupps vor. Im März 1978 rebellierte die in Herat stationierte 17. Division der afghanischen Armee. Niemand hinderte die Mudschahedin, die westafghanische Metropole zu besetzen. Auf den Straßen liefen die Sowjets um ihr Leben. Die bärtigen Fundamentalisten machten kurzen Prozess. Viele der verhassten Ausländer wurden lebendig gehäutet, geköpft, in Stücke gehackt, ihre Köpfe auf Stangen durch die Stadt getragen.

Das Regime schlug kräftig zurück, die Sowjets schickten Nachschub, verdoppelten die Militärberater auf 700 und befehligten ab sofort die afghanische Luftwaffe. Taraki übernahm den so genannten Obersten Verteidigungsrat, und der bullige Amin, ein ehemaliger Lehrer, wurde zum Premierminister ernannt. Die religiöse Opposition gründete eine „Nationale Rettungsfront", bestehend aus neun antikommunistischen Organisationen. Die blutigen Zwischenfälle nahmen rasant zu. Ein Höhepunkt des heißen Sommers 1979 bildete der Aufstand der Kabuler Garnison. Die bestausgerüstete Panzereinheit des Landes verweigerte den Befehl, als sie gegen die Aufständischen vorgehen sollte.

Kremlchef Leonid Breschnew hofierte Taraki und versicherte ihm bei einem Moskaubesuch, dass „die freundlichen afghanischen Menschen in ihrem gerechten Kampf auf die umfassende und selbstlose Hilfe der Sowjetunion rechnen“ könnten. Die Sowjets ließen den brutalen Schlächter Amin fallen und hofften dadurch auf eine Entspannung der Situation. Der Betroffene wurde jedoch gewarnt und bereitete seine Gegenwehr vor. Im Präsidentenpalast kam es zu einem ersten Feuergefecht zwischen den Leibwächtern der beiden Rivalen.

Alarmglocken in Washington

Amin ließ Taraki für „krank“ erklären. Das ZK der Partei beschloss seinen „Rücktritt“. Am 8. Oktober 1979 begaben sich vier Amin-Getreue zu dem renitenten Staatschef, der sich strikt weigerte, ein „Schuldgeständnis“ zu unterschreiben. Ungeduldig regelten sie den Fall auf traditionelle Art. Im zweiten Stock des Präsidentenpalastes erstickten sie ihn kurzerhand mit einem Kissen. Tarakis Grab war bereits zwei Tage vorher ausgehoben worden. Nun meldete Radio Kabul den Tod des alten Kommunistenführers – „nach langer schwerer Krankheit“.

Die Moskauer Paten merkten, dass am Hindukusch alles aus dem Ruder lief, und stellten deshalb den Polit-Tourismus nach Kabul ein. Stattdessen kamen aus dem Norden nur noch Truppen. Die Zahl der Militärberater kletterte auf 2 500. Auch die Tage von Hafizullah Amin waren gezählt. Ein Vierteljahr lang durfte er sein blutiges Unwesen noch treiben. Amin steigerte sich in einen Blutrausch hinein. Er säuberte die Partei von Taraki-Treuen, ließ echte und vermeintliche Oppositionelle aller Art jagen. Wieder flüchteten 200 000 Afghanen nach Pakistan.

In Washington war man alarmiert. Präsident Jimmy Carters Nationaler Sicherheitsberater Zbigniew Brzezinski, ein anti-sowjetischer Falke, glaubte, Moskaus Handschrift auf den Entwicklungen nach dem 1978er Coup zu erkennen. Er witterte eine Strategie der Sowjets, Südasien zu dominieren. Brzezinski soll deshalb schon frühzeitig den Abbruch der diplomatischen Beziehungen mit Kabul und geheime Gegenaktionen der USA favorisiert haben. Das State Department entschied sich für das Tagesgeschäft, erkannte die neue Regierung an und schickte bescheidene Wirtschaftshilfe. Die US-Regierung wollte eigentlich nur den Fuß in der afghanischen Tür behalten.

Als immer klarer wurde, dass die Sowjets das strategisch wichtige Land mehr und mehr in ihre Gewalt bekamen und dass sowohl Taraki als auch Amin Figuren der Vergangenheit waren, führte das im Sommer 1979 zu einem so genannten „presidential finding". Jimmy Carter genehmigte die ersten US-Mittel für den afghanischen Widerstand. Noch wurde damit Propaganda finanziert, noch sandte Washington nur Medikamente und andere nichtmilitärische Güter. Nach der Meuterei bei den Kabuler Panzertruppen schlossen die amerikanischen Geheimdienste in ihren Analysen erstmals eine direkte sowjetische Intervention nicht mehr aus.

Mit großem Misstrauen beobachteten die Amerikaner im August 1979 die Reise einer hochrangigen fünfzigköpfigen sowjetischen Militärdelegation. An ihrer Spitze stand Marschall Iwan Grigorewitsch Pawlowski. Er war stellvertretender Generalstabschef, Kommandeur der sowjetischen Bodentruppen – und hatte 1968 die sowjetischen Invasionseinheiten in die Tschechoslowakei geführt. Mit ihm reisten ausnahmslos Experten für die Planung und Ausführung militärischer Operationen.

Die Lage schien ernst zu sein. Das konnte man auch zwischen den Zeilen eines „New York Times"-Artikels vom 6. September lesen. „Diplomatische Quellen", so hieß es verschlüsselt, würden befürchten, dass ihre Unfähigkeit, eine politische Lösung zu finden, die Sowjets zu einer „direkten militärischen Intervention" veranlassen könnte. Die führende US-Zeitung listete relativ detailliert den militärischen Aufbau der Sowjets in Afghanistan auf. Noch gingen die amerikanischen Geheimdienste davon aus, dass Moskau lediglich eine kleine Luftlandetruppe schicken würde, um seine Landsleute gegen die islamischen Kämpfer zu schützen und in Kabul für Ordnung zu sorgen.

Am 14. September schrieb der damalige CIA-Direktor Admiral Stansfield Turner an Präsident Carter und andere hochrangige Politiker. In einem so genannten „Alert Memorandum“ warnte er davor, dass die Sowjetführung möglicherweise vor der Entscheidung stünde, „mit eigenen Truppen den Zusammenbruch des Regimes zu verhindern“ und ihre umfangreichen Interessen in Afghanistan zu beschützen. Turner drückte sich vorsichtig aus und nahm zu Gunsten der anderen Weltmacht an, dass man sich im Kreml der politischen und militärischen Kosten eines solchen Abenteuers bewusst sei. Selbst er konnte sich nicht vorstellen, was wenige Wochen später zu einer Weltkrise führen würde.

Innerhalb dieser kurzen Zeit nahmen die Sowjettruppen so stark zu, dass nicht einmal die immer noch ahnungslosen Amerikaner harmlose Erklärungen finden wollten. Die Zahl der Militärberater beispielsweise stieg von 3 500 auf 5 300 Eliteeinheiten wurden in den an Afghanistan grenzenden Militärbezirk verlegt und verharrten dort in höchster Alarmbereitschaft.

Das böse Erwachen bei der CIA

Nun kam die Stunde des Nationalen Sicherheitsrates und seiner unsichtbaren Tricks. Am 17. Dezember 1979 befasste sich das Gremium in Anwesenheit des Vizepräsidenten Walter Mondale, von Verteidigungsminister Harold Brown und CIA-Direktor Stansfield Turner mit der Geiselkrise im Iran. Unweigerlich kam man aber auch auf das östliche Nachbarland zu sprechen. Die Sicherheitschefs vereinbarten, „die Bemühungen der Sowjets so teuer wie möglich werden zu lassen". Es wurde beschlossen, mit den Partnern Großbritannien und Pakistan über weitere Gelder, Waffen und Kommunikationseinrichtungen für die afghanischen Rebellen zu sprechen. Außerdem müsse eine noch stärkere Medienkampagne angekurbelt werden.

Die Analytiker der amerikanischen Dienste studierten erneut alle vorliegenden Informationen. Nun kamen die ersten der Wahrheit schon ziemlich nahe. Die Sowjets, so sagten sie voraus, würden eine groß angelegte Invasion Afghanistans planen, um die instabile Situation am Hindukusch wieder in den Griff zu bekommen. Dazu stünden zwei Heeresdivisionen und ein oder zwei Luftlandedivisionen an der Grenze bereit.

Am 19. Dezember stellten die Amerikaner fest, dass weitere Truppen aus der westlichen Sowjetunion verlegt wurden, große Treibstoffvorräte an den Grenzübergängen zu Afghanistan bereitstanden und dass Sowjettruppen den für jeglichen Nord-Süd-Verkehr strategisch wichtigen Salang-Pass zu sichern begannen. Diese Informationen wurden nun auch den Medien zugespielt.

Am 22. Dezember gab es keinen Zweifel mehr. Vizeadmiral Bobby Ray Inman, der Chef des größten amerikanischen Geheimdienstes National Security Agency (NSA), telefonierte mit Brzezinski und Brown. In den nächsten 72 Stunden, so seine Prophezeiung, würde eine große Militärinvasion in Afghanistan beginnen. Der Funkaufklärer sollte Recht behalten. Am Heiligen Abend des Jahres 1979 war die Luftbrücke für die Sowjettruppen bereits in vollem Gange. Bis zum 27. Dezember wurden an die 300 Transportflüge gezählt. Eine Moskauer Kalkulation ging auf: Die Welt feierte Weihnachten und bekam die Entwicklung im Herzen Asiens nur am Rande mit. Sie wurde schließlich vor vollendete Tatsachen gestellt.

Die Sowjetinvasion beginnt

Während über alle Grenzübergänge bis zu 150 Kilometer lange Truppenkonvois ins Land rollten und sämtliche Flughäfen Tag und Nacht Transporter abfertigten, hatte sich Hafizullah Amin mit 200 Leibgardisten in den Darulaman-Palast am Stadtrand von Kabul zurückgezogen. Sowjetgeneral Viktor Paputin legte ihm ein Papier zur Unterschrift vor, das die Russen offiziell nach Afghanistan eingeladen hätte.

Amin weigerte sich zu unterzeichnen. Dann ging alles sehr schnell. Moskauer Elitesoldaten machten mit den Leibwächtern kurzen Prozess. Nur eine kleine Schar von Getreuen leistete Widerstand bis zum nächsten Morgen. Die Sowjets griffen mit Raketenwerfern an und zerstörten einen Teil des Palastes. Hafizullah Amin überlebte den ungebetenen Besuch seiner Moskauer Genossen nicht.

Noch am selben Abend verkündete Radio Kabul, das hartnäckig ein lustiges Hörspiel ausstrahlte, dass der frühere Vizepräsident und Vorsitzende der Parcham-Fraktion, Babrak Karmal, ins Land zurückgekommen sei. Sein Rivale Amin sei von einem „Revolutionären Gerichtshof" als „CIA-Spion" zum Tode verurteilt und mit seiner Familie hingerichtet worden. Plötzlich übertönte Karmals Stimme die Komödie. Der künftige afghanische Führer erklärte seinem Volk, dass er „ein begrenztes Kontingent sowjetischer Truppen zur militärischen Zusammenarbeit" ins Land gerufen habe. Das war eine eherne Ostblock-Formulierung, die ab sofort immer und überall wiederholt wurde.

Die Intervention löste eine für die Sowjets unangenehme Kettenreaktion aus. Der eher sanfte und auf dem internationalen Parkett zaghafte US-Präsident Carter griff zum Alarmtelefon, das eigentlich ein grauer Fernschreiber war, und teilte seinem Kollegen Breschnew mit, dass der Einmarsch in Afghanistan eine „eindeutige Bedrohung" des Friedens und einen grundlegenden Wendepunkt in den Beziehungen zwischen Washington und Moskau darstelle. Der Kreml-Übersetzer Viktor Suchodrew überlieferte später, dass sich Breschnew in dieser peinlichen Situation unwissend gab und von einem „Irrtum" sprach.

Die Amerikaner reagierten in folgender Abstufung: Es begann mit gesperrten Getreidelieferungen, führte zur

Absage der Teilnahme zahlreicher westlicher Staaten bei den Olympischen Sommerspielen in Moskau, zum Rückzug der USA aus dem wichtigen Abrüstungswerk SALT II und zu einer massiven Aufrüstung ihrer Truppen. Da war der Stellvertreterkrieg der amerikanischen Administration bereits in vollem Gange.

Im Hafen von Karachi und auf einigen Luftwaffenbasen der Pakistaner trafen Waffenmengen ein, wie sie die Militärs im Law-and-Order-Staat des schnauzbärtigen Zia ul-Haq nie zuvor erlebt hatten. Das weckte natürlich die Begehrlichkeit, sich selbst mit dem Besten zu versehen. Kein Problem, bald sollte für alle genügend da sein. Und noch viel mehr, denn die Pakistaner pokerten hoch und forderten 1,7 Milliarden Dollar Wirtschafts- wie auch 1,5 Milliarden Dollar Militärhilfe. Auf fünf Jahre verteilt, sollten dem Frontstaat 40 Kampfjets des gerade hochaktuellen Typs F-16 geliefert werden.

Inter Services Intelligence, kurz ISI

Die örtliche Schlüsselfunktion ging an den mächtigen pakistanischen Geheimdienst „Inter Services Intelligence", kurz ISI. Als ein Produkt der Teilung des Subkontinents in einen Hindu- und einen Muslimstaat wurde der ISI spätestens mit dem Kriegsrecht des Jahres 1969 Teil des politischen Lebens von Pakistan. Der Putschist Zia ul-Haq nutzte den überwiegend militärischen Dienst, um die interne Opposition brutal zu unterdrücken.

Als 1978 der Guerillakrieg gegen die Sowjets in Afghanistan begann, rückte der regionale ISI über Nacht zum Juniorpartner der globalen CIA auf. ISI-Generaldirektor Akhtar Abdul Rehman Khan wurde zum anerkannten Gesprächspartner für seinen Washingtoner Kollegen William Casey. „Wir fingen mit einer kleinen Operationseinheit an", erinnert sich ein Oberst aus der damals gegründeten „Afghan Cell", „bildeten die ersten Mudschahedin aus, lieferten Waffen und Geld, und schon waren wir mittendrin."

Das Jointventure lief zehn Jahre und verschlang zwischen drei und sechs Milliarden Dollar, je nach Zählweise. Ab 1987, so eine Insider-Berechnung, kostete der Krieg jeden Tag eine Million Dollar. Es war die längste Undercover-Operation in der Geschichte der CIA. „ISI und CIA rekrutierten 100 000 fanatische Mudschahedin aus 40 muslimischen Staaten, um für die USA zu kämpfen", erklärte die spätere pakistanische Premierministerin Benazir Bhutto, „und die meisten wussten gar nicht, dass ihr Dschihad von den Amerikanern gesponsert war." Die Mudschahedin selbst gehen davon aus, dass sie zum Höhepunkt des Konflikts 500 000 Glaubensbrüder unter Waffen hatten und dass 40 Prozent von ihnen im ersten Jahrzehnt ihr Leben lassen mussten.

Genau dieses – in der ersten Phase überaus willkommene – Potenzial hoch motivierter Kämpfer sollte sich später gegen die Ziehväter aus Washington richten, angeleitet von Osama bin Laden und hasserfüllten Geistlichen aus allen Krisenregionen der islamischen Welt. Und es sollte am Ende auch die Strategen des ISI in peinliche Verlegenheit bringen.

In den achtziger Jahren war die Welt grundsätzlich in Ordnung. Der afghanische Widerstand lebte und überlebte durch den Kalten Krieg. Sämtliche Organisationen, die sich zum Widerstand zählten, waren jedoch heillos zerstritten. Dadurch fand sich während des gesamten Krieges kein afghanischer Khomeini oder Arafat. Das hatte Vor- und Nachteile. Zum einen konnten die Kabuler Kommunisten und die mit ihnen alliierten „Hit Teams" (Killerkommandos) des KGB zu keinem Enthauptungsschlag ausholen. Zum anderen waren sie durch ihre ausländischen Geldgeber und Ausbilder besser in Schach zu halten.

Parteien und Allianzen im Krieg

Da gab es beispielsweise die farbigste Figur der Mudschahedin, den ehemaligen Ingenieurstudenten Golbuddin Hekmatjar vom kleinen Stamm der Kharoti-Paschtunen. Er artikulierte sich stets leise und zurückhaltend, monoton und selten aggressiv. Und doch wussten Freund und Feind zu jeder Zeit, dass er ausschließlich eigene Interessen verfolgte und dabei über Leichen ging. Hekmatjar, den die gesamte Afghanenszene auch heute nur Golbuddin nennt, gehörte zu den Gründern der islamischen Bewegung seines Landes, und er war auch in jener frühen Phase trotz seiner relativen Jugend schon einer der Überlebenden aus der Spitzengruppe.

Nach 18 Monaten hinter Gittern begann er 1975 die „Islamische Partei" aufzubauen: Hisb-i Islami. Parallel dazu startete der tadschikische Professor Burhanuddin Rabbani seine Jamiat-i Islami. Beide Organisationen ähnelten sich in ihrer Struktur und waren von Anfang an mit der weltweiten Moslembruderschaft verknüpft. Hekmatjar und Rabbani kamen aus armen Familien, was ihre Abneigung gegen Feudalherren erklärt. Der Krieg um Afghanistan sicherte ihnen steile Karrieren, die für Rabbani im Präsidentenamt und für Hekmatjar als Premierminister endete. Doch das gehört in eine viel spätere Phase, jenseits der amerikanischen Vormundschaft.

Zu den anderen wichtigen Führern zählte der Schriftgelehrte Mohammed Nabi Mohammadi, ein Spross der religiösen Elite Afghanistans und ehemaliger Parlamentsabgeordneter. Er stand der „Bewegung der islamischen Revolution" vor. Nachdem die Afghanen dem eher sanften Islam den Vorzug gaben, mussten auch Mystiker an die Front: Pir Sayed Ahmad Gilani und Sibghatullah Mudschaddidi. Der Aristokrat Gilani verkörperte die „Nationale Islamische Front", die vorwiegend aus seiner weit verzweigten Familie bestand, und Mudschaddidi, ein liberaler

Professor, hoch gebildet und weit gereist, leitete eine „Front für die nationale Befreiung“.

In dem zeitweise unübersichtlichen Geflecht kampfbereiter Gotteskrieger fand sich auch Abdul Rab Rasul Sayyaf, der sich Professor nennt und stets ein Liebling der saudischen Finanziers war. Der ehemalige Journalist und Verleger Yunus Khalis, der sich irgendwann von Hekmatjar trennte, operierte mit seinen Mudschahedin stets im Osten des Landes und kam – im Gegensatz zu den anderen Parteichefs – höchst selten in das pakistanische Peschawar, wo alle Fäden zusammenliefen.

Nur einer ließ sich hier niemals blicken: Ahmed Schah Massud, der „Löwe von Pandschir“. Der Parteigänger Rabbanis kämpfte mit treu ergebenen Männern in der schwer zugänglichen Bergwelt nördlich der Hauptstadt gegen die Invasoren und erzielte über die Jahre sensationelle Erfolge. Afghanistans Che Guevara verachtete die „bequemen“ Peschawar-Parteien und hielt sich von ihnen fern. Der legendäre Feldherr lebte fast immer an der Front und sah sein Heil im endlosen Guerillakrieg gegen Russen wie Taliban.

Ahmed Schah Massud war ein kluger Mann und wusste sehr wohl, warum er seine Rivalen meiden musste. Die pakistanische Millionenstadt Peschawar, in der Leben und Denken auch heute nach mittelalterlichen Gesetzen verläuft, war ein vergleichsweise luxuriöser Startplatz und Ruheraum und häufig genug die Zeremonienstätte für

Blutopfer aus den eigenen Reihen. Massud sollte erst 2001 durch ein von Osama bin Laden angeordnetes Attentat sterben. Immerhin hatte er bis dahin die Intrigen aus den eigenen Reihen überlebt.

Irgendwann waren alle Namen Schall und Rauch. Es zählte nicht mehr die eigene Organisation oder Partei, und auch nicht der Name der historischen Führer. Allianzen mussten es sein, mit eingeführten Adressen, wo vorwiegend Dollars und Waffen abgegeben werden konnten. 1980 kam eine Allianz von sechs Organisationen zustande, drei gemäßigte und drei fundamentalistische. Zwischendurch formierte sich ein kurzlebiges Exilparlament mit 60 Delegierten. 1983 entstanden zwei mächtige Guerillaverbände mit sieben fundamentalistischen und drei moderaten Gruppierungen. Beide nannten sich „Islamische Allianz der afghanischen Mudschahedin".

Nicht selten traten Ausläufer der Mutterparteien gegeneinander an, wechselten untereinander das Personal aus und fanden doch immer wieder zur gemeinsamen, gerechten Sache. Das Kriegshandwerk wurde für afghanische Verhältnisse gut entlohnt. Die Fundamentalisten zahlten jedem Kämpfer 100 Dollar pro Monat, während die weltlichen Parteien bis zum Dreifachen gingen. Die einfachen Sowjetarmisten erhielten dagegen einen Hungerlohn. Auch dies drückte im Laufe der Jahre auf ihre Kampfmoral.

Kriegsgerät und Dollarbündel

So funktionierte die, von West-Alliierten wie Ägypten und Saudi-Arabien logistisch und finanziell unterstützte, amerikanische Pipeline: Die CIA nutzte Schiffe und dickbauchige Frachtflugzeuge, um die von ihr gekauften Waffen nach Pakistan zu bringen. Der Empfänger hieß ISI. Seine Offiziere sorgten dafür, dass das Schießzeug mit Hilfe von 200 Helfern aus dem Verteidigungsministerium zu den Hauptquartieren der Parteien beziehungsweise Allianzen am Stadtrand von Quetta und Peschawar transportiert wurde. Auf dem Höhepunkt des Krieges verfügten die Mudschahedin über 300 eigene Lastwagen. Dazu kamen 200 Lkw aus den Beständen von ISI und Armee.

Der nächste Schritt lag in der Hand der Afghanen, deren Konvois in dunklen Nächten über die schwer abzuschirmende Grenze gingen. 1983 reisten 10 000 Tonnen Waffen an die mobile Front in Afghanistan. 1987 waren es, nach den Aufzeichnungen des ISI, bereits 65 000 Tonnen. Kalaschnikows und Granatwerfer, Luftabwehrgeschütze und Panzerfäuste, Minen und Raketen, und dazu viel, viel Munition. Hauptsache, die Ware kam aus Ostblock-Waffenschmieden oder von lizensierten Lieferanten im Westen. Die unsichtbare Hand der USA sollte nirgendwo erkennbar sein.

Der Verteilerschlüssel für die zumeist aus den USA, China, Großbritannien, der Türkei, Israel und Ägypten stammenden Waffen war höchst kompliziert. Die verantwortlichen ISI-Offiziere, von 1983 bis 1987 leitete Brigadier Mohammad Yousaf die „Afghan Cell“, beobachteten mit Argusaugen die Kampferfolge und die strategische Situation der einzelnen Rebelleneinheiten. Wer die Russen und ihre afghanischen Vasallen überdurchschnittlich oft unter Feuer nahm, durfte auf ein größeres Kontingent hoffen. In diese Kategorie fiel die relativ kleine Splittergruppe von Yunus Khalis. Seine Mudschahedin kämpften ausgesprochen tapfer und erzielten viele Siege im Raum Dschalalabad.

Die Fundamentalisten erhielten 1987 einen 70-Prozent-Anteil an den Waffenlieferungen. Von der gesamten Menge bekam Hekmatjar beispielsweise 18 bis 20 Prozent. War es nur Tarnung, dass er seine Mitstreiter aus den anderen Parteien mit antiamerikanischen Statements stets übertrumpfte? Rabbani empfing dieselbe Quote, Sayyaf 17 bis 18 Prozent, Nabi 13 bis 15 Prozent und Gilani zehn bis elf Prozent. Das Schlusslicht bildeten Mudschaddidis Verbände mit lediglich drei bis fünf Prozent.

Nicht wenige Waffen verschwanden über Nacht aus den Lagern der Mudschahedin. Manche wurden an die Stämme im Grenzgebiet weiterverkauft, weil ein Kommandeur dringend Geld brauchte, um anderen Aufgaben nachzukommen. Das tolerierte die „Afghan Cell“ des ISI. Gelegentlich entdeckten die Pakistaner aber auch, dass afghanische Warlords Waffen versilberten, um ihren ganz persönlichen, luxuriösen Lebenswandel in Peschawar oder Islamabad zu finanzieren. Das wurde dann häufig mit Liebesentzug geahndet.

Meistens kamen die versprochenen Gelder, mit denen die Kriegsmaschinerie in Bewegung gehalten wurde, pünktlich an. Die CIA zahlte monatlich auf ein vom ISI eingerichtetes Bankkonto. Mit diesen Dollar-Millionen wurden die Büros der Parteien und ihre Lagerhäuser bezahlt, die Verpflegung und Kleidung der Kämpfer, die Einkommen der Mitglieder und Führer, die Transportkosten für Waffen und Waren aller Art.

Bis 1984 füllten die Kommandeure ihre Kassen auch mit einer Kriegssteuer auf, die in den afghanischen Dörfern eingetrieben wurde. Als die Schäden im Land immer schlimmer und die Bauern immer ärmer wurden, war dort bald kein Geld mehr zu holen. Die Mudschahedin mussten sich alternative Einnahmequellen erschließen, zum Beispiel durch erbeutete Waffen.

Die Fundamentalisten bekamen eine zusätzliche Exklusiv-Finanzierung. Sie wurden ziemlich großzügig mit arabischen Geldern bedient. Reiche Spender und private Organisationen von der arabischen Halbinsel, aber auch aus anderen Staaten im Nahen Osten gaben sich großzügig, wenn es darum ging, die „ungläubigen Teufel" aus Afghanistan zu vertreiben.

In der zweiten Hälfte des Krieges schickten sie auch ihre Söhne. Die arabischen Freiwilligen kämpften besonders brutal und rücksichtslos. Ein junger Mann aus Riad entwickelte sich bald zur Führungsfigur der Araber: Osama bin Laden. Seine Geschichte gehört jedoch in eine andere Epoche der gemeinsamen afghanisch-amerikanischen Geschichte.

Ronald Reagan und William Casey greifen ein

Der Stellvertreterkrieg zwischen Moskau und dem Westen erschütterte Afghanistan wie keine militärische Auseinandersetzung zuvor. Und er bewegte die Welt. Jimmy Carter nannte ihn die „größte Friedensbedrohung seit dem Zweiten Weltkrieg". Sein Nachfolger Ronald Reagan, ein ehemaliger Hollywood-Schauspieler und zweimaliger Gouverneur von Kalifornien, sprach sich im März 1986 offen für massive Unterstützung der „Freiheitskämpfer" auf der ganzen Welt aus und attackierte die „lange Geschichte sowjetischer Brutalität gegen Schwächere". Die Sowjetunion war für ihn sowieso das „Reich des Bösen". Eine Kernaussage der Reagan-Doktrin.

Identisch, wenn nicht noch kompromissloser dachte Reagans wichtigster Mann für das Grobe, CIA-Direktor William J. Casey, ein Mann in den Sechzigern, der erstaunlich älter aussah. Der altmodische amerikanische Patriot irischer Abstammung hatte bereits während des Zweiten Weltkriegs bei den Spionen der CIA-Vorgängerorganisation OSS gearbeitet. Er war außerdem Anwalt, Autor, erfolgreicher Geschäftsmann, arbeitete bereits unter Richard Nixon für die Regierung und etablierte sich unangreifbar im republikanischen Establishment. Casey, eine Art Wiedergänger des FBI-Autokraten J. Edgar Hoover, war ein gläubiger Katholik und ein fanatischer Kommunistenfresser.

Unmittelbar nachdem er 1981 das neue Amt übernommen hatte, ließ Casey den zuständigen Mann für Geheimoperationen, John N. McMahon, zu sich kommen. Der Vize aus der CIA-Operationsabteilung musste dem neuen Direktor ausführlich über die Lage in Afghanistan und die amerikanischen Aktivitäten zu Gunsten der bärtigen, islamischen Rebellen berichten. Als das Briefing endete, überlegte Casey einen Moment. „Wir machen das absolut richtig – nur, mehr sollten wir machen. Ich möchte einen Platz auf dem Globus sehen, wo wir sie schachmatt setzen und zurückdrängen können. Wir müssen die Kommunisten die Hitze spüren lassen. Sonst kriegen wir sie nie an den Verhandlungstisch. Jeder kann doch unschwer sehen, worauf sie aus sind. Sie haben sich ihren Weg nach Afghanistan, Südjemen und Äthiopien gebannt. Sie umzingeln das Öl. Sie bringen sich in eine Position, mit der sie 60 Prozent der Petroleum-Vorräte dieser Welt in die Hand bekommen."

McMahon warf ein, dass einige Abgeordnete im Kongress unbequeme Fragen zur Afghanistan-Operation stellen würden. Wer bekommt noch Waffen außer den Mudschahedin? Drogenhändler? Terroristen? Verrückte, wie jene in Libyen und im Iran? Was könnte passieren, wenn wir zu heftig hinlangen und dabei die Russen zu stark provozieren? Immerhin würden von Amerikanern gelieferte Waffen russische Soldaten töten. Einige liberale Politiker hatten sogar die Moral in Frage gestellt, das Leben afghanischer Bauern und Hirten für die US-Außenpolitik zu opfern. Würden wir bis zum letzten Mudschahid kämpfen wollen?

Casey wies diese Überlegungen mit einer ausladenden Bewegung zurück. „Wir werden diesen Leuten schon noch beibringen, was wir im Zweiten Weltkrieg gelernt haben. Als wir den organisierten Widerstand gegen Hitler unterstützten, schützte es auf lange Sicht Leben. In Afghanistan ist es genauso. Das hat sich nicht verändert." Einmal in Fahrt, legte der alte Mann noch drauf: „Normalerweise sieht es doch so aus, dass die schlimmen Amerikaner die Eingeborenen hauen. In Afghanistan ist das genau umgekehrt. Die Russen verhauen die Kleinen. Wir haben das nicht zu unserem Krieg gemacht. Die Mudschahedin verfügen doch über jede Motivation, die sie brauchen. Das einzige, was wir tun müssen, ist ihnen Hilfe zu schicken, noch mehr Hilfe."

Teilnehmer an dieser überaus emotionalen Besprechung erzählten später, es habe so gewirkt, als kehre eine Mumie ins Leben zurück. Der graue, ausgezehrte, zerfurchte Casey sei immer lebendiger geworden und habe von innen zu glühen begonnen. Er habe einen eisernen Willen gezeigt. Seine Energie in dieser Angelegenheit setzte er direkt um, indem er sich auf weltweiten Reisen zum wichtigsten Verbindungsmann der Mudschahedin machte.

William Casey trat Ende 1986, nach einem Herzinfarkt, zurück. Kurze Zeit danach starb er. Der alte Mann hinterließ viele Fragen zu CIA-Operationen in den Grauzonen Afrikas, Mittelamerikas, des Nahen und Mittleren Ostens – vor allem aber zur Iran-Contra-Affäre. Durch seinen Tod entzog er sich der großen Schar jener, die ihn noch in möglichst vielen Untersuchungsausschüssen erleben wollten.

Der Schleier des Geheimnisses

Zehn Jahre dauerte das blutige Gemetzel, dem eineinhalb Millionen Menschen zum Opfer fielen, zumeist Zivilisten. Es war ein Krieg, der in den Medien nur eine untergeordnete Rolle einnahm, weil er – im Vergleich zu späteren Weltkrisen – sehr schwierig zu greifen war. Nur ein kleines Häufchen an Journalisten schaffte es, mit den Mudschahedin unter primitivsten Umständen an die täglich neu entstehende Front zu gehen. Zum medialen Overkill eines Irakkrieges 2003 war noch ein weiter Weg. Auf der Gegenseite, bei den afghanischen Regierungstruppen und der Sowjetarmee, herrschte eine absolute Sperre gegen journalistische Neugier.

So kam es, dass im Afghanistan der achtziger Jahre eine spürbare Rivalität zwischen westlichen Journalisten und Geheimdiensten entstand. Jede Neuigkeit schien wichtig, auch wenn niemand sie bestätigen wollte. Bis zuletzt bereitete es allen Beobachtern viel Mühe, die Offensiven der Invasoren und ihrer ideologischen Partner zu verfolgen, das unermessliche Leid der vielen Massaker in den Dörfern in Echtzeit zu begreifen. Auf Jahre hinaus verstanden nur wenige, wie tief die Menschen in den afghanischen Bergen engagiert waren. Die vagen Gerüchte ließen sich kaum nachvollziehen. Jeder Mudschahedin-Führer erzählte unisono, seine tapferen Krieger hätten alle ihre Waffen beim Feind erbeutet, und die Finanzierung des Dschihad komme aus den Kollekten der Moscheen.

Das Afghanistan der abziehenden Sowjettruppen war ein anderes Land als jenes der heimtückisch über die Berge rollenden Invasoren. 1982 war Leonid Breschnew gestorben, der Mann am Drücker. Ihm folgten ähnlich gestrickte Generalsekretäre seiner Generation, Ex-KGB-Chef Juri Andropow und der graue Apparatschik Konstantin Tschernjenko.

Im Februar 1986 betrat Michail Gorbatschow die Weltbühne. Der erste Liberale unter den Kremlherrschern eröffnete den XXVII. Parteitag der KPdSU mit einer Rede, in der er Afghanistan eine „einzige blutende Wunde" nannte. Rhetorisch machte er dafür noch immer die „Konterrevolution" und den „Imperialismus" verantwortlich, doch die Wende lag in der Luft. Perestroika und Gemetzel in Vasallenstaaten ließen sich eben nicht miteinander vereinbaren.

Der letzte Sowjetsoldat blickte nicht mehr zurück

Im Mai 1986 musste eine Altlast auf Geheiß Moskaus entsorgt werden: Babrak Karmal wurde durch seinen Geheimdienstchef Nadschibullah ersetzt. Auch an den Händen des skrupellosen Politruks klebte viel Blut, aber manchmal lassen sich grundlegende Änderungen eher mit neuem Personal organisieren. Der verhasste Nachfolger des gescheiterten Karmal verkündete eilig einen „einseitigen Waffenstillstand" und eine „Politik der nationalen Versöhnung". Das beeindruckte auf Seiten der Mudschahedin niemanden. Zu hoch war der Blutzoll, zu tief die Kluft zwischen den politischen Lagern.

Nun verkündete Moskau den 15. Mai 1988 als Termin zum Beginn eines zehnmonatigen Truppenabzugs. Eine weitere Sensation: Armeegeneral Lisitschew meldete 13 310 gefallene, 35 478 verwundete und 31 vermisste Sowjetsoldaten. Am Ende sollte die offizielle Zahl der Toten beinahe 15 000 erreichen, und sogar das halten viele Fachleute für geschönt. Während der zehn Kriegsjahre befanden sich stets zwischen 100 000 und 200 000 Sowjetsoldaten im Land. Eine halbe Million junger Männer wurde in eine Konfrontation der Weltmächte geschickt, die sie nicht gewinnen konnten.

Der Abzug stoppte schließlich noch einmal wegen schwerer Angriffe gegen die zurückweichenden Einheiten, und in Genf liefen unter der Schirmherrschaft der Vereinten Nationen die schier unendlichen Friedensgespräche aller Parteien.

Am 15. Februar 1989 kehrte der Befehlshaber der sowjetischen Truppen in Afghanistan, Generalleutnant Boris V. Gromow, als letzter Soldat zu Fuß, und ohne sich noch einmal umzublicken, über die „Freundschaftsbrücke" von Termes in die damals noch existierende Sowjetunion zurück. In einem Tonfall, der eher als Resignation zu deuten war, behauptete er, seine „internationalistische Pflicht voll erfüllt zu haben". Zeitzeugen erinnerten sich spontan an den letzten US-Hubschrauber, der im Mai 1975 die amerikanische Botschaft in Saigon verließ. Der Vergleich war nicht weit hergeholt.

„Ende eines Abenteuers" titelte Leitartikler Josef Joffe seinen damaligen Beitrag in der „Süddeutschen Zeitung": „Die zweite gewaltige Kraft der Weltpolitik ist allemal die andere Supermacht. Sie hat – wie die Russen in Vietnam – dafür gesorgt, dass den Rebellen nie die Munition ausging. Amerika hat den Widerstand in der letzten Phase des Krieges mit der Stinger-Flugabwehrrakete ausgerüstet, dem perfekten Mittel gegen die scheinbar perfekte Waffe der Invasoren: den Kampfhubschrauber und tieffliegenden

Jagdbomber. Die Botschaft an Moskau war: Du darfst und wirst nicht gewinnen. Und die Lehre, die nun beide erleiden mussten, ist erstens: Hinter den Kleinen steht immer einer der beiden Großen. Zweitens: Deshalb wird es immer viel schwerer sein, die eigenen Ziele durchzusetzen, als die andere Supermacht zu frustrieren. In dieser Welt, kurzum, ist blockieren einfacher als reüssieren."

Staats- und Parteichef Nadschibullah ließ hastig 30 000 Parteimitglieder bewaffnen. Weitere 45 000 Genossen verstärkten Reserveverbände und Grenztruppen. Dazu kamen rund 135 000 Soldaten und Milizionäre sowie 40 000 Angehörige des Geheimdienstes Khad und der paramilitärischen Sarandoi-Miliz des Innenministers. Das letzte Aufgebot der Kommunisten, die ab sofort alleine zu Hause waren. Die Mudschahedin bestimmten eine Übergangsregierung aus ihren eigenen Führern und marschierten auf Kabul.

Der Bürgerkrieg hatte begonnen, und er sollte als besonders blutige Variante in schwere Kämpfe unter den Zöglingen der Amerikaner münden. Doch da hatte sich Washington, absolut kurzsichtig, längst zurückgezogen und das unglückliche Armenhaus am Hindukusch sich selbst überlassen. Ein taktischer Fehler, der sich Jahre später unter den Taliban bitter rächen sollte.

Mit dem siebzigjährigen Mimen Ronald Reagan hatten 1981 die Ultra-Konservativen die Macht erklommen.

Emsig gingen sie daran, Amerika und die Welt nach ihren Vorstellungen umzukrempeln. Eines ihrer Grundanliegen war der Kampf gegen den Kommunismus, eines ihrer Instrumente die intensivste Form des Kalten Krieges. Am Ende konnte nur eine Seite überleben, und das war – es ließ sich lange vorher absehen – der viel flexiblere und dynamischere Westen. Der Ostblock vermochte den Aktionen der Washingtoner Hardliner nicht viel entgegenzusetzen. Er war in der zweiten Hälfte der achtziger Jahre viel zu sehr damit beschäftigt, noch eine Weile über die Runden zu kommen.

Eine besonders wirksame Form des Kalten Krieges gegen den Osten war die aggressive Aufrüstung. Einen Rüstungs-Overkill dieser Dimension hatte es noch nie gegeben. Der politische Laie Reagan und seine Mannschaft bauten darauf, dass der ideologische Gegner nur kurze Zeit mithalten konnte und dann aussteigen musste. Das kommunistische Lager würde dann entweder auf das Niveau der Dritten Welt sinken oder ganz einfach kollabieren.

Täglich 900 Millionen für die Rüstung der USA

In der ersten Amtszeit Reagans verdoppelte sich der ohnehin schon aufgeblähte Verteidigungshaushalt der USA auf über 300 Milliarden Dollar. Das Pentagon wurde zum Schlaraffenland der Militärs. Mehr als 30 000 US-Firmen, und damit 6,5 Millionen Amerikaner, arbeiteten für den so genannten militärisch-industriellen Komplex. Täglich erhielten sie mehr als 50 000 Bestellungen. Das entsprach einem Auftragswert von 900 Millionen. Geld spielte keine Rolle, und deshalb investierten die Falken im Weißen Haus auch in Großprojekte, vor denen die Regierung des Pazifisten Carter noch zurückgeschreckt war. Das betraf zum Beispiel den B-1-Bomber und die Hochrüstung zur See. Die Marine wartete auf 62 neue Kriegsschiffe und 22 weitere U-Boote. Die Zahl der Flugzeugträger sollte innerhalb weniger Jahre von 13 auf 15 steigen.

Unter Reagan wurde die enge Verflechtung zwischen der Rüstungsindustrie und der politischen Führung zur Selbstverständlichkeit. Damals legte das Weiße Haus die Grundlage dessen, was heute im Zweifelsfall als Musterbeispiel für Patriotismus ausgelegt wird. Ketzer fragten auch damals, ob es sein darf, dass zehn oder zwanzig Spitzenunternehmen der Branche das Pentagon kontrollierten. Dabei ließen sogar offizielle Regierungsauskünfte 1985 schon erkennen, dass sich die Zahlungen der amerikanischen Rüstungslobbyisten in den Jahren ab 1981 verdoppelt hatten.

Die 20 größten Unternehmen der Wehrtechnik hatten in den frühen achtziger Jahren allein 3,6 Milliarden Dollar für die Wahlkämpfe von Abgeordneten des Repräsentantenhauses, von Senatoren und Präsidentschaftskandidaten ausgegeben. Wie in einem Untersuchungsbericht zu lesen ist, flossen die Spenden völlig legal an die Wahlkomitees der Politiker. Häufig kamen die Beträge nicht einmal von den Konten der Firmen, sondern wurden auf Initiative der Direktion bei Angestellten und Arbeitern gesammelt. Also doch Patriotismus.

Eine weitere Untersuchung zeigte, dass von den 20 Abgeordneten, die 1984 mehr als 15 000 Dollar Spenden erhielten, 17 für die Produktion von neuen MX-Interkontinentalraketen gestimmt haben. Im Senat war das Verhältnis sogar noch klarer. 13 der 14 Senatoren, deren Wahlkomitees über 30 000 Dollar erhalten hatten, votierten für die neuen MX. Die Firma Lockheed, ein Muster an fragwürdigem Geschäftsgebaren, löhnte 1984 über 420 000 Dollar an die Wahlkampfkomitees verschiedener geneigter Politiker. Im gleichen Zeitraum stiegen die Aufträge des Pentagon an Lockheed von zwei auf über fünf Milliarden Dollar. Das waren nur einige von vielen Beispielen, die das System illustrieren sollten.

Ungeachtet dessen, dass im Weißen Haus der Reagan-Jahre gerne von einer „nuklearen Enthauptung“ der Moskauer Führung gesprochen und mit unerträglicher Leichtigkeit längerfristige Atomkriege zur lässlichen Sünde erklärt wurden, lag der Schwerpunkt doch bei konventioneller Rüstung.

Das sah in der Mitte der achtziger Jahre so aus: Lockheeds Geschäftserträge stiegen von 1983 auf 1984 um 25 Prozent, seit 1980 sogar um die Hälfte. Die Gewinne von

General Dynamics kletterten zwischen 1983 und 1984 um ein Zehntel, innerhalb der vorangegangenen zehn Jahre jedoch um das Dreifache nach oben.

Von 4 072 bestellten Kampfflugzeugen des neuen Typs F-16 waren im Sommer 1985 erst 1 300 ausgeliefert worden, die künftigen Gewinne also ziemlich exakt zu berechnen. Ein letztes Beispiel: Der Rüstungskonzern Northrop lieferte seinerzeit 84 Prozent seiner Produktion an das Pentagon, mehr als drei Viertel davon waren Flugzeuge.

Geld spielte damals wie heute keine Rolle. Reagans Administration argumentierte, dass jede Verringerung der Militärausgaben um eine Million Dollar nur eine Reduktion des Haushaltsdefizits um 50 Cent ergäbe. Steuereinnahmen, die durch Militärausgaben bewirkt würden, gingen verloren. Zusätzliche Ausgaben seien wegen des daraus resultierenden Anstiegs der Arbeitslosigkeit vonnöten. Ein trauriger Rekord: Unter Reagan kletterte die öffentliche Verschuldung von einer auf vier Billionen Dollar.

Ein neues Römisches Reich

Also expandierten die Amerikaner rigoros, bis in die entlegendsten Winkel der Erde. Das Römische Reich sollte als Hightech-Version wieder auferstehen. Zum Ende der Ära Reagan unterhielten die USA 360 Militärbasen außerhalb ihrer eigenen Grenzen. Jährlich genehmigten sie sich mehr als 1,5 Milliarden Dollar, um diese Kapazitäten weiter auszubauen.

Zwei Millionen Amerikaner waren Anfang der achtziger Jahre bereit, mit dem Sternenbanner in den Krieg zu ziehen, unter ihnen 170 000 Frauen. Damals wie heute war der Kriegsdienst die einzige Chance für Millionen Underdogs der amerikanischen Gesellschaft, sozial und wirtschaftlich einigermaßen überleben zu können. Ein teuflischer Kreislauf. Das Militär erhielt Zulauf von den Armen und Schwachen, denen der starke Staat die Sozialprogramme gekürzt hatte.

Die Sowjets mit dem Rücken zur Wand

Ronald Reagan zeigte es den Russen. Es begann mit der so genannten Nachrüstung durch Cruise Missiles und Pershing-Raketen, die als ungewollten Nebeneffekt die europäische Friedensbewegung erstarken ließ. Die Sowjetmacht, zur zittrigen Gerontokratie degeneriert, regte nach Breschnews Tod eine Abrüstungsinitiative an. Der neue Kremlchef Juri Andropow sprach über die Reduzierung der SS-20, über atomwaffenfreie Zonen in Europa und Beschränkungen von Rüstungsverkäufen an Länder der Dritten Welt. Schließlich bot er bei einer Gipfelkonferenz des Warschauer Paktes sogar einen Gewaltverzichtsvertrag an.

Das passte den Strategen im Weißen Haus nicht ins Konzept. Kurz vor dem Sieg in der großen Materialschlacht wollten sie sich den Erfolg nicht nehmen lassen. Also legte Ronald Reagan noch eins drauf und brachte seine Strategische Verteidigungsinitiative, kurz SDI, in die Diskussion. Hier handelte es sich um eine utopische und kaum noch finanzierbare Abwehrfront im Weltall. Eigene Raketen und gewaltige Laser sollten die angreifenden Flugkörper des Feindes abfangen und zerstören. „Krieg der Sterne" lautete die populäre Definition für Reagans Science-Fiction.

Ex-KGB-Chef Andropow flüchtete sich in starke Worte, von denen er selbst nicht überzeugt gewesen sein kann: „Alle Versuche, über die Sowjetunion eine militärische Überlegenheit zu erzielen, sind sinnlos. Die Sowjetunion wird das nie zulassen. Sie wird bei keiner Bedrohung schutzlos sein. Darüber sollte in Washington keine Unklarheit bestehen. Es ist an der Zeit, die Suche nach Optionen aufzugeben, wie man einen Atomkrieg auslösen kann in der Hoffnung, ihn zu gewinnen. Das ist nicht nur verantwortungslos, es ist wahnsinnig." Vermutlich vertrauten die Sowjets auf die Quantität ihrer Interkontinentalraketen.

Auch im politischen Europa wuchs die Angst vor dem amerikanischen Allmachtstreben. Was wäre, fragten die Staatschefs, wenn die USA unverwundbar würden. Dann wären die ungenügend geschützten Europäer erste Opfer eines neuen Ost-West-Weltkrieges.

Keine Einigung über den „Krieg der Sterne"

Das Gleichgewicht des Schreckens zwischen den beiden Supermächten war ins Trudeln geraten. Reagan hatte mit seinen Erklärungen zu SDI das seit 1972 geltende ABM-Abkommen zur Begrenzung von Systemen zur Abwehr ballistischer Raketen ausgehebelt. Die entsetzten Russen erkannten, dass ihre Kontrahenten im Weißen Haus ganz schnell zu der gefährlichen Annahme kommen könnten, ein atomarer Erstschlag gegen das osteuropäische „Reich des Bösen" könne gelingen, weil der amerikanische Aggressor durch sein Schutzschild im Weltall unverwundbar geworden sei. Da half auch Reagans generöse, späte Einladung nichts, die Sowjets möchten sich doch an SDI beteiligen. Moskaus Nerven waren so dünn, dass man 1983 sogar ein NATO-Manöver zum Anlass nahm, die eigenen Truppen zu mobilisieren und einen Überraschungsangriff aus dem Westen zu erwarten.

Ende 1985 übernahm der Reformer Michail Gorbatschow das Ruder. Er wusste, dass sein Vielvölkerstaat von den gigantischen Militärinvestitionen unschwer in den Ruin getrieben werden könnte. Das im Haushalt gut versteckte Militärbudget verschlang exakt die Hälfte der Moskauer Kassenbestände. Bei ihrem ersten Treffen, in Genf, stritten Reagan und Gorbatschow vehement über das SDI-Projekt. Die nach 14 Jahren unterbrochenen Abrüstungsgespräche begannen erneut, obwohl die Amerikaner mit ihrem „Krieg der Sterne“ nicht zurückstecken wollten.

Beim historischen Gipfel in Reykjavik im Oktober 1986 einigten sich beide Supermächte verbal auf den vollständigen Rückzug der Mittelstreckenraketen aus Europa, die Halbierung aller ballistischen Raketen innerhalb von fünf Jahren und die Beseitigung aller Atomwaffen in spätestens zehn Jahren. Wegen des Zankapfels SDI und Reagans Starrsinn unterzeichneten beide Seiten in Island kein neues Abkommen. Schließlich kam es aber im Dezember 1987 im Weißen Haus zur Unterschrift des INF-Vertrages, der die Nulllösung für die gefährlichen Atomwaffen brachte. Der weitere Abrüstungsdialog wurde noch einmal aufgeschoben.

Glasnost und Perestroika erschütterten die Sowjetunion in ihren Grundfesten. Aber auch Ronald Reagans Hochrüstung und die schmachvolle Niederlage in Afghanistan waren Faktoren, die den alten Ostblock zur Selbstzerstörung trieben. Wieder rückten die Amerikaner auf dem Weg zur Weltherrschaft ein Stück nach vorne.

Eine strategische Allianz

Die USA haben keinen strategisch wichtigeren Alliierten als das in permanentem Kriegszustand befindliche kleine Israel. Das lief gerade in den achtziger Jahren auf Hochtouren. Objektiv gesehen begann die Partnerschaft bereits

1948, als die USA für die Umsetzung von Theodor Herzls Traum einer jüdischen Heimstatt auf dem Boden Palästinas stimmten.

In den ersten Jahren danach war man im Weißen Haus noch zögerlich, aber schon Präsident Dwight D. Eisenhower sah den Nahen Osten als Spielball der Sowjetunion. Er bot Militärhilfe für jeden an, um dem Kommunismus das Wasser abzugraben. Nach und nach verbündeten sich jedoch die wichtigsten Staaten der arabischen Welt – Ägypten, Syrien, Irak – mit Moskau, was in Washington als ernste Bedrohung gesehen wurde.

Anfangs waren die Amerikaner auch deshalb zurückhaltend, weil sie erst ausloten mussten, wie weit sie mit den Arabern gehen konnten. Schließlich durften sie es sich mit ihren Öllieferanten durch einen allzu offenen proisraelischen Kurs nicht verderben. Spätestens Ende der fünfziger Jahre teilte die Grenze des Kalten Krieges auch den Nahen Osten.

Die jüdische Lobby in den USA zeigte erstmals ihre Muskeln und sicherte den knappen Wahlsieg des demokratischen Bewerbers John F. Kennedy mit mehr als 80 Prozent ihrer Stimmen. Das sollte zur festen Regel in der US-Politik werden – keine Entscheidungen mehr, die Israel schaden oder die traditionell wohlhabenden jüdischen Wähler verunsichern könnte.

Kennedy und sein Nachfolger Lyndon B. Johnson öffneten die Schleusen und deckten die Israelis mit umfangreichen Waffenlieferungen ein. Erstmals sprachen amerikanische Präsidenten von der Verpflichtung, Israels Sicherheit zu garantieren. 1962, ein historisches Datum im Nahost-Konflikt, trafen erste HAWK-Luftabwehrsysteme in Israel ein. Dann folgten Panzer und schließlich, 1966, vier Dutzend Skyhawk-Bomber. Das Engagement wuchs, wurde aber noch ein Jahrzehnt von Amerikas Vietnam-Fiasko überdeckt.

Im Geheimdienstbereich reichte die enge Zusammenarbeit zehn Jahre länger zurück. Viele jüdische Emigranten kamen aus der Sowjetunion und konnten den Amerikanern, deren Weltkriegs-Partnerschaft mit Stalin längst offener Rivalität gewichen war, wertvolle Informationen geben. Bekanntlich beschaffte der Mossad die erste Kopie von Chruschtschows sensationeller Rede auf dem XX. Parteitag der KPdSU, im Jahre 1956, der Abrechnung mit dem Despoten Stalin.

Schon in den späten vierziger Jahren kauften die Israelis Ostblock-Waffen. Sie halfen ihnen, ihren Unabhängigkeitskrieg zu gewinnen. Bei den Schlachten von 1948 und 1956 erbeuteten sie viele Waffen aus dem Osten, und die Amerikaner waren begierig auf die Analyse. Weitere Waffengänge folgten 1967, 1973 und 1982.

Im Nahen Osten gab es keinen Zweifel mehr. Die Araber standen auf Jahrzehnte hinaus auf Seiten des Ostens, das „zionistische Gebilde“ (so die arabische Propaganda) wurde fest zementiert als Wagenburg des Westens. Irgendwann konnte Israel de facto nur noch mit den Hilfsgeldern aus Europa, den USA und von jüdischen Organisationen existieren. Spätestens nach dem Krieg von 1967 entwickelte sich in den USA breite Solidarität mit Israel. Die Umfragewerte zu Gunsten des Judenstaates waren fünf Mal höher als für die arabische Welt. Im „Gelobten Land" nahm die Einwanderung amerikanischer Juden spürbar zu.

Je mehr Jerusalem militärische Stärke demonstrierte, desto unübersehbarer wurde Amerikas Präsenz in der Region. Überhaupt erfuhr der Nahost-Konflikt eine immense Aufwertung, als beide Supermächte am jeweils entgegengesetzten Ende tätig wurden. Die erste offizielle militärische Zusammenarbeit zwischen Israel und den USA fand 1970 statt, als sich in Jordanien der so genannte „Schwarze September" anbahnte, eine für König Husseins Regierung lebensbedrohliche Konfrontation mit den radikalen Palästinensern.

Eine syrische Panzerdivision überquerte die Grenze zum Haschemitenreich. Daraufhin zogen die Israelis Truppen auf den Golanhöhen zusammen. Die 6. US-Flotte mit zwei Flugzeugträgern, 18 Zerstörern und Marine-Landungseinheiten sammelte sich vor der libanesischen Küste. Das wirkte abschreckend und half mit, den ernsten Konflikt zu Gunsten von König Hussein zu entscheiden.

Der Yom-Kippur-Krieg von 1973 war die erste Gelegenheit für die amerikanische Militärmacht, offen Partei für

Israel zu ergreifen. Als der westlichste Vorposten im östlichen Mittelmeer in Bedrängnis geriet, organisierte Washington eine Luftbrücke mit Waffennachschub – parallel übrigens zu den Russen, die ihre arabischen Klienten unterstützten.

Der damalige Außenminister Henry Kissinger bezeichnete nach dem Krieg die Sicherung von Israels Existenz als eine Selbstverständlichkeit für jede US-Administration. Es durfte als Antwort gewertet werden, als Kissingers israelischer Kollege Yigal Allon betonte, dass sein Land von „außerordentlichem Interesse“ für Amerika sei, weil es in einer unruhigen Region für Stabilität sorge. Eine Aussage, die natürlich auch umgekehrt gelten darf.

„Der einzige zuverlässige Alliierte“

In der zweiten Hälfte der siebziger Jahre konzentrierte sich das amerikanische Interesse darauf, die Sowjets aus der Region zu vertreiben und den Friedensprozess zu fördern. Die angestrebte Aussöhnung mit den Arabern wurde von Israels Ministerpräsident Menachem Begin anfänglich nur sehr zögerlich angenommen, weil seine Regierung mehr Wert darauf legte, „der einzige zuverlässige Alliierte“ der Amerikaner in der Region zu sein, die regionale Supermacht. Israel befürchtete, dass Frieden seiner strategischen Allianz mit Washington schaden würde. Schließlich kam es aber doch zum Vertrag mit den Ägyptern und zur Rückgabe des Sinai.

Jerusalem und Washington rückten immer enger zusammen. Sie schlossen Verträge zur gemeinsamen Rüstungsproduktion, einen Beistandspakt für den Kriegsfall im Nahen Osten und zur Lieferung gewaltiger Mengen modernster Waffen, wie die damals gerade entwickelten F-16-Kampfflugzeuge. Israel und die USA standen sich so nahe wie nie zuvor.

Das brachte natürlich den Nachteil, dass sich die Israelis beinahe alles erlauben durften. Sie wussten, keine amerikanische Regierung könnte ernsthafte Strafmaßnahmen gegen israelische Eigenmächtigkeiten durchsetzen. Die Richtigkeit dieser These zeigte sich in der Zukunft immer wieder. Im Zweifelsfalle kamen die Amerikaner stillschweigend zu dem Schluss, dass überraschende israelische Bombenangriffe auf Bagdad oder Beirut eigentlich auch ihren Interessen dienten.

Nachdem Ronald Reagan das Weiße Haus bezogen hatte, wurde Israel noch ein Stück höher in den Himmel gehoben. Der neue Präsident erklärte öffentlich, dass der umstrittene Staat ein wichtiger Alliierter der USA sei und ein strategischer Aktivposten ersten Ranges. Solche Liebeserklärungen hatte es noch unter keiner US-Regierung gegeben. Die Republikaner legten noch eins drauf und sprachen über die „Abschreckungsfunktion“ der israelischen Streitkräfte im Ost-West-Gleichgewicht. Da war es sehr natürlich, dass die Israelis nach dem Einmarsch der Sowjets in Afghanistan und dem Sturz des iranischen Pahlevi-Regimes noch viel enger in die Kalte-Kriegs-Strategie der Amerikaner eingebunden wurden.

„Panzer aus Israel nach Saudi-Arabien"

Die israelischen Militärbasen standen den Amerikanern jederzeit zur Verfügung. Das Land galt als einer der verlässlichsten Partner überhaupt. Das war wichtig für die strategische Planung künftiger Jahrzehnte, gerade nachdem sich abzeichnete, dass sich die Auseinandersetzungen zwischen den Blöcken nicht nur in Europa sondern an Trennungslinien wie Nahost und Südasien abspielen würden. Angesichts dieser Planspiele ging die Euphorie der Israelis soweit, dass sie in Details beschrieben, wie sie Seite an Seite mit den Amerikanern den von üblen Islamisten bedrängten Saudis militärisch beistehen würden.

In einem Interview mit der „New York Times", erschienen am 3. Dezember 1981, formulierte der damalige Verteidigungsminister Ariel Scharon, ein Hardliner par excellence, folgende Sätze: „Es benötigt 48 Stunden, um Orangen und Wassermelonen von Judäa, Samaria (besser bekannt als Westbank, d.A.) und Gaza nach Saudi-Arabien zu schicken. Im Notfall könnten sie (die Amerikaner) Panzer auf dem Landweg befördern, um die Saudis in derselben 48-Stunden-Frist zu Hilfe zu kommen.“

Selbstverständlich würden die Amerikaner auf israelischem oder gar palästinensischem Hoheitsgebiet ihre stählernen Kolosse nicht alleine bewegen. Die Israelis wären, nach eigener Vision, sogar zum Schutz der saudischen Königsfamilie unentbehrlich. Da wurde es auch den Amerikanern zu utopisch.

Die achtziger Jahre vergingen mit Höhen und Tiefen in den israelisch-amerikanischen Beziehungen. Das lag im Prinzip an der persönlichen Einstellung der wichtigsten Akteure. Der neue Verteidigungsminister der USA, Caspar Weinberger, und sein Kollege im Außenamt, George Shultz, traten Israel zeitweise sehr reserviert gegenüber. Die Kontakte mit der arabischen Welt, im besonderen mit dem ölreichen Saudi-Arabien, waren ihnen wichtig.

Dann intensivierten beide Seiten wieder ihre Militärkontakte, die jährlichen Zuschüsse aus Washington stiegen auf drei Milliarden Dollar. Schließlich trafen sich am 21. April 1988 Reagan und Rabin, um ein von Israel seit vielen Jahren ersehntes Abkommen zur israelisch-amerikanischen Strategie-Kooperation zu unterzeichnen. Diese Verbindung sei, so Vize-Verteidigungsminister Richard Armitage vorsorglich, „in erster Linie gegen die sowjetische Bedrohung im östlichen Mittelmeer gerichtet“.

Als sich der Ostblock auflöste, war die Regierung Reagan nicht mehr im Amt. George Bush senior saß im

Weißen Haus. Rasch wurden Ersatzszenarien gefunden. Eine erste Bewährungsprobe für die strategische Allianz kam, nachdem Saddam Husseins Truppen im August 1990 in Kuwait einmarschiert waren. Israel trat nicht störend in Erscheinung und beschränkte sich weitgehend auf seine eigene Verteidigung mit den gerade gelieferten amerikanischen „Patriot"-Abfangraketen.

Vermutlich hätte eine israelische Teilnahme an der mühsam zusammengefügten Allianz gegen den Irak, in der sich auch Soldaten arabischer Staaten befanden, die multinationale Streitmacht zerschlagen. Noch eine Premiere: Erstmals hielten sich während des zweiten Golfkriegs amerikanische Bodentruppen in Israel auf. Alles klappte bestens.

Seit jenen Tagen hat sich an der militärischen Allianz nicht viel geändert. Gelegentlich weisen die Amerikaner auf die massive und häufig willkürliche Unterdrückung der Palästinenser hin, was ihnen auf israelischer Seite nur Unverständnis einbringt. Der schier aussichtslose Friedensprozess wird von den Amerikanern immer wieder angeschoben, endet aber regelmäßig in Blut und Tränen.

Die aggressiven jüdischen Siedler, unter ihnen viele amerikanische Staatsbürger, versuchen regelmäßig, ihre Vorposten in Form von Containern und Hütten auf palästinensischem Grund und Boden zu errichten. Das schafft Unfrieden, wird aber in Washington weitestgehend toleriert. Es ist ein fester Bestandteil der amerikanischen Außenpolitik, vom Schützling Israel jegliche Unbill fernzuhalten, vor allem negative UNO-Resolutionen durch ein automatisches Veto zu verhindern. Auch diese Form amerikanischer Machtpolitik schürt in ihrer Konsequenz den globalen Antiamerikanismus.

Menschenleben gegen Kriegswaffen

Der wohl größte gemeinsame Coup von Israelis und Amerikanern ging in die Geschichte unter dem Kürzel „Iran-gate" ein. Eine ebenso skurrile wie abenteuerliche Geschichte. Das ist passiert: 1984 und 1985 entführten Splittergruppen der vom Iran gegründeten und geförderten libanesischen „Hisbollah"-Miliz sieben US-Bürger. Die beiden prominentesten Opfer waren der Beiruter CIA-Stationschef William Buckley und der ap-Journalist Terry Anderson.

In Washington war man sich bald bewusst, dass der Schlüssel zur Freilassung der Männer in Teheran zu finden sein musste. Das Verhältnis zum Iran lag jedoch seit Khomeinis Machtübernahme im Februar 1979 in Scherben. Zwischenzeitlich hatten die Iraner durch die gewaltsame Besetzung der amerikanischen Botschaft in Teheran und die 444 Tage dauernde Geiselnahme der Diplomaten eine Überdosis Öl ins Feuer gegossen.

Diese Geiseln waren inzwischen zu Hause, während die neuen Gefangenen in libanesischen Verliesen schmorten.

Ihre Peiniger forderten unter anderem die Freilassung von 17 Terroristen aus kuwaitischen Gefängnissen. Zum einen wollten die Amerikaner ihre Bürger rausholen, zum anderen betrachteten sie mit großem Misstrauen, wie die revolutionären Iraner plötzlich mit den Sowjets politisch zu flirten begannen. Das missfiel ihnen sehr.

Die US-Geheimdienste waren längst am Werk und bemühten sich, Zeit zu gewinnen. Also lieferten sie den Iranern einmal Listen mit den Namen von 200 Oppositionellen, die dann prompt den Revolutionsgerichten zum Opfer fielen, ein andermal finanzierten sie den selben iranischen Widerstand.

Das hätten sie bestimmt auch noch lange durchgehalten, wären nicht einige Abenteuernaturen aus Politik und Waffenhandel mit Einfluss zusammengekommen. Washington entschied sich für eine neue Iran-Initiative. Zur Krönung dieser Kontakte wollten die Amerikaner dem iranischen Militär – der erste Golfkrieg mit dem USA-Freund Irak hatte gerade die Halbzeit überschritten – TOW-Panzerabwehrraketen und ein größeres Sortiment an militärischen Ersatzteilen liefern. Im Gegenzug sollten Khomeinis verschwiegene Emissäre den Geiseln im Libanon die Freiheit bringen.

Diese Aktion wurde von einem wahrhaft multinationalen Team koordiniert. Auf amerikanischer Seite agierten Reagans Nationaler Sicherheitsberater Robert McFarlane, sein Stellvertreter Vizeadmiral John Poindexter und deren

Mann fürs Grobe, Oberstleutnant Oliver North. Die Männer vom Nationalen Sicherheitsrat standen Waffenhändlern und -einkäufern aus mehreren Ländern gegenüber – Saudis und Iraner, Israelis und Amerikaner. Was immer geschah, es war von Präsident Reagan abgesegnet. Daran ändert auch seine spätere Gedächtnisschwäche nichts.

Verbotene Hilfe für die Contrarebellen

Mehr schlecht als recht – und trotz eines strikten Embargos – brachten die Amerikaner ihr Kriegsgerät an die frommen Feinde. Im Sommer 1985 und während des gesamten Jahres 1986 lieferten sie 2008 TOW-Panzerabwehrraketen und Ersatzteile für die bereits vorhandenen HAWK-Luftabwehrraketen. Wie niederträchtig sie waren, zeigten die libanesischen Menschenräuber, indem sie drei Amerikaner abgaben und sich drei neue holten. Das sorgte bei den Washingtoner Machtpolitikern für gewaltige Frustration.

Die Strategen des Nationalen Sicherheitsrates standen unter Druck. Sie wollten zwei Fliegen mit einer Klappe schlagen und die ihnen nahestehenden nicaraguanischen Contras mit Waffen versorgen. Genau das hatte ihnen aber der Kongress verboten. Das so genannte „Boland Amendment“ stoppte im Oktober 1984 amerikanische Hilfe für die Dschungelkämpfer, sofern sie die erlaubten 24 Millionen Dollar überstieg und nicht extra vom Parlament genehmigt worden war.

Oliver North und Co umgingen die strikte Regel, indem sie ihre Profite aus dem unglücklichen Irangeschäft und die von zahlreichen Sympathisanten erbettelten Millionensummen an die antikommunistischen Rebellen weiterreichten. Iran-Contra wurde, nachdem alles aufgeflogen war, zur schlimmsten Regierungskrise der Reagan-Jahre.

Besonders interessant war erneut die Rolle des Juniorpartners Israel. Jerusalem verfolgte, wie üblich, überwiegend eigennützige Ziele. Zum einen sah man kein Problem, die Iraner mit Waffen zu bestücken. Schließlich kämpften sie damit gegen den viel gefährlicheren Feind des jüdischen Staates, Saddam Husseins Irak.

Der Iran des Groß-Ajatollahs Khomeini war noch nicht wirklich zu Kräften gekommen, um für Israel eine Gefahr darzustellen. Die Parole der iranischen Fronttruppen, man werde nicht eher ruhen, bis Jerusalem befreit sei, sah man ganz logisch als primitive Propaganda. Die verführten Perser mussten ja eine vage Idee haben, für die sie in den Märtyrertod durch irakische Maschinengewehre und Giftgasschwaden gingen. Die zweite Triebfeder der Israelis war der Aufbau einer leistungsfähigen Rüstungsindustrie. Und diese brauchte potente Abnehmer.

Die Israelis brachten die erste Verschwörerrunde an den Tisch. Dazu gehörten der iranische Geschäftsmann Manucher Ghorbanifar, der saudische Waffenhändler Adnan

Kashoggi, ihre israelischen Kollegen Al Schwimmer und Yaacov Nimrodi. Von staatlicher Seite mischten Amiram Nir, ein Berater des Premierministers Shimon Peres, und David Kimche, Generaldirektor im Jerusalemer Außenministerium, mit.

Eine signierte Bibel vom Präsidenten

Es startete ein kompliziertes und nervenzerrendes Auf und Ab mit Waffenlieferungen, gescheiterten Transfers, missglückten Geiselfreilassungen, gegenseitigen Schuldzuweisungen. Schließlich, auf dem Höhepunkt der Irankontakte, flog Robert MacFarlane, inzwischen nur noch Stellvertreter des neuen Sicherheitsberaters Poindexter, an der Spitze einer vierköpfigen amerikanischen Delegation nach Teheran. In ihrer Maschine befanden sich HAWK-Ersatzteile, die von den Iranern dringend erwartet wurden.

Die zweitägigen Gespräche führten zu keinem greifbaren Ergebnis. Die Iraner spielten auf Zeit und stellten immer neue Forderungen auf. Sie pokerten mit dem Schicksal der von ihren Beiruter Vasallen festgehaltenen Geiseln. Als klar war, dass das Treffen wieder eine reine Farce war, kehrten die Amerikaner nach Hause zurück.

Die Weltfremdheit der Washingtoner Unterhändler zeigt ein weiteres Treffen mit den Iranern, im Oktober 1986 in Frankfurt/Main. Der abenteuerlustige Oberstleutnant Oliver North führte die kleine Gruppe an. Er überreichte seinem Gesprächspartner eine von Präsident Reagan signierte Bibel. Wieder einmal wurde tagelang über die Abwicklung von Tauschgeschäften Waffen gegen Menschenleben diskutiert. Es gab Sieben- und Neun-Punkte-Agendas. Letztlich ließen sich die Amerikaner aber erneut demütigen und ins Leere führen. Die Grenzen zwischen der Arroganz der Supermacht und ihrer geballten Naivität waren immer schon fließend.

Wochen später flog „Irangate“ durch den Artikel einer kleinen libanesischen Zeitung auf. Der Schaden war groß. Nach monatelangen Ermittlungen legte die so genannte „Tower-Kommission“ einen Bericht vor, der den Nationalen Sicherheitsrat und Präsident Reagan schwer belastete. Nur mit Mühe konnten die Aufklärer einen Wust an Lügen und Täuschungen entwirren.

Die oberste Leitlinie der „Irangate“-Verschwörer lautete ganz simpel und vermessen: Der Zweck heiligt die Mittel. Weitere Untersuchungen und Prozesse ersparte es ihnen nicht. Vieles blieb bis heute ungeklärt, weil insbesondere Oliver North seine Akten rechtzeitig vernichtet hatte. Unbekannt ist beispielsweise die Höhe der finanziellen Unterstützung für die nicaraguanischen Contras. In den Medien war die Rede von 17 Millionen Dollar.

Grenada: Mit Kanonen gegen Spatzen

Wir schreiben das Jahr 1983 und blicken auf Moskaus neuesten Brückenkopf in der westlichen Hemisphäre, eine Insel unweit der venezolanischen Küste, gerade größer als München. Hier leben 100 000 Menschen, die sich der regional üblichen karibischen Lebensart erfreuen. Grenada, bekannt für seine Muskatnüsse und – damals – für ein linkes Experiment, das von Havannas Fidel Castro mit Wohlwollen und Washingtons Ronald Reagan mit tiefem Abscheu verfolgt wurde.

So war alles gekommen: Die grenadischen Afro-Karibier, 95 Prozent der Bevölkerung, wurden bis zum 12. März 1979 von einem wunderlichen und nichtsdestoweniger gefährlichen Law-and-Order-Mann regiert, von Eric Gairy. Der Diktator setzte seinen Willen mit Hilfe einer Schlägertruppe durch, nutzte seine Redezeit vor der UNO, um den vermeintlichen Nachweis zu führen, dass es fliegende Untertassen gibt, und unterhielt enge Kontakte zu Rechtsregimen.

Die Wende kam am 13. März 1979. Damals installierte der charismatische Rechtsanwalt Maurice Bishop auf der Gewürzinsel nach einem beinahe unblutigen Putsch ein linksgerichtetes Regime. Den Aufrührern standen zwölf Gewehre und sechs Revolver zur Verfügung, für deren unrechtmäßigen Export nach Grenada in den USA Ermittlungen gegen Bishop liefen. Der neue Premierminister und seine New-Jewel-Bewegung begannen sozialreformerisch und endeten als mörderische Diktatur.

Innerhalb von nur viereinhalb Jahren kippte der Frieden auf dem Eiland. Bishops Organisation spaltete sich in eine radikale, moskauhörige Gruppierung und eine gemäßigtere, zu den Kubanern tendierende Fraktion. Angeblich soll es bereits 1979 einen Versuch der CIA gegeben haben, Bishop und seine Genossen wieder zu entfernen, 1981 eine weitere konkrete Putschplanung.

Dann begann auch schon der Bau eines Großflughafens mit kilometerlangen Start- und Landebahnen. Die Aktivitäten auf der Insel bezeichnete Ronald Reagan flugs als „eine Bedrohung für amerikanische Interessen". Im Weißen Haus glaubte man eine künftige Basis für kubanische oder sowjetische Militärs zu erkennen, und nicht bloß die Grundlage, um den weltweiten Touristenstrom anzulocken. Die alte Kuba-Phobie kam wieder hoch. Daraufhin übten die Amerikaner immer massiveren Druck auf die karibischen Länder aus, damit diese einen militärischen Einsatz gegen Grenada forderten.

„Urgent Fury" gegen die linken Putschisten

Am 19. Oktober 1983 fraß die Revolution einen Teil ihrer Kinder. Maurice Bishop und seine engsten Gefolgsleute wurden von ihren Rivalen exekutiert. Als sich die Situation auf

Grenada immer mehr zuspitzte, intervenierten sechs Tage später amerikanische Truppen und ein Kontingent der ostkaribischen Staaten. Im Morgengrauen landeten 2000 Mann amerikanische Eliteeinheiten. Wegen des heftigen Widerstands durch die Revolutionäre Volksmiliz und die Revolutionäre Volksarmee, immerhin knapp mehr als 3000 Kämpfer, wurden sie rasch auf 6000 verstärkt. Ihre Operation hieß „Urgent Fury" (Drängende Wut), und das war wohl auch die Grundhaltung der Washingtoner Auftraggeber. Die überraschte und ablehnende Welt verfolgte eine der wenigen direkten amerikanischen Interventionen, die es jemals gab.

Die Ähnlichkeit mit dem sowjetischen Einmarsch in Afghanistan war wohl eher zufällig als gewollt. Trotzdem ähnelten die Worte des US-Präsidenten denen der Kremloberen. In seiner ersten Fernsehrede nach der Intervention sagte Reagan: „Am Wochenende wurde ich in den frühen Morgenstunden geweckt und erfuhr, dass sechs Mitglieder der Organisation Ostkaribischer Staaten sowie Jamaika und Barbados das dringende Ersuchen an uns gerichtet hatten, dass wir uns ihnen anschließen in einer militärischen Operation, um Ordnung und Demokratie auf Grenada wiederherzustellen. [...] Diese kleinen und friedfertigen Nationen brauchen unsere Hilfe." War es so weit hergeholt, als die „Süddeutsche Zeitung" von einer „Breschnew-Doktrin für die Karibik" sprach?

Neben diesem Musterbeispiel „brüderlicher Hilfe" lieferte Reagan noch drei weitere Gründe zur freien Auswahl. Er sagte, das Leben amerikanischer Bürger müsse geschützt werden. Dabei meinte er 800 amerikanische Studenten, die an der medizinischen Akademie der Insel eingeschrieben waren. Der Rektor konterte später, dass deren Leben erst durch die Invasion bedroht worden sei. Reagan brachte ergänzend vor, dass die USA in Grenada die Pflicht hätten, „Chaos zu verhindern“ und „Recht und Ordnung wiederherzustellen“.

Nach völkerrechtlicher Auslegung rechtfertigt der Wille, Chaos zu verhindern, keinen militärischen Einmarsch, ebenso wenig das abstrakte Vorhaben, für „Ordnung“ zu sorgen. Chaos und politische Unordnung waren in Lateinamerika noch nie ungewöhnlich.

Die Kämpfe flauten bald ab, und so nahmen die US-Marine-Infanteristen Bishops Gegner fest. Ein Jahr später wählten die Insulaner den von Washington favorisierten Spitzenkandidaten der Neuen Nationalpartei (NNP), Herbert Blaize, zum Premier. 14 zum Teil prominente Putschisten wurden im Dezember 1986 zum Tod durch den Strang verurteilt. Die karibische Welt war wieder in Ordnung.

Saddam Hussein: Heute gut und morgen böse

Golfkrieg Nummer eins: Irak gegen Iran – Golfkrieg Nummer zwei: Irak gegen Kuwait

„Und gedenket (voll Dankbarkeit) der Huld Allahs gegen euch, als ihr Feinde waret. Alsdann fügte Er eure Herzen so in Liebe Zusammen, dass ihr durch Seine Gnade Brüder wurdet; ihr waret am Rande einer Feuergrube, und Er bewahrte euch davor.“

Koran 3, 103

„Ahwas, das Herz der Provinz Khusistan, ist immer noch eine Frontstadt, obwohl die Iraker zurückgeschlagen sind. In den Hotels liegt Militär, für die ohnehin selten gewordenen Zivilisten stehen nur wenige Zimmer zur Verfügung. Das erste Haus am Platze heißt heute ‚Kijam‘, Auferstehung. Auf den Handtüchern und in einigen Drucksachen wird es noch als ‚Royal Victoria Hotel‘ geführt.

Der alte Glanz blättert ab, Sandsäcke verstecken die Mängel. Sie sind notwendig, da die Iraker immer wieder Salven auf die daneben stehende Karun-Brücke feuern, ein wichtiges Glied in der Nachschubkette der iranischen Front. Getroffen haben sie das Ziel noch nie – nur Privathäuser und das Kijam-Hotel.

Am frühen Abend sitzen Offiziere im Kellerrestaurant des Hotels. Sie stochern lustlos mit ihren Fischmessern in einem undefinierbaren Bohnen-Knochen-Gemisch.

Einer von ihnen sagt offenbar, was er denkt: ‚Schreiben Sie, dass wir hier gegen unseren Willen kämpfen. Was wollen wir denn im Irak? Das ist nicht mehr unser Land. Der Feind ist fast überall zurückgedrängt. Außerdem schießen wir auf moslemische Brüder, die eine bessere Regierung haben als wir.‘ Auf die Frage, ob das nur seine eigene Meinung sei oder eine verbreitete Auffassung in den irakischen Streitkräften, legt er seine Hand aufs Herz und schickt mit treuherzigem Gesichtsausdruck nach: ‚Viele denken so.‘

An der Straße von Ahwas zum Schatt el-Arab sind die Spuren der gewaltigen Panzerschlacht zwischen den Golfnachbarn fast völlig beseitigt. Früher lagen hier unzählige Stahlskelette und kampfunfähig geschossene Fahrzeuge in der Landschaft. Heute stehen sie zumeist in Werkstätten, in denen Hunderttausende von Kriegsfreiwilligen und Revolutionswächtern arbeiten.

‚Aus zehn kaputten Panzern machen wir einen neuen‘, sagt Mohammed, der Begleiter vom Islamischen Führungsministerium. Nach einem prüfenden Seitenblick fügt er hinzu: ‚Natürlich nützen alle Panzer nichts, wenn man keinen Glauben hat.‘

In der öden Steppenlandschaft liegt ein Bombentrichter neben dem anderen, dazwischen Schützengräben und Massengräber. Vor Chorramschahr legt der Betreuer aus Teheran seine Philosophie dar: ‚Ich fühle mich in dieser Gegend so wohl. Das ist heiliger Boden. Gott ist mit uns, damit wir unsere historische Mission erfüllen können.‘

Chorramschahr ist eine Geisterstadt. Hier hat der Golfkrieg am 22. September 1980 begonnen, als zwei Panzerdivisionen der Iraker die Stadt einzunehmen versuchten. Der Widerstand war so heftig, dass die Angreifer zu immer härteren Mitteln griffen und die Hafenstadt völlig zerstörten. Ihr neuer Name war geboren, ‚Stadt des Blutes‘.

Chorramschahr hatte früher 150 000 Einwohner. Heute ist es entvölkert. Aber auf dem Ortseingangsschild steht eine neue Bevölkerungszahl: 36 Millionen, soll heißen, dass der ganze Iran hinter Chorramschahr stehe.

Das 23 Kilometer entfernte Abadan steht kaum besser da. Von den einstmals 450 000 Einwohnern sind wenig mehr als 10 000 übrig. Die meisten leben heute irgendwo in Khomeinis weitem Reich, in Zelten, Baracken oder auch bei Verwandten.

Abadan war einst eine Stadt der Superlative, das industrielle Aushängeschild des kaiserlichen Iran, die Wirtschaftsmetropole des Landes, der Welt größte Erdölraffinerie, eine Dollar-Bastion am Golf, in der die Amerikaner das Sagen hatten.

Jetzt regieren die Revolutionswächter, die Pasdaran. Sie haben ihre Stellungen sogar zwischen den beinahe unversehrten Billardtischen eines ehemaligen Vergnügungsclubs ausgebaut und belauern die 450 Meter entfernt am anderen Ufer des Tigris liegenden Iraker. Schon der Blick aus dem Schützengraben ist gefährlich, da die ‚Zionisten des Saddam' (so eine Wand-Inschrift) auf alles feuern, was sich bewegt.

Die Pasdaran beten täglich zu Allah, dass er die Befreiung der heiligen Schiiten-Stätten im Irak ermögliche. Einer von ihnen, Mohammed Chadamati, hält es für eine Schicksalsfrage: Es sei eine Entscheidung zwischen dem Islam und den Ungläubigen.

Ein seltsamer Kontrast zieht sich an der einzigen Straße entlang, die Chorramschahr mit Abadan verbindet und nicht von der irakischen Artillerie eingesehen werden kann. Auf freier Fläche haben die Soldaten Saddams ein Meer von Eisenstangen in den Untergrund gerammt, um Hubschrauberlandungen zu verhindern.

Zwischen den Fahrbahnen ackern Bauarbeiter den Grünstreifen um und pflanzen neue Palmen und Sträucher. Erste Margeriten blühen. Jenseits der Straße wühlen einsame Zivilisten unter den abrasierten Palmen und in Ruinen nach zurückgelassenen Habseligkeiten.

Die Kontrollen werden seltener, je näher die Front rückt. Im Abschnitt Hosseinieh, 95 Kilometer südwestliche von Ahwas, feuern M-48-Panzer und schwere Geschütze bis zu 18 Kilometer weit auf irakisches Territorium. ‚Leider', erzählt ein Soldat zwanglos, ‚dürfen wir im Moment nur schießen, wenn sie drüben unverschämt werden. Die amerikanischen und israelischen Granaten sind nämlich verbraucht. Wir müssen bei manchen Kalibern bereits sparen.'

Freiwillige, die auf Geheiß Khomeinis den Wiederaufbau des Landes betreiben, arbeiten wenige hundert Meter weiter an einer Straße, die schnurgerade über das einer Mondlandschaft ähnelnde Schlachtfeld führt. Ein Schild zeigt an, wohin es gehen soll: ‚Kerbela (die heilige Schiitenstadt im Irak) ist gar nicht mehr so weit!'

Die Straßenbauer sind in letzter Zeit wenig ausgelastet, weil sich die Front nicht mehr bewegt. ‚Dabei könnten wir schon in Basra sein', sagt einer von ihnen und deutet nach Südwesten. ‚Abends sehen wir da drüben die Lichter der großen Stadt', erklärt der Abschnittskommandeur Almas Arndi, 28, ‚und dann schießen wir immer Leuchtraketen ab, damit die wissen, dass wir noch da sind.'

Die Freiwilligen hinter dem mit deutschen Liebherr-Baumaschinen aufgeschütteten Wall trennen nur noch 1700 Meter von den irakischen Linien. Nachts marschieren sie durch das mit Panzerwracks übersäte Niemandsland und umgehen die gegnerischen Stellungen, um die

Iraker von hinten zu überfallen oder schnell einen Panzer in die Luft zu jagen.

Es sind Himmelfahrtskommandos, an denen sich von allgegenwärtigen Mullahs aufgeputschte Kinder und Jugendliche beteiligen. Für sie hat das alles offenkundig etwas von Cowboy- und Indianer-Spielen mit Bezug zum Jenseits: ‚Meine Leute kommen mit wundervollen Gefühlen an die Front', sagt der bärtige Almas Arndi, ‚sie sind jederzeit bereit, im Auftrag von Imam Khomeini göttliche Ziele zu verwirklichen und bis zum letzten Atemzug zu kämpfen, damit die Unterdrückten vom Joch der westlichen und östlichen Unterdrücker befreit werden.'

Eine neue Jeep-Ladung mit Freiwilligen in Sandalen und Halbschuhen trifft ein. Die beiden jüngsten Kämpfer sind 13 und 16 Jahre alt. Mohammed Falahsago aus Abaago bei Schiras, der ältere der beiden, trägt auf seinem Overall die Inschrift ‚Entweder Sieg oder Märtyrertum'. Er ist seit einem Monat auf dem Weg nach Kerbela. ‚Ich will mein Land befreien', sagt er. ‚Deshalb habe ich meiner Familie gesagt, auch jemand von uns muss in diesen Zeiten das Land und den Islam verteidigen.'

Kommandeur Arndi lobt ihn überschwänglich: ‚Ein Volk, dessen Jugend so stark und mutig ist wie diese, wird den Krieg nicht verlieren oder aufgeben. Es lebe Khomeini bis zum Jüngsten Tag.'

Mit diesen fanatisierten ‚Gotteskriegern' lässt sich nicht über politische oder ideologische Fragen diskutieren und schon gar nicht über den Tod. Der erscheint ihnen als besonders erstrebenswert, da er augenblicklich den Eintritt in den Himmel eröffnet. ‚Angst', sagt der 13-jährige Basidsch, ‚gibt es für mich nicht, Angst ist der Bruder vom Tod.'

Bei den Älteren aber setzt sich doch Realismus durch. Viele der altgedienten Offiziere haben ihr Handwerk gelernt, als die Jungen noch gar nicht geboren waren. In Einzelgesprächen unter vier Augen und ohne den sonst allgegenwärtigen Mohammed vom Religionsministerium erfährt man schnell, dass die Armee am angestrebten Endsieg zweifelt.

Ein Offizier, der namentlich nicht genannt werden will: ‚Wir haben zu wenig Panzer und Flugzeuge. Da können wir noch so tapfer gegen Iraker kämpfen, die uns in dieser Hinsicht nicht nachstehen. Der Irak besitzt jetzt die Luftüberlegenheit.'

Fieberhaft versucht der Iran auf allen internationalen Märkten und bei Ölkunden Waffen aller Art zusammenzukaufen. Munition und Handfeuerwaffen kommen aus Brasilien und Argentinien, Artilleriegranaten aus Nordkorea. Die Südkoreaner liefern Ersatzteile für den amerikanischen Panzer M 48. Das mussten sie erst kürzlich mit dem Verlust eines Frachters bezahlen, den eine präzise ‚Exocet'-Rakete der Iraker vor Bandar-i-Khomeini auf Grund setzte. Syrien und der Südjemen liefern sowjetische Kalaschnikows.

Die Konflikte zwischen der kriegsmüden Armee und den Pasdaran wachsen Tag für Tag. Dazu kommt, dass die selbstbewussten Revolutionswächter das Feuer schüren, indem sie immer mehr Rechte beanspruchen, die bislang alleinige Domäne der Armee waren. Derzeit bauen sie mit erbeuteten Sowjetpanzern aus irakischem Besitz sogar eine eigene Panzerbrigade auf. Auch der im Libanonfeldzug der Israelis erstmals geknackte T 72 wird zu dieser Pasdaran-Einheit gehören.

‚Es sind und bleiben irregeleitete Fanatiker', erklärt ein iranischer Offizier mit immer leiser werdender Stimme, ‚sollen sie doch allein nach Kerbela geben. Viel Glück dazu.'"

(Frontbericht des Autors, erschienen im Nachrichtenmagazin „Der Spiegel", Ausgabe 5/83).

Der erste Golfkrieg dauerte von 1980 bis 1988. Es war nicht nur ein ungeheures Gemetzel zwischen den entfremdeten Brüdern vom Golf. Es war auch ein amerikanischer Krieg, der zwei Todfeinde Israels lange Zeit blockierte. Nur, das wussten auf Jahre hinaus nur die Kulissenschieber in Washington.

Warum kam es überhaupt zu diesem von außen provozierten, an sich grundlosen Abschlachten? Die historische Frage, wer den ersten Golfkrieg begonnen hat, ist bis heute ungeklärt. Die Iraker sprechen von zahlreichen iranischen Provokationen, von regelrechten Grenzgefechten.

Für sie startete der Golfkrieg Nummer eins am 4. September 1980. Saddam Hussein verfügte damals über 200 000 Mann. Ihr Ausbildungsstand konnte als relativ gut bezeichnet werden. Sie setzten 2 850 Panzer und 332 Kampfflugzeuge ein. Der Irak befand sich auf dem Höhepunkt seiner wirtschaftlichen Stärke.

Für die Iraner und den Rest der Welt begann die Auseinandersetzung am 22. September 1980. In einem Überraschungsangriff besetzten die aggressiven Iraker 4 126 Quadratkilometer iranischen Territoriums. Saddam Hussein erreichte genau das Gegenteil von dem, was er beabsichtigt hatte: Er stabilisierte das noch junge Khomeini-Regime. Eine Welle von Patriotismus erfasste das 43-Millionen-Volk. Während die natürlich national gesinnten Streitkräfte im Westen engagiert waren, konnten die Mullahs im Kernland nach und nach jegliche Opposition ausschalten.

Damals verfügte der Iran über 1 985 Panzer und 447 Kampfflugzeuge. Das Großgerät war aber nur bedingt einsetzbar, weil Ersatzteile und Nachschub fehlten. Der Mangel ließ sich nur mit sehr viel Geld beheben, und das konnte nur eine intakte Wirtschaft beschaffen. Der Wendepunkt war erreicht, denn die Ökonomie erholte sich zusehends von der Revolution. Erlöse aus den Ölverkäufen füllten die Kriegskasse. Das war wichtig, da die Iraner ab sofort pro Jahr rund 1,5 Milliarden Dollar für den Krieg ausgeben mussten.

Der anfängliche irakische Siegeszug wurde schon nach drei Monaten gestoppt. Die erste Gegenoffensive der Iraner, im Januar 1981, endete mit einer schweren Niederlage der Verteidiger. Dafür konnten die Perser den Irakern im März 1981 hohe Verluste beibringen. Mit drei groß angelegten Offensiven gelang es Khomeinis „Gotteskriegern" zwischen November 1981 und März 1982 die Angreifer fast in allen Frontabschnitten über die 1 300 Kilometer lange, gemeinsame Grenze zurückzuwerfen.

Für den Großteil des längsten konventionellen Krieges im letzten Jahrhundert standen sich die feindlichen Heere hinter Erdwällen, mit einem Netz von Bunkern und Schützengräben gegenüber. Irakischen Eltern wurde für jeden gefallenen Sohn eine finanzielle Abfindung, ein Haus und ein Auto versprochen. Auf iranischer Seite zählte der Anreiz mit dem Platz im Paradies. Im Sommer 1988 endete der Krieg ohne Sieger. Der Irak des Saddam Hussein war nahezu pleite, und im Iran herrschte immer noch ein zutiefst frustrierter Khomeini.

Donald Rumsfeld versprach „Hilfe aller Art"

Nachdem Washington vom Teheraner Regime durch die Botschaftsbesetzung ungeheuer gedemütigt worden war, stand es von Anfang an hinter den irakischen Kriegstreibern. Angeblich ermutigten die USA Saddam sogar, dieses unüberschaubare militärische Abenteuer zu beginnen. Die seit 1967 gestoppten diplomatischen Beziehungen zwischen den beiden Staaten wurden 1984 wieder aufgenommen. Schon bald reiste Donald Rumsfeld, der Nahost-Beauftragte seiner Regierung, an und versprach Hilfe aller Art. Die Amerikaner lieferten Geheimdienstinformationen über den Iran, versuchten den Waffenboykott gegen Teheran weltweit durchzusetzen und, im letzten Kriegsjahr, sogar einen Ölboykott. US-Einheiten im Persischen Golf griffen dazu auch in die Kampfhandlungen ein.

CIA-Direktor William Casey handelte selbst das Geheimdienst-Abkommen mit Saddams Halbbruder Barzan im Jahre 1982 in Amman aus. Er reiste mehrfach nach Bagdad, um zu sehen, wie die Kooperation funktionierte. Erstaunt stellten Insider fest, dass der CIA-Stationschef in Bagdad de facto auch die Funktion des noch nicht akkreditierten Botschafters einnahm. Auch später, als die USA offiziell vertreten waren, soll der lokale CIA-Resident die wichtigere Funktion bekleidet haben. Er wurde bei allen bedeutenden Offensiven konsultiert und übte immensen Einfluss aus.

Die CIA beschützt Saddam Hussein

Saddam Hussein kannte die CIA eigentlich nur als höchst fürsorgliche Einrichtung. Seine ersten Eindrücke von den Geheimen aus dem Nest Langley im Washingtoner Umland reichen bis 1959 zurück. Damals versuchte der junge Heißsporn, seit zwei Jahren Mitglied der nationalistischen Baath-Partei, zusammen mit anderen Aktivisten den seit einem Jahr herrschenden irakischen Regierungschef General Abdul Karim Qassem zu ermorden. Der Anschlag misslang, und Saddam musste flüchten. Drei Jahre lang lebte er im ägyptischen Exil. Dabei besuchte er ungewöhnlich häufig die amerikanische Botschaft in Kairo. Der Hintergrund: Saddam Hussein wurde von der CIA betreut und beschützt, für größere Aufgaben zurückgehalten.

Als Qassem 1963 die Mitgliedschaft seines Landes im prowestlichen Bagdad-Pakt aufkündigte und mit neuen Freunden in Moskau liebäugelte, am Ende sogar noch amerikanische Ölinteressen verletzte, war Schluss mit Washingtons Toleranz. James Critchfield, ein ehemaliger Armeeoberst des Zweiten Weltkriegs, der nachher zur CIA gewechselt war, stand nun dem Referat für Nahost und Südasien in Langley vor. Er bekam den Auftrag, Qassem zu stürzen, um im Irak wieder für Ordnung zu sorgen. Der alte Haudegen ging mit Enthusiasmus an die Sache. Er sicherte sich die Unterstützung der Baath-Partei und organisierte für Februar 1963 einen neuen Coup d'État. Dabei wurden Qassem und, weil die Gelegenheit gerade passend war, zahlreiche von der CIA identifizierte Kommunisten getötet.

Den Putsch kommandierte General Ahmad Hassan al-Bakr, der gerade wieder aus dem Gefängnis entlassen worden war. Er hatte wegen seiner Feindschaft gegen Qassem eingesessen. Bakr schickte vier Hunter-Hawker-Kampfjets, die den Amtssitz Qassems im Verteidigungsministerium bombardierten. Autor Con Coughlin in seiner Saddam-Hussein-Biographie: „Die Kämpfe dauerten zwei Tage an, im Zentrum Bagdads gab es Hunderte von Toten und Verwundeten, dann kapitulierte Qassem. Nach einer kurzen Verhandlung wurde er hingerichtet; eine Stunde nach seiner Kapitulation war er bereits tot. Um die Öffentlichkeit des Landes zu überzeugen, dass der Präsident tot war, zeigte man im Fernsehen wiederholt die mit Einschüssen übersäte Leiche."

Samir al-Khalil beschrieb das sehr detailliert in seinem Standardwerk „Republic of Fear": „Jeden Abend [...] wurde die Leiche im Studio auf einen Stuhl gesetzt und ein Soldat deutete auf die Einschüsse. Dann zeigte die Kamera Szenen der Verwüstung im Verteidigungsministerium. Danach folgten wieder Bilder aus dem Studio mit Nahaufnahmen der Ein- und Austritte der Kugeln in der Leiche, und am Ende dieser makabren Bildsequenz kam eine Szene, die jeder, der sie gesehen hat, nie mehr vergessen wird: Der Soldat packte den herabhängenden Kopf an den Haaren, näherte sich und spuckte dem Leichnam kräftig ins Gesicht."

Der lange, gerade Weg in das Präsidentenamt

Critchfield, der nach der Gründung der CIA 1948 vorwiegend alte – und noch brauchbare – Nazigrößen betreut hatte, sprach auch Jahre nach dem Putsch von einem „großen Sieg". Nun kehrte auch Saddam Hussein wieder an den Tigris zurück und mischte ab sofort kräftig mit. 1968 war er vorne dran, als die Baath-Partei die Macht ergriff. In den siebziger Jahren hatte er es bereits zum Vizepräsidenten gebracht und steuerte de facto das Land. 1979 übernahm Saddam Hussein die Geschäfte des gesundheitlich angeschlagenen Bakr. Nun hatte er freie Hand für seine Kriegs- und Machtpolitik.

Unterstützung aus dem Weißen Haus war ihm auch dabei sicher. Das ging so weit, dass sich nicht nur Rumsfeld, sondern sogar Ronald Reagan und sein Vize George Bush senior um Saddam kümmerten. Laut einer eidesstattlichen Erklärung von Howard Teicher, der damals im Nationalen Sicherheitsrat saß, beobachtete Washington mit Sorge die militärischen Erfolge der Iraner. Daraufhin sandte Reagan eine geheime Nachricht nach Bagdad. Er riet Saddam, den Luftkrieg gegen den Iran zu verstärken. Der Brief wurde durch Bush und über den ägyptischen Präsidenten Mubarak an den Empfänger gebracht. Irgendwann soll Reagan sogar seinen Arzt nach Bagdad geschickt haben, um Saddams lädierten Rücken zu behandeln.

Amerikanische AWACS-Aufklärungsflugzeuge, die von Riad aus den Persischen Golf überflogen, meldeten alle Informationen über die Aktivitäten der iranischen Luftwaffe. Frühwarnerkenntnisse halfen den Irakern, geplante Massenangriffe mit Menschenwellen bereits in den Jahren 1983 und 1984 rechtzeitig zu erkennen und abzuwehren.

Nachdem die Iraner ihre häufig angegriffenen Ölverladeanlagen von der Insel Kharg zur weit entfernten Insel Sirri ausgelagert hatten, gelang es den Irakern mit Hilfe amerikanischer Satellitenaufnahmen, auch dort zu bombardieren. Sie benutzten die Hälfte ihrer Mirage-Flotte zur Luftbetankung der angreifenden Bomber.

Schon in den siebziger Jahren hatten die Amerikaner dezent und diskret mehr eigene Waffen in den Irak geliefert als Europa und die Sowjetunion zusammen. Dabei tauchten die Konkurrenten stets als maßgebliche Lieferanten in den Statistiken und Analysen auf. Washington wollte nicht zuletzt den geschätzten Alliierten in Teheran, Schah Reza Pahlevi, zu umfangreichen Waffenkäufen animieren, um die Balance zwischen den ungleichen, traditionellen Rivalen vom Golf hochzuhalten.

Nach dem Abgang des rigorosen Gewaltherrschers befürchteten die Amerikaner, ein relativ hilfloser Iran könne die Begehrlichkeit der Sowjets wecken. Also konzentrierten sie sich umso mehr auf die unmittelbare Region. Carters Sicherheitsberater Zbigniew Brzezinski, ein führender

Kommunistenhasser, soll als erster US-Politiker die Iraker getroffen haben.

Die Waffen wurden zuerst noch verschämt über den Zwischenhändler Sarkis Soghanalian verschoben, einem Libanesen mit Sitz in Florida. 1980 schaffte er es sogar, einen Deal über den Kauf von 60 Hughes-Kampfhubschraubern genehmigt zu bekommen. Die international geächteten Schmuddelkinder aus Bagdad witterten Morgenluft. Sie begannen, eine proirakische Lobby in Washington aufzubauen.

Die USA finanzieren Saddams Rüstung

Die Amerikaner wussten, dass sich der Irak mit dem Iran-Krieg übernommen hatte und dass sie daran nicht unschuldig waren. Also griffen sie tief in die Tasche und finanzierten das Land auf eine besonders harmlose Weise. Das Außenministerium bat beim Landwirtschaftsministerium um Amtshilfe. Dort gab es ein kaum bekanntes Programm, um amerikanischen Getreideexporteuren bei ihren Aktivitäten in der Dritten Welt zu helfen.

Im Dezember 1982 genehmigte die „Commodity Credit Corporation“ (CCC), ein Ableger des Landwirtschaftsministeriums, 300 Millionen Dollar für irakische Einkäufe von amerikanischem Weizen und Reis. Jetzt waren auch die Farmer des Mittleren Westens mit an Bord, eine mächtige Lobbyistengruppe. Sie konnten ihre vollen Lager leeren, und die Iraker entgingen einer von mehreren Fehlernten möglicherweise verursachten Hungersnot, die sich sehr ungünstig auf die Kriegsmoral ausgewirkt hätte. Das konnte dem Weißen Haus in seiner Irakpolitik nur helfen.

Nun gehörte Saddams Reich zu den bevorzugten Handelspartnern. Um diesen Schritt gegenüber allen Skeptikern begründen zu können, tilgte die US-Regierung den Irak von der Terrorismus-Liste des State Department. Ein einmaliger Vorgang. Ende 1983 hatte die Kreditlinie des Kriegstreibers bereits eine Milliarde Dollar erreicht. Denn: Die Amerikaner lassen keinen fallen, der an ihrer Stelle ohne Bedenken auf das Schlachtfeld zieht.

In jener Zeit gingen Saddams Fachkräfte hochgefährlichen Interessen nach. In den „Düngemittelfabriken" von Samarra und Salman Pak ging es vorwiegend um chemische und biologische Kampfstoffe, mit denen die Iraner „wie Ungeziefer" vertilgt werden sollten. Auffallend viele deutsche Firmen beteiligten sich an der Schaffung dieser zweifelhaften Industrie. Die Iraker bedienten sich aber auch auf dem amerikanischen Markt.

Zuerst setzten sie einen Landsmann ein, den Chef der Al Haddad Brothers Trading Company in Nashville. Sahib al-Haddad verschiffte bereits landwirtschaftliche Produkte in den Irak. Nun beschaffte er auch Grundstoffe für hochgiftige Chemiewaffen wie Sarin. Im Dezember 1983 begann die irakische Armee, die iranischen Menschenwellen des Golfkrieges mit Senfgas zu stoppen. Am Ende fielen ihm Hunderttausende iranische Kinder und Jugendliche zum Opfer.

Nun brachen alle Dämme. Die Amerikaner lieferten Waffen und Ersatzteile für den direkten Kriegseinsatz. Der Irak hatte amerikanische Panzer, Geschütze, Haubitzen und Raketenwerfer bei den Iranern erbeutet. Um sie gegen ihre ehemaligen Besitzer zu richten, benötigte man aber Bauteile, die dringende Reparaturen ermöglichten. Die Ware lief über Ägypten, dessen Streitkräfte dieselbe Ausrüstung nutzten. Also fielen die Lieferungen nicht weiter auf. Die Iraker übergaben Sowjet-Kriegsgerät, beispielsweise den vom Westen dringend gesuchten neuen Kampfpanzer T-72/B-46, auch als T-80 bekannt. Solche Transaktionen halfen mit, Washingtons Entscheidungsträger milde zu stimmen.

Rumsfeld erfüllte Saddams Wünsche

Im Dezember 1983 kam es zu einem historischen Besuch. Der Nahost-Beauftragte der Regierung Reagan, Donald Rumsfeld, flog nach Bagdad, um die Wiederaufnahme der diplomatischen Beziehungen vorzubereiten. Saddam Hussein appellierte an die US-Delegation, den illegalen Fluss amerikanischer Waffen an den Iran zu stoppen. Rumsfeld versprach, sein Möglichstes zu tun. „Operation Staunch" lief an. Die Amerikaner setzten ihre Hauptkunden – Israel,

Türkei und die NATO-Staaten – unter Druck, ab sofort keine Waffen oder Ersatzteile mehr nach Teheran zu liefern. Rumsfeld und Co hatten Saddams Herzenswunsch erfüllt.

Im folgenden Jahr durfte Sarkis Soghanalian wieder einen Deal vermitteln. Die Iraker kaufen 48 Hubschrauber des Typs Bell Textron 214-ST und deklarierten diese wider besseres Wissen aller Fachleute als Zivilprodukt. Der Transfer verlief reibungslos, weil ihn der stellvertretende Verteidigungsminister Richard Armitage persönlich unterschrieben haben soll.

Anfang 1985 starteten die Iraker zu ausgiebigen Shoppingtouren für technische Geräte, mit denen sich Rüstungslabors betreiben ließen. Niemand stoppte die sensitiven Deals, auch wenn deren exakter Zweck bekannt war. So durfte es auch keinen wundern, dass sich das Land zwischen Tigris und Euphrat zu einer Giftküche entwickelte, dass weit reichende Scud-Raketen gebaut worden und Saddam am Ende sogar an einer gewaltigen Super-Kanone werkeln ließ.

Amerikanische Firmen nahmen das Zweistromland ins Visier. Mit Rückenwind aus dem Weißen Haus lieferten sie alles, was bisher verboten war. Allein 1985 verkauften sie Technik für 700 000 Dollar an die Rüstungsfabrik Saad 13. Sie schickten Zünder für hoch entwickelte Bomben im Wert von 161 550 Dollar. Das Handelsministerium hatte keine Einwände und verließ sich blind auf die Richtlinienkompetenz im State Department. Saddam Hussein war der lachende Dritte.

Zu den regelmäßigen Handelsmessen in Bagdad reiste das komplette Who is Who der amerikanischen Wirtschaft an. Dem US-Irak-Wirtschaftsforum gehörten im Ölbereich Amoco, Exxon, Hunt Oil, Mobil, Occidental und Texaco an. Zu ihrem interessierten Umfeld zählten AT & T, Bechtel, Brown & Root, Caterpillar, Bankers Trust, General Motors, Comet Rice, BMY, Bell Textron, Lockheed, United Technologies Corporation. Die proirakische Lobby wuchs in Rekordtempo, und keiner sprach von Menschenrechten, von einem Unrechtsregime, von einem blutrünstigen Diktator oder gar den Folgen des schmutzigen Krieges gegen den Iran.

Marshall Wiley, ein früherer US-Botschafter im Oman und späterer Wirtschaftslobbyist in Washington, wird von dem Autor Kenneth R. Timmermann zitiert: „Im Nahen Osten gibt es viele brutale Leute, die Länder regieren, aber das ist doch kein Grund, den Handel mit ihnen zu stoppen. Wenn wir unsere Verkäufe auf Länder beschränken würden, die unsere Einstellung zu Menschenrechten teilen, dann müssten wir die Geschäfte auf Nordamerika, Europa und ein paar andere Orte beschränken." Der skrupellose irakische Diktator war eine positive Figur, solange er die verhassten Iraner dezimierte. Da nahm Washington sogar die Förderrolle Bagdads für den arabisch-palästinensischen Terrorismus hin.

Während nicht nur die Amerikaner, sondern auch der Großteil aller europäischen Staaten sorglos den Irak militärisch hochpuschten, entstanden zwischen 1983 und 1986 jene Anlagen für Massenvernichtungswaffen, deren Existenz später als Alleingänge verbrecherischer Firmen und verantwortungsloser Geschäftsleute dargestellt wurde. Die US-Firma „American Type Culture Collection“ (ATCC) beispielsweise erhielt problemlos Exportgenehmigungen für lebensgefährliche Erreger. Noch 1988 lieferten sie elf Stämme, unter ihnen vier Typen von Milzbrand-Erregern, an die Abteilung für technische und wissenschaftliche Importe des irakischen Handelsministeriums.

Der Irak kaufte von ATCC in den achtziger Jahren insgesamt 36 Linien zehn verschiedener Pathogene. Das Unternehmen besitzt die weltgrößte Sammlung von Erregerlinien, unter ihnen Variationen von Botulinum und Anthrax, aus denen die USA bereits Jahrzehnte vorher Biowaffen entwickelt hatten. Bis Mitte der neunziger Jahre produzierte der Irak, wie Saddams Behörden 1995 gegenüber UN-Kontrolleuren einräumten, 19 000 Liter Botulinumtoxin, 8 500 Liter Anthrax und 2 400 Liter Alfatoxin, einen gefährlichen Krebserreger. Die Entwicklung von biologischen Waffen wurde nach dem Einmarsch der Iraker in Kuwait sogar noch um ein Mehrfaches intensiviert.

UNSCOM berichtete im Oktober 1995 dem UN-Sicherheitsrat: „Das irakische Biowaffenprogramm [...] umfasste ein breites Spektrum von Erregern und Waffentypen. Zu diesen Erregern im irakischen Biowaffenprogramm gehörten tödliche Erreger wie Milzbrand, Botulinumtoxin und Rizin sowie kampfunfähig machende Erreger wie Alfatoxine, Mykotoxine, das die hämorrhagische Konjunktivitis verursachende Virus und das Rotavirus. Das Spektrum der biologischen Kampfstoffe, mit denen sich der Irak befasste, beinhaltete sowohl Antipersonen- wie Antiobjektwaffen."

Die Regierung in Bagdad erklärte damals unisono, alle Bestände an Biowaffen seien 1991 zerstört worden. Das erschien zweifelhaft, weil es an wirklichen Beweisen fehlte. Ähnlich sah es bei den chemischen Waffen und bei dem umfangreichen Raketenprogramm aus. Saddam Hussein träumte sogar von der Atombombe. Seine Techniker fingen an, die Weichen zu stellen.

Eigentlich hätte es immer so weitergehen können. Eine der ersten Amtshandlungen des neuen Präsidenten George Bush senior, 1989, war ein klares Veto gegen die Irak-Sanktionen. Die neue Administration bemühte sich von Anfang an, die Geschäfte mit dem Irak zu fördern. Eine Erklärung des Weißen Hauses ermunterte sogar zu verstärkten Beziehungen mit Bagdad und zu noch mehr Handelskontakten.

1989 kletterte die Handelsbilanz zwischen den USA und dem Irak über die Drei-Milliarden-Dollar-Marke. Für 1990 war die Voraussage sogar höher – hätte es nicht die Kuwait-Invasion gegeben. Damit fing alles Unglück für das Gewaltregime in Bagdad an.

Massenvernichtungswaffen und Invasionspläne

Es ging damit los, dass April Glaspie mit ihrer Mutter und ihrem Hund von Damaskus nach Bagdad zog. In der syrischen Hauptstadt war sie die Vertreterin des US-Botschafters gewesen, für Bagdad wurde sie zur neuen Botschafterin ernannt. Sie kümmerte sich gleich vehement um die florierenden Handelsbeziehungen und kämpfte um Exportgenehmigungen, wenn eine Heimatbehörde Bedenken äußerte, hochgefährliche Rohstoffe oder bereits fertige Waffen an einen derart unsicheren Kantonisten zu liefern.

Dann überschlugen sich die Ereignisse. Am 5. Dezember 1989 testete der finanziell schwer angeschlagene Golfstaat seine erste Langstreckenrakete. Das historische Ereignis fand im Anbar-Weltraum-Forschungszentrum nahe Kerbela statt. Die neue Rakete wurde „Al Abid" getauft, der Gläubige. Der dreistufige, 25 Meter hohe und 48 Tonnen schwere Flugkörper konnte eine Strecke von 2 000 Kilometer zurücklegen. Eine weitere Rakete namens „Tammuz" (Juli, der Revolutionsmonat) schien ebenfalls einsatzbereit zu sein. Nun kam die Regierung Bush erstmals ins Grübeln.

Nach und nach trafen immer mehr Details der irakischen Aufrüstung bei den westlichen Geheimdiensten ein. Saddam Hussein lieferte selbst eine Bestätigung, als er am 2. April 1990 vor hochrangigen Militärs sprach. Er lobte die Ergebnisse der Rüstungsindustrie, vor allem im Bereich chemischer Waffen. Einige Sätze seiner Rede ließen aufhorchen: „Wenn Israel irgendetwas gegen den Irak unternimmt, dann werden wir dafür sorgen, dass das Feuer die Hälfte dieses Landes vernichtet. Wer uns mit der Atombombe bedroht, den rotten wir mit chemischen Waffen aus." Das mochte arabische Prahlerei gepaart mit Waffennarretei sein. Es konnte sich aber auch um die Worte eines Mannes handeln, den die faktische Niederlage im Krieg gegen den Iran in die Enge gedrängt und verwundbar gemacht hatte.

Es war eine Zeit der Widersprüche. In den letzten Apriltagen des Jahres 1989 endete der Fastenmonat Ramadan, und Präsident Bush schickte eine freundliche Note an seinen Kollegen in Bagdad. Bush stellte fest, dass „das Band zwischen den Vereinigten Staaten und dem Irak zum Frieden und zur Stabilität im Nahen Osten" beitrage.

Im Mai fingen die amerikanischen Dienste Informationen auf, die eine bevorstehende Invasion in Kuwait vermuten ließen. Andere Quellen sprachen dagegen von einem geplanten Angriff der Iraker auf Israel. Im Weißen Haus betrachtete man beide Alternativen mit Skepsis.

Ende Mai tagten die Staatschefs, Präsidenten und gekrönten Häupter der Arabischen Liga in Amman. Auch Saddam reiste mit einer Delegation an. Während der Sitzung attackierte er seine Kollegen. „Ihr fördert zu viel Öl", schimpfte er in die Runde, „und tragt dazu bei, dass der Barrelpreis so niedrig ist. Jeder Preissturz um einen

Dollar pro Barrel bedeutet für den Irak den Verlust von einer Milliarde Dollar pro Jahr. Das ist ein regelrechter Wirtschaftskrieg, den ihr gegen mein Land führt."

Saddam beschuldigte den gleichfalls anwesenden Emir von Kuwait, Jaber el-Sabah, den Irak zu bestehlen: „Die von der OPEC festgesetzten Quoten sahen für Kuwait eine Tagesproduktion von 1,5 Millionen Barrel vor. In Wahrheit hat Kuwait täglich zu unserem Schaden 2,1 Millionen Barrel gefördert. Der Irak will aber wieder in der Situation von 1980 sein, vor dem Krieg gegen den Iran. Kurzfristig brauchen wir dringend zehn Milliarden Dollar und die Tilgung der Darlehen von 30 Milliarden Dollar, die uns Kuwait, Saudi-Arabien und die Vereinigten Arabischen Emirate während des Krieges gewährt haben. Das, Brüder, muss einmal ganz klar ausgesprochen werden, denn heute geht es um einen anderen Konflikt."

Der „andere Konflikt" nahte, als Saddam am 17. Juli, dem Revolutionstag, noch deutlicher wurde: „Wenn Worte scheitern, um uns zu schützen, dann haben wir keine andere Wahl, als uns in eine Aktion zu flüchten, um die Dinge wieder zurechtzurücken und unsere Rechte wiederherzustellen." Nun setzten sich die Panzer- und Lastwagenkolonnen Richtung Süden in Bewegung – zu den arroganten Kuwaitern, die dem Irak nach Saddams Rechnung Öl im Wert von 2,4 Milliarden Dollar „gestohlen" hatten.

Die Botschafterin und der Präsident

Am 25. Juli 1990 bat Saddam die amerikanische Botschafterin April Glaspie völlig überraschend in einen seiner Paläste. In einem langen Monolog erklärte er ihr die Welt. Spätestens als der Despot auf den kleinen Nachbarn Kuwait zu sprechen kam, hätte sie erkennen müssen, worum es ihm wirklich ging. Im Protokoll des Meetings heißt es dazu: „Der militärische Krieg tötet die Völker durch Ausbluten. Der Wirtschaftskrieg nimmt ihnen die Möglichkeit, ein besseres Leben zu führen. Sie wissen genau, dass wir Ströme an Blut vergossen haben in dem achtjährigen Krieg, aber wir haben nicht unsere Menschlichkeit verloren. Die Iraker haben das Recht, in Würde zu leben. Wir lassen nicht zu, dass an der irakischen Ehre gerüttelt wird und am Recht der Iraker, ein würdevolles Leben zu führen. Kuwait und die Vereinigten Arabischen Emirate haben sich an die Spitze dieser Politik der Erniedrigung des Irak gesetzt. Sie verhindern, dass das irakische Volk ein höheres Lebensniveau erreicht. Wie Sie sicher wissen, waren unsere Beziehungen zu den Emiraten gut. Aber Kuwait hat sich, während wir den Krieg führten, zu unseren Lasten territorial ausgebreitet."

Saddam beklagte die strategischen Aktivitäten der Kuwaiter im grenznahen Bereich. Er meinte vor allem die Ausbeutung grenzüberschreitender Ölfelder.

„Es macht keinen Sinn“, lamentierte er weiter, „von unserem Volk zu verlangen, acht Jahre lang Ströme von Blut zu vergießen, und ihm dann zu sagen: Jetzt müsst Ihr die Aggression Kuwaits ertragen oder der Vereinigten Arabischen Emirate oder der Vereinigten Staaten oder gar Israels. Wir scheren nicht alle über einen Kamm.“

Saddam wusste ganz genau, dass der Irak mit dem Rücken zur Wand stand. Aus einem der reichsten Länder der Erde war eines der ärmsten geworden. Das Land hatte sich durch den Krieg mit dem unbeugsamen Iran selbst ruiniert. Das Regime saß auf 80 Milliarden Dollar Schulden. Der Wiederaufbau wurde mit 230 Milliarden Dollar kalkuliert. Die Jahreseinnahmen aus der Ölproduktion, 13 Milliarden Dollar, deckte die Ausgaben des Staates nicht.

Grünes Licht aus Washington

April Glaspie antwortete überaus diplomatisch und wollte sichtlich die Wogen glätten. Die Botschafterin versicherte ihrem Gastgeber, dass es keinen amerikanischen Wirtschaftskrieg gegen den Irak geben und dass sich Washington auch nicht in die für den Irak zunehmend wichtige Preisgestaltung beim Erdöl einmischen werde. Die wichtigste Passage folgte unmittelbar danach: „Wir wollen zu den innerarabischen Konflikten keine Position beziehen, beispielsweise zu Ihrem Konflikt mit Kuwait. Ende der sechziger Jahre war ich auf Posten in Kuwait. Unsere damaligen Instruktionen hießen, keine Meinung zu Problemen zu äußern, die Amerika betrafen."

Saddam Hussein holte noch einmal aus: „Ich hatte meine Emissäre nach Kuwait und in die Emirate geschickt, um zu erinnern, dass unser Krieg auch dazu beigetragen hat, sie zu verteidigen. Deshalb kann ihre damalige Unterstützungsleistung jetzt nicht als Darlehen angesehen werden." Die Verhandlungen, fügte er hinzu, würden durch arabische Vermittlung bestens laufen und stünden vor einem positiven Abschluss.

Die Botschafterin gratulierte ihm. Der Diktator bewies, dass er einen Sinn für Dramaturgie hatte. Kuwait habe dem Vermittler, Ägyptens Präsident Hosni Mubarak, mitgeteilt, dass Iraks Truppen nur noch 20 Kilometer von der Grenze entfernt stünden. Saddam wörtlich: „Ich habe ihm gesagt, dass, um welche Truppen es sich auch handelt, einfache Polizei, die Grenztruppen oder die Armee, und welches auch immer ihre Aufgabe ist, er den Kuwaitern unser Wort geben könne, dass wir nichts gegen sie unternehmen werden, bevor wir mit ihnen geredet haben. Wenn wir dann bei dem Treffen feststellen, dass noch Hoffnung besteht, wird nichts passieren. Aber wenn wir nicht in der Lage sind, eine Verhandlungslösung zu finden, dann ist es nur normal, dass der Irak seine eigene Vernichtung nicht hinnehmen kann, selbst wenn die Weisheit mehr als jedes andere Denken gelten soll."

Der Despot von Bagdad hatte die Truppenkonzentration im Süden bagatellisiert. Inzwischen standen mehr als 30 000 irakische Soldaten bereit, dem Befehl zum Vormarsch zu folgen. Washingtons arabische Alliierte ignorierten die Situation ebenso. Es sei doch nur eine groß angelegte Erpressung, um am Ende zwei Inseln im Golf und ein Ölfeld zu erhalten. Entgegen den Warnungen der CIA, schlossen sich das State Department und der Nationale Sicherheitsrat den Beschwichtigungen aus dem Nahen Osten an.

Kurz danach, am 30. Juli, wurden bereits 100 000 Soldaten gezählt, dazu je 300 Panzer und schwere Haubitzen. In einer Sendung der BBC wurde am selben Tag der amerikanische Unterstaatssekretär für den Nahen Osten, John Kelly, zitiert. Er sagte: „Wir haben keinen Beistandspakt mit den Golfstaaten. […] Wir appellieren für eine friedliche Lösung aller Differenzen, und wir sind der Meinung, dass die Souveränität aller Staaten am Golf respektiert werden muss." Auf eine andere Frage antwortete Kelly, dass es im Falle einer irakischen Invasion keinen Beistandsvertrag und deshalb kein amerikanisches Engagement gäbe, Truppen gegen den Irak einzusetzen. Dieser erneute Freibrief wurde in Bagdad mit großer Freude vernommen.

Um zwei Uhr nachts rollten die Panzer

Ab 31. Juli 1990 saßen sich Unterhändler der beiden Staaten und hochrangige arabische Vermittler in der saudischen Hafenstadt Dschidda gegenüber. Die Gespräche scheiterten tags darauf an der Aggressivität der Kontrahenten, möglicherweise auch, weil die Kuwaiter nur über begrenzte Vollmachten verfügten. In der folgenden Nacht, gegen zwei Uhr, marschierte die irakische Armee in Kuwait ein. Die Herrscherfamilie flüchtete nach Saudi-Arabien. Sofort blockierten die Amerikaner alle erreichbaren Gelder beider Staaten. Moskau stoppte seine Waffenlieferungen an den Irak. Eine gemeinsame Erklärung der Russen und der Amerikaner forderte Bagdad zum Rückzug auf. Der Weltsicherheitsrat verabschiedete Resolution 660 und wiederholte diese Anweisung. Ohne Erfolg.

Saddams Generäle verloren keine Zeit. Am 4. August stellten sie eine neue Militärregierung für das besetzte Kuwait vor. Der UN-Sicherheitsrat verabschiedete daraufhin Sanktionen und ein Waffenembargo gegen den Aggressor. Um einen weiteren Vormarsch der irakischen Streitmacht nach Saudi-Arabien zu verhindern, verlegten die USA über Nacht 4 000 Soldaten und Kampfflugzeuge in das bedrohte Königreich.

Am 8. August verkündete Bagdad den Anschluss Kuwaits. Einen Tag später beschloss der Weltsicherheitsrat Resolution 662 und erklärte damit den Anschluss für null und nichtig. Am 10. August rief Saddam zum „arabischen Heiligen Krieg“ gegen westliche Truppen im Golf und zum Sturz des saudischen Regimes auf. Wenn westliche Soldaten angreifen würden, so der irakische Präsident, dann werde er Kuwait in ihren Friedhof verwandeln.

Auch weitere UN-Resolutionen und zahlreiche Drohungen von Seiten des Westens halfen nichts. Saddams Truppen setzten sich in Kuwait fest. Sie plünderten alles, was ihnen wertvoll erschien, und schafften es in den Irak. Die verbliebenen Kuwaiter wurden schikaniert, gefoltert, viele von ihnen in den Irak entführt. Sie blieben bis heute verschwunden. Das Leben in dem steinreichen Kleinstaat kam weitestgehend zum Erliegen. Es erschöpfte sich in irakischen Truppenbewegungen.

Auf der anderen Seite der Grenze, in Saudi-Arabien, wurde eine multinationale Streitmacht aufgebaut. Es begann am 7. August mit der 82. Luftlandedivision. „Operation Desert Shield“ (später „Desert Storm“), die größte amerikanische Militäroperation seit Vietnam, war angelaufen. Innerhalb von fünf Monaten gelang es den USA, einen beeindruckenden militärischen Aufmarsch zu organisieren. Unter dem Kommando des amerikanischen Generals Norman Schwarzkopf standen zum Jahreswechsel 1990/91 eine halbe Million Soldaten aus mehr als 28 Ländern bereit. Dazu kamen die stehenden Armeen der Golfstaaten. Insgesamt verfügte die Koalition in der gesamten Region über 30 Luftwaffenbasen und zwölf Häfen.

Die USA sandten das größte Kontingent von allen: 300 000 Männer und Frauen vor Ort und 130 000 im Anmarsch. Sie brachten mit sich mehr als 2 000 hochmoderne Panzer, 1 300 Kampfflugzeuge, 300 Hubschrauber und 70 Kriegsschiffe. Eine Ansammlung von Truppen, wie sie der Nahe und Mittlere Osten noch nie gesehen hatte. Die zweitstärkste Streitmacht stammte übrigens aus Großbritannien: 35 000 Soldaten, 163 Panzer, 48 Flugzeuge und 16 Schiffe.

Saddams Lage wurde immer prekärer. Er spielte mit seinen übermächtigen Gegnern Katz und Maus und wollte nicht einlenken. Auch eine letzte Chance, Direktverhandlungen mit den Amerikanern, ließ er im November 1990 ungenutzt verstreichen. Irgendwann war es zu spät, weil er nach regionaler Denkweise sein Gesicht verloren hätte, wenn die irakischen Truppen ohne den geringsten Geländegewinn abgezogen wären. Deshalb scheiterten letztlich auch Initiativen der arabischen Staaten und der Vereinten Nationen.

Am 17. Januar 1991 trat Präsident George Bush vor die Fernsehkameras: „Während ich Ihnen berichte, sind Luftangriffe gegen militärische Ziele im Irak im Gange. Wir sind entschlossen, Saddam Husseins atomares Bombenpotenzial zu zerstören. Wir werden auch seine chemischen Waffeneinrichtungen zerstören. Viel von Saddams Artillerie und Panzern wird zerstört werden. [...] Unsere Ziele sind klar: Saddam Husseins Truppen werden Kuwait verlassen. Die legitime Regierung Kuwaits wird wieder an ihren rechtmäßigen Platz gestellt, und Kuwait wird wieder befreit. Irak wird sich schließlich allen UNO-Resolutionen fügen, und dann, wenn der Friede wiederhergestellt ist, hoffen wir, dass Irak als friedliches und kooperatives Mitglied der Familie der Nationen leben wird und somit die Sicherheit und Stabilität im Golf fördert."

„Die Mutter aller Schlachten"

Am selben Tag wandte sich der uneinsichtige Despot von Bagdad an sein „großes irakisches Volk". Seine Diktion unterschied sich deutlich von der Rede des Widersachers in Washington: „Oh Söhne unserer ruhmreichen Nation, oh Menschen, wo Ihr auch seid, in Eurer Entschlossenheit, dem Bösen und seinen Urhebern, den Ungläubigen, ihren Dienern und ihren Verbündeten entgegenzutreten, um zwei Uhr in der Nacht vom 16. auf den 17. Januar haben die Feiglinge mit ihrem Verrat angegriffen, und der Satan Bush hat sein Verbrechen begangen, er und der kriminelle Zionismus, und die große Konfrontation, die Mutter aller Schlachten, hat begonnen zwischen dem Recht, das mit der Hilfe Gottes siegen wird, und dem Bösen, das mit Gottes Willen zerstört wird."

Wie immer, wenn er in Bedrängnis war, wurde der linke Nationalist von einer Stunde zur anderen religiös. Wenigstens sollte es so wirken.

Sechs Wochen lang bombardierten amerikanische und britische Jets bei 91 000 Einsätzen unzählige Ziele in Kuwait und im Irak. „Desert Storm" zählt zu den heftigsten Militärschlägen der Geschichte. Vor allem im Raum Basra wurde dabei die höchst umstrittene uranhaltige Munition eingesetzt. Insgesamt sollen US-Truppen mehr als 400 Tonnen dieser Geschosse abgefeuert haben.

Schwere gesundheitliche Schäden

Die Uranmunition hat, militärisch gesehen, zwei Vorteile. Zum einen wird sie aus einem Abfallprodukt, das bei der Gewinnung von Brennstäben für Kernkraftwerke anfällt, hergestellt, ist also besonders billig. Wegen des hohen spezifischen Gehalts des abgereicherten Urans durchschlägt sie zum anderen jede Panzerung.

Die Nachteile dieser Geschosse wiegen schwerer. Friedensaktivisten und Mediziner warnen, dass Uranmunition beim Aufprall Feinstaub freisetzt. Dieser kann in die Atemwege gelangen, sich in den Knochen ablagern und Krebs auslösen. Kritische Organe sind die Lunge und nachher die Knochenhaut. Nach einer Stellungnahme der Eidgenössischen Technischen Hochschule (ETH) in Zürich ist davon auszugehen, dass Uranmunition Reste von Plutonium enthält. Dabei ist die Strahlung rund 200 000 Mal höher als im Falle von Uran. Die Radiotoxizität wird als „rund eine Million Mal höher“ beschrieben.

Internationale Experten gehen davon aus, dass von den 697 000 US-Soldaten, die sich auf dem Höhepunkt des zweiten Golfkrieges in der Region befanden, mehr als 100 000 am so genannten „Golfkriegssyndrom“ auf Dauer erkrankten. Das kann zu Schäden an Leber und Nieren, zu Gedächtnisverlust und Fieberschüben sowie Geburtsdefekten führen.

Die Zahl der Krebspatienten nahm im südlichen Irak in den frühen neunziger Jahren dramatisch zu. Überdurchschnittlich häufig traf es Frauen und Kinder, was die irakische Propaganda geschickt zu nutzen verstand. Das Phänomen ist bis heute noch nicht endgültig untersucht. Letztlich spielt auch der Faktor eine Rolle, dass das strahlende Schwermetall dauerhaft Böden verseucht. Das radioaktive Material hat eine Halbwertzeit von 4,4 Milliarden Jahren.

Der sonst so martialische Irak hatte beim zweiten Golfkrieg keine Chance. Schon bald stand seine völlig überschätzte Streitmacht hilflos da. Keine Rede mehr von der sechststärksten Luftwaffe der Welt, von gefährlichen Massenvernichtungswaffen. Die Iraker ließen sich schlagen, antworteten nur gelegentlich mit Scud-Raketen, die in

Israel und Saudi-Arabien einschlugen. Darum war das Ende nahe, als am frühen Morgen des 24. Februar 1991 die Alliierten in einer breiten Front von 300 Kilometern von Saudi-Arabien aus den Irak angriffen.

Ein Verbrechen an der Umwelt

Zum Finale sorgte Saddam für eine besonders perfide Umweltkatastrophe. Irakische Soldaten zündeten beim Abzug aus Kuwait 730 Ölquellen an. Auf Monate hinaus verbrannte jeden Tag eine halbe Million Tonnen Öl. Zehntausende Tonnen Schadstoffe, viele von ihnen krebserregend, legten sich über die Arabische Halbinsel. Die Strände wirkten auf 450 Kilometer Länge wie asphaltiert. Der Himmel über den Ölfeldern von Ahmadi, Wafra, Makwa und Burkan färbte sich schwarz. Es sollte acht Monate dauern, bis internationale Experten die brennenden Riesenfackeln gelöscht hatten.

Am 26. Februar verließen die total demoralisierten irakischen Truppen fluchtartig das besetzte Kuwait. Schwer bepackt mit Diebesgut, steuerte eine letzte Kolonne unbewaffneter Militärfahrzeuge auf der Überlandstraße in Richtung Basra. Nördlich von Kuwait-City, bei Mitla, flogen amerikanische Piloten einen besonders blutigen Angriff auf die abziehenden Besatzer. In einer Linie stürzten sie sich wie Raubvögel auf die Iraker. Ein General soll die

Aktion später als „Tontaubenschießen“ bezeichnet haben. Innerhalb von Minuten wurden Hunderte von Fahrzeugen zerstört, die Insassen getötet. Damit war der Krieg zu Ende.

58 000 irakische Soldaten befanden sich nun in der Hand der Koalition. Acht Divisionen waren zerschlagen worden, nur noch sieben von 43 Divisionen einsatzfähig, ungefähr 150 000 Iraker gefallen. In nur 100 Stunden hatten die Befreier von Kuwait 73 700 Quadratkilometer erobert, einen kleinen Teil davon jenseits der Grenze im Südirak. Am 3. März unterzeichneten beide Seiten den Waffenstillstand.

Und wieder war der Sieg eine reine Auslegungssache. George Bush stellte in einer Rede die Befreiung Kuwaits fest. „Die irakische Armee ist geschlagen. Unsere militärischen Ziele sind erreicht. Es ist ein Sieg aller an der Koalition beteiligten Staaten, es ist ein Sieg der Vereinten Nationen, ein Sieg für die Menschheit, für Recht und Gesetz.“

„Irakisches Volk, du hast gesiegt“, erwiderte ihm Saddam Hussein, „der Irak hat den Sieg davongetragen. Der Sieg hat die Aura Amerikas zerstört, Reich des Bösen, des Terrors und der Gewalt.“

Da klafften die Kulturen auseinander. Denn: Nur ein toter Araber ist ein besiegter Araber. Saddam war absolut lebendig und sollte die Welt wie auch sein eigenes, unterdrücktes Volk weiterhin in Atem halten. Die Koalitionstruppen waren nicht bis Bagdad marschiert, um das Regime auszuwechseln. Dafür wurden sie später noch häufig kritisiert. Sie hätten es nicht gedurft, waren sie doch angetreten, um Kuwait zu befreien und nicht den Irak.

Für die Amerikaner geriet „Desert Storm" nicht zuletzt zu einer gewaltigen PR-Aktion. Hatten sie doch zeigen können, wozu ihre konventionell schier unbesiegbare Militärmaschinerie fähig war. Es gab nur noch eine Supermacht, und die begann angesichts dieser Tatsache von einer Neuen Weltordnung und einer „Pax Americana" zu fabulieren. Was Bush I noch vorsichtig umschrieb, sollte Bush II später ohne Rücksicht auf Verluste durchsetzen – den versuchten Griff nach der Weltherrschaft.

Als beinahe Frieden ausbrach
oder:
Make Love Not War

Bill Clinton und die fetten Jahre – Zweite Amtszeit im Zeichen von „Monicagate“ – Keine Amtsenthebung durch den Kongress – Terrorgefahr zeichnet sich ab

„Ein Mann spaziert am Canyon-Rand entlang, er rutscht ab, kann sich nicht mehr halten, fällt den Abhang hinunter. Unter ihm tut sich die Schlucht auf. In letzter Sekunde greift er einen Strauch, baumelt über dem Abgrund. Da löst sich das Wurzelwerk. Der Strauch hält nicht mehr, und der Mann ruft in seiner Verzweiflung: ‚Lieber Gott, warum gerade ich? Ich bin ein guter Mensch, liebe meine Familie, zahle meine Steuern.‘ Da antwortet eine Stimme: ‚Ich weiß auch nicht, mein Sohn, aber irgendetwas an dir behagt mir nicht.‘“

Bill Clintons Lieblingswitz

Bill Clinton musste zur Jahreswende 2000/2001 als Präsident abtreten. Je länger dieses historische Datum zurückliegt, desto stärker werden die Amerikaner erkennen, dass sie diesen charismatischen Frontmann geliebt haben, dass er ihnen ein besseres Leben beschert hat – ohne selbstinszenierte Kriege und Weltkonflikte, ohne Isolation und Spott. Der jugendliche Sonnyboy aus Arkansas war ein ausgewogener Genussmensch, manchmal zu sehr, eine Art Wiedergänger des unvergessenen John F. Kennedy. So geriet er antizyklisch, wurde aber auch unverwechselbar.

Worin liegt das Besondere an William Jefferson Clinton, dem 42. Präsidenten der USA? Er kam aus kleinsten Verhältnissen, wurde 1946 in einem weit entfernten Südstaatennest namens Hope geboren. Der leibliche Vater starb noch vor Bills Geburt bei einem Verkehrsunfall. Damals hieß der Junge mit Familiennamen Blythe. Sein Stiefvater bescherte ihm den Namen Clinton. Bill war stets ein guter Schüler und Student. Bald engagierte er sich in ersten öffentlichen Aufgaben. Im Juli 1963 besuchte er die Bundeshauptstadt mit einer Jugendgruppe aus Arkansas. Im Rosengarten des Weißen Hauses durfte er seinem Idol John F. Kennedy die Hand schütteln. Ein Erlebnis, das er nie vergessen sollte.

Für Clinton war rasch klar, dass auch er ein Regierungsamt anstreben würde. Der begabte Saxophonist aus der High-School-Band schrieb sich an der Georgetown University in Washington ein. Bald arbeitete er im Büro seines

Heimatsenators William Fulbright und unterstützte die Demokraten in Arkansas. 1968 schaffte er den ehrenvollen Sprung nach Oxford. Dadurch blieb ihm der Vietnamkrieg erspart, ein Fakt, der später noch politischen Ärger bereiten sollte. Der Jurist Clinton verbrachte seine restliche Studentenzeit an der Rechtsschule von Yale. Dort lernte er Hillary Rodham kennen. Die beiden heirateten 1975.

Als er seine Ausbildung abgeschlossen hatte, widmete er sich voll der politischen Karriere. Bill Clinton bemühte sich 1974 in seinem Staat Arkansas vergeblich um einen Sitz im Kongress. 1976 wurde er Generalstaatsanwalt, zwei Jahre später Gouverneur. Er war erst 32 Jahre alt. Noch drei Mal trat er zu Gouverneurswahlen an, bis er, der bundesweit Unbekannte, im Jahr 1993 die Demokraten nach zwölf Jahren Zwangspause wieder in das Weiße Haus führte.

Im Gegensatz zu seinen Vorgängern kümmerte sich Clinton bevorzugt um Innenpolitik. Das war die größere Herausforderung. Der Kleinstadtjunge brachte das katastrophale Haushaltsdefizit von 300 Milliarden Dollar auf einen Überschuss von 237 Milliarden. Er regierte in acht fetten Jahren und bescherte der Wirtschaft einen ungeahnten Aufschwung. Immer wieder ging er daran, Frieden für den Nahen Osten und für Nordirland zu organisieren. Bei den Palästinensern und Israelis scheiterte er kläglich, während sich seine Bemühungen in Ulster segensreich auswirkten.

Eine neue terroristische Herausforderung

Nur selten kam der Oberbefehlshaber der US-Streitkräfte in ihm durch. Clinton schickte US-Truppen zur Friedensmission auf den Balkan, ließ den Kosovo bombardieren. Im Frühjahr 1999 flogen Maschinen der NATO an 78 aufeinander folgenden Tagen 10484 Lufteinsätze gegen serbische Stellungen im Kosovo und in Serbien. Dabei kamen rund 500 zivile Opfer ums Leben.

Der Krieg ist längst vorbei, und die Amerikaner haben mit einem Aufwand von 330 Millionen Dollar eine ihrer weltweit größten Militärbasen errichtet, Camp Bondsteel bei Ferizaj. Bis zu 7000 Soldaten leben hier in einem festungsähnlichen Komplex. Ein Stein gewordenes Manifest der Doktrin, die nach globaler Präsenz verlangt.

Aber auch Bill Clinton blieb von der Geißel des Terrorismus nicht verschont. Bereits einen Monat nach seinem Amtsantritt bombten Islamisten das New Yorker World Trade Center. Der Anschlag wurde zu sehr als lokales Ereignis gewertet und zu wenig in einen weltweiten Kontext gestellt. Von Osama bin Laden war damals noch nicht die Rede.

1985 zerbombten rechte Milizionäre das Bundesverwaltungsgebäude in Oklahoma City. Arabische Fanatiker von Osama bin Ladens Al Qaida griffen 1998 die US-Botschaften in Nairobi und Daressalam an. In Kenia starben 213 Menschen, wurden 4500 verletzt. Bei dem

Selbstmordanschlag von Tansania waren elf Tote zu beklagen.

Der Präsident ordnete Gegenschläge an. Cruise Missiles trafen ein spartanisches Ausbildungslager der noch jungen Terrororganisation in den entlegenen Bergen von Afghanistan und richteten kaum Schaden an. Den charismatischen Veteranen des afghanischen Dschihad verfehlten sie knapp. Er schwor ihnen blutige Rache. In Khartoum zerstörten die Marschflugkörper eine Arzneimittelfabrik, die sie für einen Rüstungsbetrieb mit Terroranbindung hielten. Obwohl die Zeichen auf Sturm standen, kehrte in diesem Bereich für eine Weile Ruhe ein, und Bill Clinton blieb während der restlichen Amtszeit vom internationalen Terrorismus verschont.

Zwischendurch ordnete auch er die Fortsetzung der beinahe schon rituellen Luftangriffe auf den Schurkenstaat Irak an. Saddam Husseins Luftwaffe hatte wiederholt die Flugverbotszonen im Süden und Norden missachtet und die Waffeninspektionen der UN behindert. Bill Clinton, der mit Rückendeckung des Kongress handelte, befahl der US-Luftwaffe ein viertägiges Bombardement Bagdads. Diese Operation hieß „Wüstenfuchs". 400 Einsätze zerstörten Anlagen, zu denen UN-Waffenkontrolleure keinen Einlass gefunden hatten. Insgesamt wurden 97 Ziele angegriffen. Saddam gab sich unbeeindruckt. Der Despot erklärte den Irak zum Gewinner der Konfrontation: „Gott hat euch belohnt und eure Herzen erfreut mit der Krone des Siegers.“ Es beeindruckte Clinton nicht.

Wann immer er militärische Operationen anordnete, bäumten sich die Republikaner und die direkt Betroffenen auf. Das, so erklärten sie in seltsamer Einheit, sei nur ein Ablenkungsmanöver, um den Fall Lewinsky zu vertuschen.

Die Rede ist von einer der intensivsten und zugleich absurdesten Affären, die je einen amerikanischen Präsidenten geplagt haben. „Monicagate“, so das saloppe Kennwort, bescherte Bill Clinton am Ende sogar ein Amtsenthebungsverfahren. Das kam so:

Der Präsident erkannte, dass er von Monica Lewinsky, einer etwas pummeligen, zwanzigjährigen Praktikantin der Abteilung für Gesetzgebungsangelegenheiten des Weißen Hauses, Tochter reicher Eltern aus Beverly Hills, angehimmelt wurde. Das junge Mädchen zog alle Register und schaffte es, den versierten Frauenflüsterer zu beeindrucken. Mit der gebotenen Vorsicht trafen sie sich in Hinter- und Nebenzimmern des Weißen Hauses, drückten sich aneinander und hatten Sex.

In Monicas späterer Erinnerung klang das so: „Ich erinnere mich, dass ich ihn ansah und einen ganz anderen Menschen vor mir sah, als ich in ihm bis dahin kannte. Er wirkte so verletzlich und empfindlich. In seinen Augen lag so viel Zärtlichkeit und Liebe, aber auch Verlangen. Was mich verblüffte, war, dass er in diesem Moment so unbeschreiblich traurig wirkte.“ Die heimliche Beziehung zwischen den beiden dauerte 18 Monate, vom 15. November 1995 bis zum 24. Mai 1997.

Die Inquisition von Washington

Am Ende führte die Affäre zu einer langwierigen und überaus quälenden Untersuchung durch einen inquisitorischen Sonderermittler namens Kenneth Starr. In seinem Abschlussbericht hielt Starr fest: „Laut Miss Lewinsky hatten sie und der Präsident zehn sexuelle Begegnungen, acht während der Zeit ihrer Beschäftigung im Weißen Haus und zwei danach. [...] Miss Lewinsky sagte aus, ihre körperliche Beziehung mit dem Präsidenten schloss Oralsex ein, jedoch keinen Geschlechtsverkehr. Laut Miss Lewinsky übte sie Oralsex bei dem Präsidenten aus; er übte niemals Oralsex bei ihr aus. Zuerst ließ der Präsident die Ausübung des Oralsex Miss Lewinsky zufolge nicht beenden. Nach Miss Lewinskys Ansicht war seine Weigerung darauf zurückzuführen, ‚dass das Vertrauen noch nicht groß genug war, weil er mich noch nicht gut genug kannte.‘ Während ihrer letzten beiden sexuellen Begegnungen, beide 1997, ejakulierte er.“

Monica Lewinsky war verständlicherweise von allem, was in diesen eineinhalb Jahren auf sie einstürmte, emotional überfordert. Deshalb vertraute sie sich einer vermeintlichen Freundin an, Linda Tripp. Diese arbeitete im Pentagon und hasste Bill Clinton. Also bereitete es ihr kein Problem, die vertraulichen Informationen per Tonband aufzuzeichnen und an das Nachrichtenmagazin „Newsweek" weiterzugeben. Sie spürte den unwiderstehlichen Drang, alles zu enthüllen. „Er muss einfach dafür bestraft werden", versicherte die frustrierte Sekretärin ihrer journalistischen Gesprächspartnerin Lucianne Goldberg. „Mein Sensationsreporter-Herz schlägt höher", antwortete ihr Goldberg. Eine unglaubliche Lawine löste sich, und niemand konnte oder wollte sie aufhalten.

Nach ausführlichen Recherchen verließ „Newsweek" im letzten Moment der Mut, die Exklusivgeschichte über das Verhältnis zwischen dem Präsidenten und der Praktikantin zu veröffentlichen. Stattdessen kam der skrupellose Internet-Journalist Matt Drudge („Drudge Report") im Januar 1998 damit heraus. Bill Clinton trat auf die Bremse und versuchte, den unehrenhaften Vorgang zu vertuschen. Er stellte sich der Presse: „Ich möchte, dass Sie mir zuhören. Ich werde es noch einmal sagen: Ich hatte keine sexuellen Beziehungen zu dieser Frau, Miss Lewinsky. Ich habe nie jemanden aufgefordert zu lügen, kein einziges Mal. Niemals. Diese Behauptungen sind falsch."

Die Lügen des Präsidenten

Ähnlich klang auch die Grundsatzerklärung für First Lady Hillary. In ihren 2003 erschienenen Memoiren („Gelebte Geschichte") schilderte die spätere Senatorin die damalige Situation. Am 21. Januar 1998 habe er sie geweckt, um ihr mitzuteilen, es stünde etwas in den Zeitungen, das sie wissen müsse. Er habe eine Affäre mit einer jungen Praktikantin des Weißen Hauses gehabt und diese aufgefordert zu lügen, wenn sie dazu befragt würde. Es sei richtig, dass er sich mit der jungen Frau angefreundet habe. Er habe sich einige Male mit ihr unterhalten, und sie habe ihn um Hilfe bei der Arbeitssuche gebeten.

Hillary Clinton wörtlich: „Ich fragte Bill wieder und wieder nach der Geschichte. Er stritt jegliches unangemessene Verhalten ab, gestand jedoch ein, dass die junge Frau seine Aufmerksamkeit möglicherweise falsch interpretiert haben könnte. Ich werde nie wirklich begreifen, was an jenem Tag im Kopf meines Ehemanns vorging. [...] Warum er glaubte, mich und andere Menschen in seiner Umgebung täuschen zu müssen, kann nur er selbst erklären. In einer besseren Welt wäre diese schmerzhafte Episode allein Angelegenheit des Ehepaars gewesen. Obwohl ich lange Zeit alles getan hatte, um zu schützen, was von unserer Privatsphäre noch übrig geblieben war, konnte ich diesmal nichts tun."

Die Untersuchung lief weiter. Der Sonderermittler wühlte im Privatleben des Präsidenten und setzte Zeugen unter Druck. Auch der Präsident wurde ausführlich vernommen. Am Ende zog sich die Schlinge zusammen. Bill Clinton musste die Flucht nach vorne antreten. Am 15. August 1998, ein Samstag, weckte er wieder seine Frau Hillary und erklärte, die Lage sei viel ernster, als er bisher zugegeben habe. „Ihm sei klar geworden, dass er in seiner Aussage würde zugeben müssen, dass es zu einer unangemessenen Intimität gekommen war. Was zwischen ihm und Lewinsky war, sei kurz und flüchtig gewesen. Er sagte, er habe es mir vor sieben Monaten nicht sagen können, weil er sich zu sehr geschämt habe." Das löste einen gewaltigen Ehekrach aus.

Kenneth Starr empfahl dem Rechtsausschuss des Repräsentantenhauses ein Amtsenthebungsverfahren für Bill Clinton. Er basierte dies auf die Vorwürfe, Clinton habe unter Eid über seine Beziehung zu Monica Lewinsky gelogen, die Justiz behindert und sein hohes Amt missbraucht. Das war schwer zu halten, weil sogar Historiker und Verfassungsexperten zu dem Schluss kamen, dass „eine Lüge unter Eid über eine Privatangelegenheit in einem Zivilprozess keinen Grund für eine Amtsenthebung darstellt" (so die Juristin Hillary Clinton).

Nun schlug der mächtigste Mann der Welt den Weg der Reue ein. Am 11. September 1998 beichtete er bei einem Frühstücksgebet im Weißen Haus seine Sünden und bat die Amerikaner um Vergebung. Er versicherte Freunden wie Feinden, dass er sein Amt nicht zurückgeben werde.

„Wenn meine Reue echt und dauerhaft ist, so kann all dies am Ende etwas Gutes für unser Land sowie für mich und meine Familie bewirken. Unsere Kinder können daraus lernen, wie wichtig Integrität und wie schlecht Selbstsucht ist. Doch Gott kann uns ändern und uns aus der Dunkelheit führen."

60 Prozent der Amerikaner sprachen sich gegen einen Rücktritt oder eine Amtsenthebung des Präsidenten aus. Die Mehrheit hielt das Vorgehen des „Großinquisitors" Starr für „unangemessen". Die Popularitätswerte für Hillary Clinton stiegen sogar auf 70 Prozent. Wochen später wurde der Präsident wegen Meineids vor der Grand Jury und mutmaßlicher Behinderung der Justiz unter Amtsanklage gestellt. Ein Prozess im Senat war unvermeidbar. Dieser begann am 7. Januar 1999. Die Justizfarce wurde vom Obersten Richter William Rehnquist besonders eindrucksvoll dargestellt, als er in einer schrillen Phantasierobe erschien.

Mit Steuergeldern gegen den Präsidenten

Nach fünf Wochen lehnte der Senat mit großer Mehrheit den Antrag auf Clintons Amtsenthebung ab. Bei keinem der Vorwürfe wurde die erforderliche Zweidrittelmehrheit erreicht. Das Ende des Schreckens. Damit war auch eine vierjährige Untersuchung beendet, die 45 Millionen

Dollar an Steuergeldern verschlungen hatte. Sogar heute sind die statistischen Zahlen noch beeindruckend: 28 Anwälte, 78 FBI-Agenten und eine große Zahl von Privatermittlern befassten sich mit dem Fehltritt des Präsidenten. Auf Seiten der Medien berichteten darüber 114 532 Zeitungsartikel und 2 513 Minuten Fernsehnachrichten.

Die Ermittlungsbehörden erhielten als Ergebnis der Untersuchung eine 445 Seiten lange Empfehlung. Dazu kamen 50 000 Seiten geheime Aussagen vor der Grand Jury, viele Stunden Stellungnahmen auf Video und Tonband. Glückliches Amerika, dass es in jenen Jahren anscheinend keine anderen Sorgen gab.

Der Fall Lewinsky war keineswegs Clintons einzige Beziehungstat im zwischenmenschlichen Bereich. Während seiner gesamten Amtszeit liefen juristische Auseinandersetzungen mit Paula Jones, einer ehemaligen Schreibkraft bei der Industrieentwicklungskommission von Arkansas. Der damalige Gouverneur soll sie 1994 in ein Hotelzimmer gelockt und dort, wie sie aussagte, sexuell zu nötigen versucht haben. Die gesamte Nation geriet in Erregung, als Paula Jones von gewissen unverwechselbaren anatomischen Merkmalen des Präsidenten sprach. Daraus resultierende juristische Auseinandersetzungen dauerten Jahre. Am Ende kaufte sich Bill Clinton mit einer hohen Schadenersatzsumme frei.

Der zweite spektakuläre Fall ereignete sich zwischen Herbst 1996 und Sommer 1997. Diesmal ging es um

Kathleen Willey, eine attraktive Spendensammlerin und Parteifreundin aus Richmond in Virginia. Clinton lernte sie zusammen mit ihrem Ehemann Ed, der später durch eigene Hand starb, während seines ersten Präsidentschaftswahlkampfs kennen. 1993 bekam sie einen unbezahlten Job in der Abteilung für gesellschaftliche Aktivitäten des Weißen Hauses. Drei Tage pro Woche half sie mit, kulturelle Veranstaltungen zu organisieren.

Sie bemühte sich kräftig, wie später auch Monica Lewinsky, Clintons Aufmerksamkeit auf sich zu lenken. Das schien ihr zu gelingen. Beide flirteten, und bei einer Gelegenheit – im Oval Office des Weißen Hauses – kam es zur spontanen Umarmung.

Jahre später, die Gerüchteküche kochte, wurde Willey von den Paula-Jones-Anwälten als Zeugin gegen Clinton vorgeladen. Ihre einschlägige Erfahrung mit Bill Clinton ließ sich nicht länger geheim halten. Weitere Frauengeschichten schwirrten durch die erhitzten Medien. Der Präsident hatte sich seinen Platz in der Geschichte als sexsüchtiger Charmeur gesichert.

Ein weiterer Skandal begleitete ihn und Hillary während der Jahre im Weißen Haus: Whitewater. Die Clintons wurden verdächtigt, 1994 zu Unrecht öffentliche Mittel bei einem für sie verlustreichen Immobiliengeschäft in Whitewater, Arkansas, verwendet zu haben. Der damalige Gouverneur und seine Frau wurden deshalb nie angeklagt, dafür aber zwölf andere Personen, die mit den Clintons und dem Whitewater-Vorgang eng verbunden waren. Im September 2000 stellte Sonderermittler Robert Ray seine Untersuchungen ein. Er kam zu dem Ergebnis, dass den Clintons in Sachen Whitewater kein Fehlverhalten nachgewiesen werden konnte.

„Leuchtende Tage, nicht weinen"

Einige Wochen später nahm die „Zeit" beeindruckend Abschied von Bill Clinton, „von einem Mann, dem die Welt zwar wenig glaubte, dem sie aber im Innersten vertraute". Es war ein sehr menschelnder journalistischer Gruß, den Clintons – unter äußerst zweifelhaften Umständen gewählter – Nachfolger George W. Bush niemals über sich lesen wird.

Weiterhin hieß es: „Je länger die Welt diesem Gierigen zusah, desto sympathischer fand sie ihn. Nach dem Starr-Tribunal gingen Clintons Popularitätswerte nach oben. Die Umfrage eines großen Kondomherstellers, zufällig zur selben Zeit erstellt, ergab, dass in der westlichen Welt das Sexualleben drastisch fader wird (es wird immer weniger und immer hastiger geliebt), dass zugleich aber der Seitensprung eine immer größere Rolle spielt: Mehr als 50 Prozent der befragten Amerikaner gaben zu, schon mal untreu gewesen zu sein.

Clinton war also der Stellvertreter und Watschenmann des Volkes an allen relevanten Fronten. Am Pranger in dessen Namen, aktiv an dessen Stelle, lustgetriebener, quickybesessener Vorreiter einer erschöpften Welt. Der Präsident der Vereinigten Staaten, so hat Clinton mal gesagt, habe die Aufgabe, seinem Volk das Leben zu erleichtern. Man muss ihm zugestehen, dass er genau das getan hat. Er war der Schuldabsauger. Sein Volk lag ihm in glühender Scham zu Füßen, im Innersten mit ihm verbunden, im Peinlichsten von ihm berührt. Kommt Besseres nach? Ach wo. Die Dichterin Annette von Droste-Hülshoff schrieb: ‚Leuchtende Tage / Nicht weinen, dass sie vergangen, / Lächeln, dass sie gewesen.'"

Ein neuer Kreuzzug gegen die islamischen Fundamentalisten

Der mühsame Aufstieg eines höheren Sohnes oder: Als Bush beinahe zum Präsidenten gewählt worden wäre – Stichtag 911 – Krieg gegen Al Qaida und die Taliban

„Freiheit ist nicht Amerikas Geschenk an die Welt. Freiheit ist Gottes Geschenk an jedes menschliche Wesen auf der Welt. Amerika steht großen Herausforderungen gegenüber; Herausforderungen zu Hause und im Ausland. Wir sind aufgerufen, die Versprechen dieses Landes auszuweiten auf das Leben eines jeden Bürgers, der hier lebt. Gott hat uns aufgerufen, unser Land zu verteidigen und die Welt zum Frieden zu führen, und wir werden beide Herausforderungen mit Mut und Selbstvertrauen angehen."

Aus einer Rede von George W. Bush,
Februar 2003 in Nashville

„Wir haben den Kampf ins Feld des Feindes getragen. Wir haben die Bedrohung des Terrorismus für die Zivilisation zurückgedrängt – nicht an den Rändern seines Einflusses – sondern im Herzen seiner Macht."

George W. Bush in einer Fernsehansprache,
September 2003

Der 43. Präsident der Vereinigten Staaten ist ein geborener Verlierer. Diese Tendenz zieht sich durch seine gesamte Biographie, bis hin zum trügerischen Erfolg im Irak. Nur manchmal hat er Glück, dann wird er beispielsweise von einem amerikanischen Obergericht zum Herrn des Weißen Hauses bestimmt. Doch davon später.

George Walker Bush wurde reich geboren, und daran hat er sich immer orientiert. Er ist der Sohn des energischen Weltkrieg-II-Kriegshelden George Herbert Walker Bush und seiner Ehefrau Barbara, geborene Pierce. Gleich nach Kriegsende schrieb sich Vater Bush an der renommierten Yale University ein. Er folgte damit der Familientradition. Am 6. Juli 1946 kam der erste Sohn zur Welt. Zwei Jahre später legte Bush senior sein Examen ab und sah sich nach der ersten Arbeitsstelle um. Das war kein Problem, verwaltete die Familie doch das große Geld an der Wall Street.

Vater Prescott, der unter anderem auch US-Senator für Connecticut war, vermittelte seinen Sohn George Herbert in die aufstrebende Ölindustrie von Westtexas. Dort hatte die Familie schon lange investiert, und war deshalb nicht ohne Einfluss. Der junge Yale-Absolvent kümmerte sich erst einmal um den Verkauf von Öltechnologie. Die Bushs zogen nach Odessa, in eine besonders unwirtliche Gegend. Das spielte aber zu jener Zeit keine Rolle, weil sich hier richtig Geld verdienen ließ.

Rasch erweiterte George Herbert seinen Radius. Die junge Familie lebte vorübergehend in Kalifornien, kam aber – mit der neu geborenen Tochter Pauline Robinson (die einige Jahre später an Leukämie sterben sollte) – wieder nach Texas zurück. Nun ließen sie sich in Midland nieder, dem Zentrum des Permian Basin. Nirgendwo war der Ölboom deutlicher zu spüren.

Hier lebte das Kind George Walker, mit Distelsträuchern und Sandstürmen, in extremer Sommerhitze und winterlicher Eiseskälte. Midland wuchs und wuchs, wie einst die alten Westernstädte, die um Saloon, Kirche und Bahnstation gegründet worden waren. Bush-Biograph James H. Hatfield berichtete, dass der künftige US-Präsident ein hyperaktiver, ziemlich frühreifer Junge war. Er fuhr gerne mit dem Fahrrad, spielte Baseball, feuerte am Freitagabend das Baseballteam „Midland Bulldog“ an, sah samstags im Ritz-Kino die Serie „Buck Rogers“ oder auch Cowboyfilme und führte eine Bande von Freunden bei „wilden Abenteuern“.

1950 machte sich Bush senior zusammen mit einem Partner selbständig. 1953 holten sie noch einmal zwei

Teilhaber ins Boot und gründeten „Zapata Petroleum“. Im selben Jahr bekam George Walker einen Bruder namens John Ellis, genannt Jeb. Der Erstgeborene entwickelte sich zum typischen Texaner und nahm auch bald den manchmal schwer verständlichen Slang in sich auf. Der Vater stammte dagegen aus der Ostküsten-Geldaristokratie. Er artikulierte sich sein Leben lang im Stil der Feinen und Reichen, deren Sommerhäuser irgendwo bei Boston am Atlantik liegen. Da änderte auch der aufreibende Job auf den Ölfeldern des Südens nichts.

„Neunmalklug und aufbrausend“

Interessantes fand Autor Hatfield über die ersten aktiven Jahre von George Walker heraus: „Als Kind in Midland war George junior das neunmalkluge und aufbrausende Mitglied des Bush-Clans. Er war ein neugieriges und unbelehrbares Kind und laut Bucky Bush, dem häufig als Babysitter fungierenden jüngeren Bruder von George senior, auch ein ziemlicher Rabauke. Mehr als einmal wurde Barbara vom Direktor in die Sam-Houston-Grundschule gerufen, wenn Junior wieder einmal bestraft worden war, weil er sich geprügelt oder den Unterricht gestört hatte.“

Die Bush-Familie bekam zwei weitere Söhne und eine Tochter: Neil Mallon, Marvin Pierce und Dorothy Walker Bush. Barbara Bush hatte alle Hände voll zu tun. Sie kümmerte sich um Haushalt und Kindererziehung, während der erfolgreiche Ölprinz George senior die Welt bereiste und Millionen scheffelte. George junior nahm zunehmend seine Stelle ein, die des „verantwortlichen Mannes im Haus". Er kümmerte sich mehr als notwendig um Mutter und Geschwister.

Nachdem George senior nun in einer anderen geschäftlichen Liga spielte, zog die Familie nach Houston und richtete sich in Tanglewood ein, dem bevorzugten Viertel der Gewinner. George junior wurde in ein feines Internat nach Andover an der Ostküste geschickt. Er blieb stets ein mittelmäßiger Schüler, schaffte es aber 1964 wie durch ein Wunder, in Yale aufgenommen zu werden. Dort studierte er im Hauptfach Geschichte, brachte es aber nie zu außergewöhnlichen Leistungen. Es war die Zeit, in der Vietnam die Nation polarisierte. George Walker Bush schien es nicht zu kümmern. Er unterschrieb keine Erklärungen zum Krieg und mied das laute Protestgeschehen. Als ob es dies alles nicht gäbe.

Dafür verpasste er kaum eine Party, engagierte sich bei der „Skull and Bones Society", einem elitären Geheimclub, dem auch Vater und Großvater Bush schon angehört hatten. Ein späteres biographisches Porträt im Nachrichtenmagazin „Newsweek" charakterisierte den George W. jener Zeit mit folgenden Worten: „Er besuchte Yale, aber sein Hauptfach scheint Biertrinken im Haus der Verbindung gewesen zu sein."

Bush junior war immer öfter betrunken. Dann wurde er in der Regel ausfallend und prügelte sich mit den anderen. Später entschuldigte er alles, indem er sagte, er sei eben „jung und unverantwortlich“ gewesen. Damit ließ sich in der Welt des George W. Bush alles rechtfertigen.

Nach seinem Abschluss, 1968, rückte der Vietnam-Einsatz bedrohlich nahe. In dieser Phase des Krieges starben wöchentlich 350 Amerikaner. George W. Bush wollte nicht unter ihnen sein. Also meldete er sich freiwillig zur Texas Air National Guard, eine Art heimliche Wehrdienstverweigerung. Wenn seine Einheit aufgerufen worden wäre, so stellte er später in Interviews beschwichtigend fest, dann wäre er selbstverständlich nach Vietnam gegangen. Aber die Nationalgarde wurde nur sehr partiell in diesen Krieg hineingezogen. George W. war auf der sicheren Seite. Bliebe die Frage, wie der Sohn des mittlerweile zum Kongressabgeordneten für Harris County, Houston, aufgestiegenen George H. Bush so reibungslos Pilot werden konnte.

Die Zeit bei der Nationalgarde sollte eine einzige große Party sein. „Eigentlich setzte er nach dem College das Partyleben einfach fort“, meldet sich ein früherer Klassenkamerad aus Yale zu Wort. „Er machte an dem einen Tag seine Prüfung, schrieb sich gleich am nächsten in die Nationalgarde ein, ging für einige Wochen zur Grundausbildung nach San Antonio und nahm danach nie mehr den Fuß vom Gaspedal des Lebens. Er flog Jets, fuhr schnelle

Wagen, bumste mehr Frauen als Hugh Hefner und feierte ohne Unterlass."

Vom Alkoholiker zum Jesus-Freak

Der heutige Präsident räumt ein, damals „ein schwerer Trinker und starker Raucher" gewesen zu sein. Doch dann, um dem Geschehen vorzugreifen, passierte das Wunder seines Lebens: „Eigentlich sollte ich jetzt in einer texanischen Bar und nicht im Oval Office sein. Es gibt nur einen Grund, warum ich im Oval Office und nicht in einer Bar bin: Ich habe den Glauben gefunden. Ich habe Gott gefunden. Ich bin hier wegen der Macht des Gebetes." „Das sind gefährliche Worte", bemerkte Norman Mailer spitz, „wir glauben uns womöglich in der allernächsten Nähe Gottes und dienen längst dem Teufel als Werkzeug."

Der geläuterte George W. Bush fiel von einem Extrem ins andere und wurde zum Jesus-Freak. Auf dem Weg dorthin schlug er aber noch so manchen Haken.

1972 trat Bush seine erste Vollzeitstelle an, als Jugendberater bei der „Professionals United for Leadership" in Houston. Dabei ging es darum, die Armut der Innenstädte zu bekämpfen. Er spielte Basketball mit den Kids, organisierte Ringkämpfe und besuchte mit seiner Risikogruppe das Jugendgefängnis. Eine Phase, die er mittlerweile komplett vergessen zu haben scheint. Sonst würde er mit den ewigen Losern seines Landes heute anders umgehen.

Die „Nomadenzeit“ (Bush) wurde von einem Magisterstudium an der Harvard Business School abgelöst. Nun war der Dreißigjährige an der Reihe, eigenes Geld zu verdienen. Auch er entschied sich für die Ölindustrie und kehrte nach Midland zurück. Der Schatten seines überlebensgroßen Vaters lastete auf ihm. Er musste beweisen, dass er mindestens genauso tüchtig war. 1977 registrierte George W. Bush seine eigene Bohrgesellschaft „Arbusto Energy“. Einer seiner Förderer war James R. Bath, ein Investor aus Houston, der enge Kontakte nach Saudi-Arabien pflegte, offensichtlich auch zur steinreichen Familie Bin Laden. Die Medien konstruierten daraus später noch manche gewagte Verbindung.

Vater Bush, der Familien-Titan, hatte inzwischen seine Karriere weiter ausgebaut. Zeitweise war er UN-Botschafter und Leiter des amerikanischen Verbindungsbüros in Peking gewesen. Bush senior unterstützte Richard Nixon, bis dieser nach dem Watergate-Skandal nicht mehr zu halten war. Der neue Präsident Gerald Ford bat ihn im November 1975, die „Central Intelligence Agency“ (CIA) zu leiten.

Schon zwei Jahre später hatte George junior mit fünf Gas- und drei Ölbohrungen eine halbe Million Dollar verdient. Es ging ihm bestens. Nun setzte der alte Familienmechanismus ein. Die Politik rief. George W. gab seine erste Kandidatur für den Kongress bekannt. Etwa zur selben Zeit lernte er die Bibliothekarin Laura Welch kennen. Sie stammte aus Midland und arbeitete nun in der Schulbücherei von Austin. Es war Liebe auf den ersten Blick. Drei Monate später heirateten die beiden.

Laura übte einen mäßigenden Einfluss auf den wilden George aus. Sie machte ihm klar, „dass ich irgendwann eine Entscheidung treffen musste – nämlich ob ich trinken oder ein produktiver Bürger sein wollte". Er wollte produktiv sein, auch wenn er beim ersten politischen Rennen den Kürzeren zog. Mit nur 47 Prozent der Stimmen verlor er die Kongresswahl. Wieder kamen Selbstzweifel hoch, die er noch einmal in Hochprozentigem ertränkte. Diese Phase dauerte volle vier Wochen. Als er dann wieder nüchtern wurde, entdeckte er überall in der Wohnung Bücher über Alkoholismus („Wie erkenne ich einen Problemtrinker?"). Er fing an zu lesen.

Vater Bush kletterte immer weiter nach oben. Im Kielwasser von Ronald Reagan wurde er im Herbst 1980 zum Vizepräsidenten der USA ernannt. Sohn George kämpfte um den Erhalt seiner Firma und lieh sich reihum Geld. Die Zeiten waren härter geworden, und prompt funktionierte der Zauberstab nicht mehr. George Bush junior überlebte aber auch in dieser Phase, weil der Familienname neue Investoren brachte.

Mitte der achtziger Jahre war George junior endgültig zum Ex-Alkoholiker und wiedergeborenen Christen, einer von 60 Millionen, geworden. Letzteres hatte vor allem der intensive Kontakt zum Wanderprediger Billy Graham von der methodistischen Erweckungsbewegung bewirkt. Ein bisschen scheint den anti-intellektuellen Fundamentalisten auch die Geburt seiner beiden Zwillingstöchter Jenna und Barbara geläutert zu haben.

Als die Ölindustrie noch intensiver kränkelte und die Bush-Firma in Midland noch stärker gestützt werden musste, schlug der Chef neue Haken und kehrte zurück in die Politik, wo er zuvor schon kläglich untergegangen war. Die Familie zog nach Washington, und George W. stand dem Vater organisatorisch zur Seite. Gestählt durch medialen Dauerbeschuss in der Iran-Contra-Affäre, peilte Bush senior inzwischen das Oval Office an. Zwei Jahre später würden die nächsten Wahlen sein.

Es war die Zeit, in der George, der Sohn, zunehmend an sich selber litt. Nun musste der Gott der reichen Amerikaner her. Seit zwei Jahrzehnten liest Bush junior jeden Morgen in der Bibel. Was er da erfährt, gibt ihm Kraft und Motivation für alle seine Aktionen. „Gott hat uns aufgerufen, unser Land zu verteidigen", erklärte Bush junior nach den Terroranschlägen des 11. September, „und die Welt zum Frieden zu führen."

Das ist ein Satz, der im alten, säkularisierten Europa für Aufsehen sorgen würde, nicht jedoch bei der einzigen Weltmacht, deren grüne Dollarnoten die Aufschrift tragen: „In God we trust." „Gottes eigenes Land", so die Selbsteinschätzung der Amerikaner, war schon immer etwas näher am Überirdischen. Immer, das bedeutet, seit die britischen Calvinisten 1620 mit der „Mayflower" auf Cape Cod landeten.

Die Amerikanerin Susan Sontag, Trägerin des Friedenspreises des Deutschen Buchhandels 2003, definierte es in ihrer Dankesrede so: „Die vielleicht wichtigste Quelle des amerikanischen Radikalismus ist ebenjene, die man früher immer als eine Quelle konservativer Werte angesehen hat: die Religion. Viele Beobachter haben darauf hingewiesen, dass der größte Unterschied zwischen den Vereinigten Staaten und den meisten europäischen Ländern wahrscheinlich darin besteht, dass die Religion in der Gesellschaft und im öffentlichen Diskurs der Vereinigten Staaten nach wie vor eine zentrale Rolle spielt. Es handelt sich hierbei allerdings um eine Religion nach amerikanischem Muster: eher um die Idee von Religion als um Religion selbst."

Amerikas „Hunger nach Gott"

Beinahe alle Amerikaner sind von schlichter Frömmigkeit, und nur ganz wenige bezeichnen sich als Atheisten. Das Gallup-Institut fand im Mai 2003 heraus: „Es gibt eine tiefe Sehnsucht nach spiritueller Anlehnung – einen Hunger nach Gott." Daraus zog der „Spiegel" in einer Titelgeschichte zum „Kreuzzug des George W. Bush“ (Heft 8/03) den Schluss, dass Amerika im Unterschied zu Europa offenbar beweisen will, „dass Modernität nicht Gottlosigkeit nach sich zieht“.

Nachdem Amerika alles perfekter und größer machen will, ist der Weg in den Fundamentalismus ein kurzer. Während die etwas milderen Fanatiker nur Abtreibungsärzte töten, Schwule und Waffengegner verprügeln, sinnen die Fortgeschrittenen auf die Weltherrschaft im Namen des Herrn. Und George W. Bush, der Kreuzzügler, ist mittlerweile ihr Prophet geworden.

Die „Spiegel“-Analyse lautet so: „Die fundamentalistische Kultur, die diese besonders bibeltreuen Kirchen pflegen, hat sie (die Amerikaner, d. A.) in den vergangenen 20 Jahren militanter und intoleranter werden lassen. Das Wort des Psalmisten, der Herr ‚zerschmettert das Haupt seiner Feinde‘, bleibt keineswegs bloße Floskel. Sogar Bin Ladens Worte müssten bei den protestantischen Eiferern Gefühle von Seelenverwandtschaft hervorrufen. Die Überzeugung des Terrorpropheten, nach welcher die Anschläge der Beginn eines ‚Glaubenskriegs gegen den Unglauben und die Ungläubigen‘ gewesen seien, wird jedenfalls von vielen fundamentalistischen Predigern übernommen.“

Wieder einmal kehrten George W. und seine Familie nach Texas zurück, diesmal nach Dallas. Nun teilte er seine Zeit auf zwischen dem Management des Baseballclubs „Texas Rangers“ und einer leitenden Position bei der Ölfirma Harken Energy, die die Bush-Firma in Midland geschluckt hatte. Er verdiente zwei Spitzengehälter und hatte genügend Zeit, sich nach neuen Aufgaben umzusehen.

Bush konnte auch auf den richtigen Moment warten, um – versehen mit den nötigen Insiderinformationen – 1990 seine Harken-Aktien um mehr als das Zweieinhalbfache ihres ursprünglichen Wertes für 848 560 Dollar zu verkaufen. Tage später verlor das Unternehmen 23,9 Millionen Dollar, und das Papier fiel in den Keller. Bush gab sich ahnungslos. Dabei saß er im Verwaltungsrat, im Revisionsausschuss und in einem Komitee zur Umstrukturierung von Harken Energy. Spätere Ermittlungen der Börsenaufsicht wurden 1993 eingestellt. Zeitgleich war Vater Bush immerhin Präsident der Vereinigten Staaten.

Wie beim Monopoly lag es nun an Bush junior, wieder ein Stück vorzurücken. Im November 1993 verkündete er in einem Houstoner Hotel seine Absicht, sich für das Amt des Gouverneurs von Texas zu bewerben. „Ich kandidiere nicht, weil ich der Sohn George Bushs bin, ich kandidiere, weil ich Jennas und Barbaras Vater bin. […] Die Leute fragen mich, warum ich mit dem Baseball aufhören will, warum ich meine Frau und meine beiden Töchter der rücksichtslosen Härte eines Wahlkampfes aussetzen will. Diese Leute wollen wissen, ob ich mir denn gar keine Sorgen um meine Familie mache.

Darauf antworte ich, dass es gerade die Sorge um meine Familie ist, die mich dazu veranlasst. Unser Bildungssystem gibt unseren Kindern nicht, was sie brauchen, unser Justizsystem sorgt nicht dafür, dass die Verbrecher im Gefängnis bleiben, wir haben eine Grundbesitzsteuer, die immer höher und höher wird, und wir haben den am schnellsten wachsenden Staatsapparat im ganzen Land."

Er, George Bush, werde dies alles ändern und seinen Wählern „eine Revolution der Hoffnung, der Veränderung und der Ideen" bieten. Nur „eine neue Generation von Führungspersönlichkeiten" könne das schaffen. Bushs Selbstbewusstsein kontrastierte mit einer häufigen Verwechslung durch die texanischen Zeitungen. Die Blätter griffen gerne nach dem Bild des Ex-Präsidenten Bush und stellten ihn als Kandidaten für das Regierungsamt im Lone Star State vor. Junior nahm es achselzuckend zur Kenntnis.

Der erste politische Erfolg

Mit 53,5 Prozent der Stimmen siegte George junior gegen die bisherige Amtsinhaberin von der Demokratischen Partei. Der Weg war frei: Als Gouverneur von Texas blieb Bush ein Populist, der konservativ regierte und wenig veränderte. Die Texaner liebten ihn wegen seiner einfachen, ungezwungenen Art. Nach wie vor verlor er auch seine Geschäfte nicht aus den Augen. Als der Medienmogul Tom Hicks – ihm gehörten bereits die „Dallas Stars" – 1998 die „Texas Rangers" für 250 Millionen Dollar kaufte, bekam der Gouverneur für seinen Anteil an dem Verein 15 Millionen Dollar ausbezahlt. Dabei hatte er gerade neun Jahre vorher lediglich 600 000 Dollar investiert.

Gouverneur George Bush wurde erstmals weltweit zum Begriff, als sich seine rigorose Haltung zum Gefängniswesen herumsprach: „Wir haben die höchste Zahl von Häftlingen per Kopf der Bevölkerung im ganzen Land. […] Die Zahl der Bewährungsgenehmigungen ist so niedrig wie seit Jahren nicht mehr. […] Es gibt keine endlosen Aufschiebungen für Hinrichtungen mehr, und außerdem dürfen die Familien der Opfer im Lone Star State bei den Hinrichtungen anwesend sein.“ Das berichtete er den begeisterten Delegierten einer Jahreskonferenz der „Nationalen Vereinigung für Opferhilfe“. Der Beifall wollte nicht enden. Im wirklichen Leben sorgten die Exzesse der texanischen Justiz und der Gefängnisverwaltungen regelmäßig für üble Schlagzeilen.

George W. Bush schien Gefallen zu finden an der Macht, wenn sie auch nur eine regionale war. Er trat erneut für den Posten des Gouverneurs in Austin an. Seine Worte waren: „Dies sind bedeutende Zeiten. Sie erfordern einen vorausschauenden Führer, der kühn genug ist, der den Status quo in Frage stellt, einen, der aufsteht und sagt: ‚Folgt mir. Ich bin dieser Führer‘.“

Das quittierte die CBS-Korrespondentin Rita Braver mit einem erstaunlich mutigen Kommentar: „Es ist ein bisschen beängstigend, dass jemand über eine Kandidatur nachdenkt, nicht weil er unbedingt die Nation gestalten möchte, sondern weil er zur richtigen Zeit am richtigen Ort ist und den richtigen Namen und die richtigen Freunde hat."

Am 3. November 1998 erzielte Bush einen Erdrutschsieg, errang 69 Prozent der Stimmen. Der populäre Kandidat siegte in 240 von 250 Counties. Die Kehrseite der Medaille: Seit zwei Jahrzehnten hatte es keine so geringe Wahlbeteiligung gegeben. Nur ein Drittel aller Texaner lieferten die Stimme ab.

George W. Bush konnte es egal sein, weil er bereits ein halbes Jahr später seinen Anspruch auf das Weiße Haus anmeldete. In Rekordzeit sammelte er Rekordsummen, die ihm einen aufwändigen Wahlkampf ermöglichten.

Im November 1999 trat Bush gegen den bisherigen Vizepräsidenten Al Gore an. Es wurde ein Kopf-an-Kopf-Rennen, da mit Gore kein Alphatier wie Bill Clinton ins Rennen ging. Bei der „wildesten Wahl der amerikanischen Geschichte" („Time") begaben sich zwei mittelmäßige Bewerber auf die Strecke. Ihnen standen wesentlich fähigere Vizepräsidenten-Kandidaten als „running mates" zur Seite. Im Gore-Camp handelte es sich um Senator Joseph Lieberman, der die jüdischen Stimmen anzog, bei Bush um Richard Cheney, Verteidigungsminister in der Regierung Bush senior, inzwischen aber durch drei Herzinfarkte und einen vierfachen Bypass gehandicapt.

Wurde das Wahlergebnis manipuliert?

Am Ende stand ein Wahlchaos, dessen Ursachen und Verlauf viele Amerikaner bis heute nicht verstanden haben. Mehrfach wurden die Stimmzettel im sonnigen Florida, einem Staat, dem ausgerechnet Bush-Bruder Jeb als Gouverneur vorsteht, überprüft. Sollten nur die maschinengezählten Zettel nochmals von Hand addiert werden, oder alle? Der frühere Außenminister James Baker III versicherte, die mechanische Stimmenauszählung sei zuverlässiger als jene durch Menschenhand. Nur, Baker arbeitete für Bush.

Bush-Biograph Hatfield brachte es sehr eingängig auf den Punkt: „Tatsächlich veränderten die Maschinen in Florida die Ergebnisse der Stimmenauszählung zu Gunsten der Republikaner. Von den 174 000 Stimmen, die in Florida bei der maschinellen Auszählung als ungültig gewertet wurden, fiel die weitaus größte Zahl in den ärmeren Bezirken mit traditionell den Demokraten zuneigender Wählerschaft an, wo die alten Lochkartenmaschinen verwendet wurden, nicht in den wohlhabenden, republikanisch wählenden Bezirken, die optische Scanner verwendeten. Die durchschnittliche Fehlerrate bei Lochkartenmaschinen liegt bei zwei bis fünf Prozent.

Der Abstand zwischen den beiden Kandidaten betrug 0,02 Prozent. In einigen Counties in Palm Beach wurden durch die Lochkartenmaschinen bis zu zehn Prozent der

Stimmen ungültig gewertet, während die optischen Scanner nur 0,2 Prozent als ungültig einstuften. Das ist ein Verhältnis von fünfzig zu eins. Wenn der Abstand zwischen den Kandidaten 200 000 Stimmen betragen hätte, wären die Maschinen vielleicht gerade noch genau genug gewesen. Die Notwendigkeit einer Handauszählung war offensichtlich. Aber die Republikaner wussten, dass sie die Wahl verlieren würden, wenn keine Stimme verloren ginge. Also stoppten sie die Auszählung."

Die Schiebung, so sie eine war, wurde durch diverse Unregelmäßigkeiten vergrößert. Stimmen von Wählern, die sich am Wahltag außerhalb des Landes befanden, wurden zu Gunsten der Republikaner gewertet. Angehörige der Streitkräfte hatten sich der Briefwahl bedient und dabei ungültige Stimmzettel abgeliefert. Ihr Votum fiel den Republikanern zu. Schwarze Wähler wurden teilweise fälschlich von den Wahllisten gestrichen, obwohl sie nicht vorbestraft waren. Zehntausende von ihnen waren lediglich in anderen Bundesstaaten straffällig geworden. Das entzog ihnen jedoch nicht das aktive Wahlrecht in Florida. Insgesamt verschwanden 173 000 Wähler von den amtlichen Listen. Farbige wurden bei der Anreise zum Wahlbüro von der Polizei angehalten und schikaniert, also letztlich vom Wählen abgehalten.

Die Republikaner schickten gewalttätige Parteiaktivisten, die das Auszählen der Stimmen behinderten und Wahlbeamte bedrohten. Weder der Gouverneur noch die Innenministerin Katherine Harris, eine Freundin der Bush-Familie, störten sich daran. Zur psychologischen Kriegsführung gehörte auch der Auftritt eines Cousins der Bush-Brüder, John Ellis, der George Bush schon frühzeitig auf Fox News als Wahlsieger feierte. Das löste eine Lawine bei den anderen Sendern aus, da diese in der vermeintlichen Aktualität nicht zurückstehen wollten.

„Gore ist der Sieger"

Unabhängige Beobachter gehen davon aus, dass – allen Trends zufolge – Al Gore auch in Florida eine Mehrheit der Stimmen bekommen hätte. Im restlichen Bundesgebiet waren es mehr als eine halbe Million Jastimmen, die Gore zusätzlich für sich verbuchen konnte. Der Kabarettist Michael Moore, ein erklärter Bush-Feind, wertete das in seinem Bestseller „Stupid White Men" wie folgt: „Bush hat nicht gewonnen. Gore ist der Sieger. Das hat nichts mit falsch gestanzten Wahlkarten zu tun, und nichts mit der dreisten Unterdrückung der Afroamerikaner in Florida. Bei der Auszählung der Stimmen wurde schlicht und ergreifend das Gesetz gebrochen. [...] Alle Manipulationen hatten nur einen Zweck: Bush sollte die Wahl gewinnen."

Am 9. Dezember 2000 wurde es Ernst. Bei der Nachzählung lag Gore trotz aller Bemühungen der Gegenseite nur noch 66 Stimmen hinter Bush. Er holte weiter auf. Der U.S. Supreme Court, das höchste Gericht der USA, stoppte die weitere Auszählung. Fünf konservative Richter gaben der Klage des republikanischen Kandidaten statt. Sie erklärten George Walker Bush zum 43. Präsidenten der USA. Ein Putsch aus dem Olymp der amerikanischen Rechtsprechung.

Autor James H. Hatfield erbost: „Wenn dieser schurkenhafte Griff nach der Macht nicht rückgängig gemacht wird, wird diese Generation als diejenige in die Geschichte eingehen, die ohne zu murren die Demokratie einfach aufgegeben hat. Das 200 Jahre währende Experiment einer demokratischen Regierungsform wird dann bald vorbei sein."

Der „Wahlbetrug" (Michael Moore) hatte kein Nachspiel. Am 20. Januar 2001, einem nasskalten, dunklen Tag, erfolgte die Machtübergabe. George Bush junior wurde zu Füßen des Kapitols vereidigt (Michael Moore: „Der arme kleine reiche Junge, der nur zweiter geworden war und trotzdem den Preis des Siegers in Empfang nahm."). Der Texaner versicherte, er wolle Präsident aller Amerikaner werden, „selbst wenn sie mich nicht gewählt haben". Dabei sprach er von der Mehrheit. 20 000 Menschen demonstrierten gegen ihn. Er hatte die Nation erfolgreich gespalten.

Das Volk fand wenig Gelegenheit, sich gegen den allzu einfach gestrickten neuen Mann im Weißen Haus zu wehren, weil der 11. September viel zu schnell passierte. An diesem sonnigen Herbsttag, der für die USA eine neue Zeitrechnung auslöste, geschah – in seiner kombinierten Form – der größte Terroranschlag aller Zeiten.

19 arabische Terroristen, 15 von ihnen Saudis, entführten in kurzen Abständen vier amerikanische Verkehrsmaschinen. Zwei von ihnen lenkten sie nach New York. American Airlines Flug 11 startete um 7.59 Uhr von Boston nach Los Angeles. Die Boeing 767 wurde von den Kidnappern um 8.45 Uhr mit 92 Insassen in den nördlichen der beiden Türme des World Trade Centers gesteuert. United Airlines 175 hob um 7.58 Uhr gleichfalls von Boston nach Los Angeles ab. Um 9.05 Uhr crashte die Boeing 767 mit 65 Personen in den Südturm. 60 und 90 Minuten später fielen die mehr als 100 Stockwerke hohen Wahrzeichen in sich zusammen.

American Airlines 77, eine Boeing 757, startete auf dem Internationalen Flughafen Dulles von Washington um 8.20 Uhr und nahm ebenfalls Kurs auf Los Angeles. Um 9.39 Uhr rammte die entführte Maschine mit 64 Insassen den Westflügel des Pentagon. Das vierte Flugzeug, United Airlines 93, eine Boeing 757, unterwegs seit 8.42 Uhr von Newark nach San Francisco, stürzte um 10.10 Uhr nach einem Handgemenge zwischen beherzten Passagieren und Islamisten mit 37 Passagieren und sieben Besatzungsmitgliedern in einen Wald bei Shanksville in Pennsylvania. Beinahe 3000 Menschen starben an diesem Tag, 2752 unter den Trümmern des World Trade Centers.

Osama bin Laden, der Drahtzieher

Der Feind war rasch identifiziert, weil ihn die amerikanischen Terrorermittler schon seit Jahren im Visier hatten: Osama bin Mohammed bin Awad bin Laden. Die neuzeitliche Version des historischen „Alten vom Berge", der die Kreuzritter dezimierte und auch die eigenen Kalifen bedrängte, wurde 1957 im saudischen Dschidda geboren, unweit der heiligsten Stätten des Islam, die er zu schützen vorgibt. Er ist das 17. von insgesamt 53 Kindern des Bauunternehmers Mohammed Awad bin Laden und, in seinem Fall, einer syrischen Mutter.

Osama bin Laden wuchs im absoluten Reichtum auf. Das Ölgeschäft boomte, die Saudis konnten sich noch alles leisten. Während sein Vater die Moscheen von Mekka und Medina sowie königliche Paläste renovierte, wurde Osama von Privatlehrern betreut. Aus dieser Zeit stammt sein Spitzname „Prinz". Auffallend fromm war er angeblich schon als Kind.

Bin Laden war erst 13 Jahre alt, als sein Vater bei einem Flugunfall starb und ihm angeblich 80 Millionen Dollar hinterließ. Als junger Mann soll der angehende Bauingenieur die süßen Früchte des Beiruter Nachtlebens ausgiebig genossen haben. Viel Zeit blieb ihm allerdings nicht, bis der libanesische Bürgerkrieg das levantinische Dolce Vita zerstörte – und bis die islamische Welt von politischen und militärischen Erdbeben erschüttert wurde.

Für Israel und Ägypten hieß das Stichwort Camp David. Die Verhandlungen der beiden Nachbarn endeten mit einem Friedensvertrag und der Rückgabe des besetzten Sinai. Die Rache der Islamisten folgte zwei Jahre später. 1981 erschossen fromme Killer den friedenswilligen ägyptischen Präsidenten Sadat bei einer Militärparade.

Im Jahr 1979 kehrte der zornige Groß-Ajatollah Khomeini in den von einer islamischen Revolution erschütterten Iran zurück. Er trieb den Schah und seine Entourage ins Exil, ließ viele seiner Anhänger gnadenlos ermorden – Vergeltung für jahrzehntelange Demütigungen durch den prowestlichen Despoten.

Ein Stück weiter östlich überquerten an Weihnachten 1979 Einheiten der Sowjetarmee den Hindukusch und besetzten das unzuverlässig gewordene Afghanistan.

Das war ein Signal. Osama bin Laden schloss mit seinem bisherigen Luxusleben ab und eilte den Afghanen zu Hilfe. Er rekrutierte arabische Freiwillige und koordinierte den Einsatz dieser besonders stark motivierten Glaubenskrieger. Bis heute ist noch nicht ausreichend geklärt, ob er selbst mit den vor Ort operierenden CIA-Agenten verkehrte oder seine operativen Kontakte bei den afghanischen Mudschahedin oder maximal beim pakistanischen Geheimdienst ISI endeten. Die CIA dementiert, Osama bin Laden gekannt oder gar ausgebildet zu haben.

Bin Laden gegen das saudische Königshaus

Der sowjetische Rückzug 1989 war für den schmächtigen Saudi der Beweis, dass eine mäßig bewaffnete Truppe von Analphabeten den Mythos einer Supermacht zerstören kann. Ganz klar: Der Heilige Krieg funktioniert! Mächtige Regime müssen nicht zwangsläufig anerkannt werden. Man kann jederzeit gegen sie vorgehen. Der Gotteskrieger beschloss, gegen seine eigene Regierung in Riad zu kämpfen, gegen das korrupte und in Wohlleben erstarrte Haus der Saud. Auch damit befand er sich wieder im politischen Trend.

Gleich nach seiner Rückkehr aus Afghanistan attackierte Bin Laden die Monarchie – eine Art irdische Gotteslästerung. An erster Stelle warf er der herrschenden Familie deren Loyalität gegenüber den Amerikanern vor. Damit hätten sie gegen die Grundregeln des Islam verstoßen. Die Folge: Der Multimillionär wurde vorübergehend festgenommen. 1991 verließ er das Land und fand neuen Unterschlupf bei den islamischen Hardlinern im Sudan.

Damit hatte Osama bin Laden alle Brücken abgebrochen und tauchte immer wieder, schemenhaft, im Zusammenhang mit spektakulären Terroroperationen auf: Anschläge auf amerikanische GIs in Saudi-Arabien und im Jemen, die erste Bombe im World Trade Center von New York, ein Attentat auf Ägyptens Präsidenten Hosni Mubarak in Addis Abeba. Die Saudis nahmen die Verdachtsmomente gegen ihren Landsmann Ernst, entzogen ihm nun auch offiziell Gunst und Staatsbürgerschaft.

Auf amerikanischen Druck wiesen ihm schließlich die sudanesischen Brüder die Tür. Osama bin Ladens Exodus begann erneut. Mit 1 000 grimmigen Gefolgsleuten, drei Ehefrauen und mehr als einem Dutzend Kindern traf er 1996 bei den afghanischen Taliban ein, den ultrareligiösen Nachfolgern der von ihnen vertriebenen Mudschahedin.

Der exotische Saudi gründete seine Terrororganisation Al Qaida (Die Basis) und erklärte der moralisch und religiös verdorbenen westlichen Welt den Krieg. Man werde „das Banner des Dschihad gegen die amerikanisch-zionistische Allianz, die die Heiligtümer des Islam besetzt hält“, erheben. Die Jugend des Islam werde es fertig bringen, dass die US-Truppen zu „verstreuten Fetzen“ würden. „Unsere Jugendlichen glauben an das Paradies nach dem Tod“, so der selten von Medien befragte Osama bin Laden. „Sie glauben, dass die Teilnahme am Kampf ihren Todestag nicht näher bringt und das Zurückweichen ihn auch nicht hinauszögert.“

20 000 Al-Qaida-Kämpfer in 40 Ländern

Innerhalb der folgenden Jahre knüpfte Osama bin Laden ein weltumspannendes Netz islamistischen Terrors. Es gleicht einer Art Holding, an der sich zahlreiche regionale und lokale Gruppen beteiligen, die nach Bedarf eingesetzt werden können, aber in der Regel auch ihre ganz eigenen Interessen verfolgen. Unter Bin Laden als einer Art „Vorstandsvorsitzendem“ tummeln sich völlig unterschiedliche Kampfgefährten und Organisationen. Etwa 20 000 Muslime aus aller Welt sollen Bin Ladens Trainingscamps im Laufe von etwa 15 Jahren durchlaufen haben – und heute auf 40 Länder verstreut leben. Die Hälfte von ihnen unterstützen ihr Idol, nach Aussage der Vereinten Nationen, immer noch.

Die ägyptischen Dschihad-Gruppen gehören dazu, zum Beispiel die Gamaa al-Islamiya des in den USA seit dem ersten Anschlag auf das World Trade Center im Jahre 1993 inhaftierten blinden Scheichs Omar Abdel Rahman. Bin Ladens Stellvertreter, Chefideologe und Nachfolge-Kandidat Ayman al-Zawahiri stand dem ägyptischen Dschihad Islami vor und verbündete sich 1985 mit dem saudischen Terror-Sponsor unter dem Namen Dschihad al-Qaida. Der Chirurg vom Nil gilt als Planer des Attentats auf Anwar el-Sadat und, unter anderem, eines Anschlags auf die ägyptische Botschaft in Islamabad. In Kairo wurde er in Abwesenheit zum Tode verurteilt.

Außerhalb der Hauptstadt Sanaa funktioniert im Jemen nur das Recht der Stämme. Sie beschützen die Lager der ehemaligen Afghanistan-Kämpfer. In enger Verbindung dazu steht die „Islamische Armee Aden". Sie wird mit dem Anschlag auf den US-Zerstörer „Cole" am 12. Oktober 2000 in Verbindung gebracht.

Zahlreiche fanatische Bin-Laden-Anhänger stammen aus Algerien. Sie gehören dort zur besonders brutalen „Groupe Islamique Armés", kurz GIA. Ihre Aktionen sind seit 1992 für die meisten Massaker in Algerien verantwortlich. 1994 entführten sie eine Maschine der Air France und wollten sie über dem Zentrum von Paris abstürzen lassen. Die Tat konnte verhindert werden. Die multinationalen Verbindungen kann man im Fall der GIA besonders gut erkennen. In ihrem Einflussgebiet sind viele ägyptische Dschihadisten untergekommen, zusätzlich zum Großteil der rund 3 000 algerischen „Afghanen".

Auch eine Splittergruppe der GIA, die „Groupe Salafiste pour la prédication et la combat" (Salafistische Gruppe für die Predigt und den Kampf) steht dem saudischen Multimillionär seit alten Afghanistan-Tagen nahe. Die GSPC, deren Anführer Hassan Hattab sein soll, geriet 2003 in die Schlagzeilen, als sie mehrere Gruppen europäischer Touristen, unter ihnen zahlreiche Deutsche, monatelang festhielt und am Ende von der Berliner Regierung Lösegeld kassierte.

Über die alten Afghanistan-Verbindungen reicht das Netz Bin Ladens auch bis auf die südlichen Inseln der Philippinen. Ein Teil der auf Entführungen spezialisierten Abu-Sayyaf-Separatisten kämpfte in den achtziger Jahren als Teil des internationalen Kontingents gegen die sowjetischen Besatzer am Hindukusch. Ihr Chef Khadafi Janjalani gilt als glühender Bin-Laden-Verehrer.

Die Militanten der Dschemaah Islamiah aus Indonesien sind ebenfalls zu den Al-Qaida-Förderern zu rechnen. Im Oktober 2002 zündeten sie zwei Bomben in Kuta auf der Ferieninsel Bali. 202 Menschen aus 21 Ländern starben, über 300 wurden verletzt. Im August 2003 attackierten sie das Marriott-Hotel in Jakarta, ein Fünf-Sterne-Treffpunkt für ausländische Geschäftsleute und Diplomaten sowie indonesische Politiker und Militärs. Auch hier mehr als zehn Tote und 150 Verletzte.

In gleiches Muster passte auch der verheerende Bombenanschlag vom April 2002 auf die alte Al-Ghriba-Synagoge im tunesischen Djerba, wo 19 Urlauber ums Leben kamen, unter ihnen 14 Deutsche. 20 weitere Deutsche wurden verletzt. Im Nachbarland Marokko detonierten am 16. Mai 2003 mehrere Bomben. Ihre Ziele: Ein spanisches Kulturzentrum, die Handelskammer, ein First-Class-Hotel, ein italienisches Restaurant und jüdische Einrichtungen. Die Folge: 43 Tote, unter ihnen die zwölf Attentäter. Im selben Monat griffen Islamisten Wohnanlagen für westliche Ausländer in der saudischen Hauptstadt Riad an, 35 Menschen wurden getötet, unter ihnen neun Täter, und 200 verletzt.

Einer Katastrophe entrannen 271 israelische Touristen, auf deren Flugzeug im November 2002 im ostafrikanischen Mombasa mit zwei Luftabwehrraketen geschossen wurde. Die Täter verfehlten ihr Ziel. Zeitgleich rasten Selbstmordattentäter mit ihrem Wagen in die Lobby des Urlauberhotels „Paradise". 16 Menschen starben und 80 wurden verletzt. Die Beispiele ließen sich noch fortsetzen. Im Westen, wo sich die Terroristen auffallend stark zurückhalten, sind die Al-Qaida-Sympathisanten mittlerweile perfekt getarnt. Sie leben in Kleinstgruppen oder als Individualisten.

Schlechtes Timing für den ISI-Chef

Am 11. September 2001 kam es hinter den Washingtoner Kulissen zu einer Verknüpfung von überaus pikanten Umständen, die im Gegensatz zu den spektakulären Angriffen auf die Werte und Wahrzeichen Amerikas nur für wenige Entscheidungsträger sichtbar waren. Die Hauptfigur dieses Geschehens: Generalleutnant Mahmud Ahmed, ein resoluter, zackiger Soldat, der noch einen Monat lang Generaldirektor des mächtigen pakistanischen Staatssicherheitsdienstes ISI („Inter Services Intelligence") sein sollte.

Seine persönliche Vorgeschichte ist schnell erzählt: Er kam aus dem Militärapparat, der 1994 zusammen mit Angehörigen von Benazir Bhuttos Regierung und führenden

Islamisten Pakistans die Taliban geschaffen hatten. Das waren im Sinne des Wortes Koranschüler, die ursprünglich aus den afghanischen Flüchtlingslagern in Pakistan stammten und in Internaten entlang der Grenze jahrelang mit den Werten des ultrakonservativen Glaubens saudischer Prägung indoktriniert wurden.

Nachdem sich die Mudschahedin seit dem Abzug der Sowjets permanent bekriegt hatten, wurden die Taliban unter der Führung eines mysteriösen einäugigen Mullahs und Kriegsveteranen namens Mohammed Omar losgeschickt, um die wachsende Anarchie zu beseitigen und Afghanistan wieder in den (pakistanischen) Griff zu bekommen. Ihr Siegeszug begann im südlichen Kandahar. 1986 nahmen sie die Hauptstadt Kabul kampflos ein. Mit einer Mischung aus grenzenloser Grausamkeit und Koffern voller Dollars eroberten sie das Land, mit Ausnahme von etwa fünf Prozent im Norden, wo der „Löwe von Pandschir", Ahmed Schah Massud, und seine Getreuen der so genannten Nordallianz erbittert Widerstand leisteten.

Bis zu jenem schicksalhaften 9. September 2001, an dem der letzte legendäre Führer der Afghanen beim Anschlag zweier Al-Qaida-Terroristen so schwer verletzt wurde, dass er sechs Tage später starb. Die beiden Nordafrikaner hatten sich als Journalisten ausgegeben und ihre Bombe in einer Kamera versteckt. Es war sicherlich kein Zufall, dass der Hauptgegner der Taliban exakt zwei Tage vor den Angriffen in den USA beseitigt wurde. Bin Laden und die von ihm finanzierten Steinzeit-Islamisten der Taliban wollten das letzte Hindernis zur Übernahme des ganzen Landes noch rechtzeitig aus dem Weg räumen.

Zurück zu Generalleutnant Mahmud Ahmed. Sein Geheimdienst, die mächtigste Einrichtung der Islamischen Republik, hatte die Aufgabe, die Geschicke des Nachbarlandes durch die intensive Betreuung der Taliban mitzulenken. Militärpolitisch bedeutete dies für die Pakistaner, eine „strategische Tiefe" zu schaffen, also einen Ausgleich zur übergroßen Nähe zum indischen Todfeind auf der anderen Seite des Landes. In der Verantwortung des schnauzbärtigen Mahmud lag diese Schlangengrube seit 1999.

Vorher hatten ihn die militärischen Erfolge nicht gerade triumphal durchs Leben begleitet – mal abgesehen von jener spontanen Operation, als es darum ging, den gewählten Premierminister Nawaz Sharif hinter Gitter und die Khaki-Uniformen im Oktober 1999 an die Macht zu bringen. Der neue Militärdiktator Pervez Musharraf zeigte sich dankbar gegenüber dem bisherigen Korps-Kommandeur Rawalpindi. Seine Loyalität zahlte sich, wenigstens vorübergehend, aus.

Mahmud Ahmed stand 60 000 Spionen vor, einer kleinen Armee, die gerne jenseits der Grenzen operiert. Von keiner irdischen Macht eingeschränkt, durfte er schalten und walten, mit den Schattenfiguren der Region spielen. Bis zu jenem Katastrophen-Dienstag, an dem die Welt aus den Fugen geriet.

Der General hatte ganz einfach Pech, denn er befand sich am 11. September 2001 besuchsweise beim Partnerdienst CIA in Washington. Es waren ganz normale Konsultationen, die bereits Tage vorher begonnen hatten. Der Pate der Taliban war am 4. September angekommen und saß, wie so viele andere, nach den Anschlägen erst einmal fest. Intensiver und unmittelbarer konnte er also kaum erleben, was seine jahrelangen Schützlinge Osama bin Laden und Mullah Omar der Supermacht Furchtbares zufügten. An jenem Tag wusste Mahmud instinktiv, dass seine Karriere zu Ende gehen und dass er in Kürze den unrühmlichen tiefen Fall der meisten ISI-Chefs erleben würde.

In Washington hielt er noch mehrere Tage tapfer durch. Er traf Senator Joseph Biden, den Vorsitzenden des „Komitees für internationale Beziehungen" des Senats, Vizeaußenminister Richard Armitage, ein reaktivierter Veteran der Iran-Contra-Affäre, aber auch seine traditionellen Gesprächspartner bei der CIA und im Pentagon. Mahmud Ahmed erklärte gegenüber CIA-Direktor Tenet, Mullah Omar sei ein religiöser Mann mit humanitären Gefühlen, kein Mann der Gewalt. Für die Amerikaner war es das falsche Statement.

Richard Armitage konfrontierte den ISI-Chef mit dem Bescheid, Pakistan müsse in sich gehen und darüber entscheiden, „ob es für uns ist oder gegen uns". Es gebe nur die Wahl zwischen Schwarz und Weiß, ohne Zwischentöne. Am 13. September kündigte General Musharraf an, dass er seinen Geheimdienstchef nach Afghanistan schicken würde, um über das Schicksal Osama bin Ladens zu verhandeln. Vermutlich hatte man das bereits bei den Krisensitzungen in Washington als erste Maßnahme Pakistans beschlossen.

Nun eilte Mahmud nach Hause und weiter nach Kandahar, zur Zentrale der Taliban. Er überbrachte die amerikanische Drohung. Die Gotteskrieger, so informierte er Mullah Omar, hätten nur zwei Alternativen: ihren saudischen Freund und Gönner auszuliefern oder einen Krieg mit der unbesiegbaren amerikanischen Militärmacht zu provozieren.

Bekanntlich scheiterte diese Mission, und nicht nur einmal. Zu alledem wurde in den darauf folgenden Wochen deutlich, dass die aufgeschreckte Musharraf-Administration den Bock zum Gärtner gemacht hatte. Seine absolute Nähe zu und seine Vertrautheit mit den primitiven Machthabern von Afghanistan garantierte noch lange nicht, dass Mahmud sie auf einen neuen Kurs bringen konnte. Der General unterschätzte möglicherweise auch den Zorn der verwundeten Amerikaner und brachte Musharrafs Anliegen nicht mit dem gebührenden Nachdruck vor.

ISI-Unterstützung für die Terroristen

Mahmud Ahmed war zu Hause nie durch besondere Staatsschutz-Maßnahmen gegen militante Islamisten aufgefallen, wie es seine Pflicht gewesen wäre. Selbst bis zu den Kragenspiegeln im islamistischen Sumpf verkörperte er das, was man bei Islamabads stolzen Streitkräften einen bigotten Dschihadi-General nennt. Anfang Oktober 2001 wurde auch bekannt, dass er mutmaßlich eine Schlüsselfigur des Geldtransfers zu den Tätern von Washington und New York gewesen sein soll. Im August 1998 soll er Osama bin Laden gewarnt haben, bevor die Amerikaner ihre 75 Cruise Missiles gegen Ziele in Afghanistan und im Sudan abfeuerten. Nach diesen Enthüllungen konnte ihn auch ein wohlwollender Musharraf nicht mehr halten.

Mahmud wurde am 8. Oktober 2001 abgelöst und durch den früheren Korps-Kommandeur Peschawar und Chef des militärischen Geheimdienstes Ihsanul Haq ersetzt. Rasch merkten die Freunde in Washington, dass sich die Qualität der geheimen Informationen aus Pakistan verbesserte. Es war die Zeit der ersten Erfolge beim „Krieg gegen den Terror" in Afghanistan.

Ein halbes Jahr lang rumorte es im ISI. Nach dem 11. September wurden zahlreiche Islamisten gefeuert oder mindestens umgesetzt. „Wenn wir wirklich ein seriöser Partner für die westlichen Geheimdienste sein wollen", formulierte es ein interner Dissident des ISI im November

2001, „dann müssen wir schrumpfen, effektiv von der Regierung kontrolliert werden und uns der immer noch großen Zahl von religiösen Fanatikern entledigen."

Im Februar 2002 erfolgte eine Art Befreiungsschlag. Präsident Musharraf löste die Afghanistan-Abteilung des ISI auf und entließ 4 000 Mitarbeiter, nicht in die Arbeitslosigkeit, sondern zurück zu ihren alten Einheiten. Konsequenterweise gründete der ISI ein Jahr später sein eigenes „Counter Terrorism Center" (CTC) nach dem Vorbild der CIA. Der amerikanische Druck wirkte.

Krisensitzung im Bunker des Weißen Hauses

Zurück zum 11. September. Die so genannte Bush-Doktrin wurde am Nachmittag geboren. Am Abend trat der von einem Irrflug über den USA zurückgekehrte Präsident vor die Fernsehkameras. In einer siebenminütigen Rede wandte er sich an die Nation: „Keiner von uns wird diesen Tag vergessen. Wir werden nicht ruhen, um die Freiheit und alles, was gut und gerecht ist in der Welt, zu verteidigen." Es folgten Krisensitzungen, zuerst mit dem ratlosen Nationalen Sicherheitsrat, dann mit den wichtigsten Sicherheitsberatern des Präsidenten. Sie trafen sich im unwirtlichen Bunker des Weißen Hauses. Niemand wusste zu dieser Stunde, ob nicht ein weiterer Terrorangriff erfolgen würde.

Der vor allem im Außenpolitischen völlig unerfahrene Präsident ließ sich die Taliban und Al Qaida erklären, die Rolle des ISI und der pakistanischen Regierung. Verteidigungsminister Donald Rumsfeld, ein Kalter Krieger aus der Reagan-Ära, teilte der Runde mit, dass es keine Einsatzpläne gegen die Terroristen in Süd- und Zentralasien gab und dass sich keine US-Truppen in der Region befanden. Vorbereitungen für einen Vergeltungsschlag könnten bis zu 60 Tage dauern. Außenminister Colin Powell, ein Held des zweiten Golfkrieges und eher eine Taube, was Gewaltaktionen betrifft, gab sich entschlossen: „Wir müssen Pakistan und Afghanistan klarmachen, dass jetzt Showtime ist."

Vizepräsident Dick Cheney, ebenfalls ein Relikt aus der Regierung Bush senior, brachte Überlegungen über mögliche Angriffsziele in Afghanistan ein. Dabei kam er nicht weit. CIA-Direktor George Tenet, der bereits Bill Clinton gedient hatte, warf ein, er mache keinen Unterschied zwischen Al Quaida und den Taliban. Ein echtes Problem sei, dass Bin Ladens Anhänger auf 60 Staaten der Erde verteilt seien. Das regte die Phantasie des texanischen Präsidenten an und veranlasste ihn zu einem seiner Cowboysprüche: „Schießen wir sie der Reihe nach ab." Rumsfeld stellte fest, dass es nicht nur um Al Qaida und die Taliban ginge. Es gäbe diverse Länder, die den internationalen Terrorismus unterstützten. „Wir müssen sie zwingen, sich zu entscheiden", erwiderte der Präsident. Das Meeting wurde vertagt.

Osama bin Laden, der langbärtige Asket aus den afghanischen Bergen, war für die CIA seit Jahren eine nur vage berechenbare Größe. Die Analysten kannten seinen Hintergrund und hatten spätestens im Sudan verfolgt, wie er sich langsam zum gefährlichsten Terroristen der Welt entwickelte. Cofer Black, der damalige Chef des CIA-Anti-Terrorismus-Zentrums, hatte gleichzeitig mit ihm in Khartoum gelebt, ihn dort intensiv beobachten lassen und war gerade noch einem Anschlag auf sein Leben entronnen.

Nach und nach fügten sich bei den Geheimen die Steinchen zusammen. 1996 nahmen sie Bin Ladens erste Fatwa, eine Art religiösen Befehl, zur Kenntnis. Er forderte Angriffe auf westliche Militärziele auf der arabischen Halbinsel. 1998, kurz vor den Anschlägen auf die beiden amerikanischen Botschaften in Ostafrika, verkündete Osama bin Laden, die gläubigen Muslime hätten die religiöse Verpflichtung, zivile wie militärische Amerikaner weltweit anzugreifen.

Nun wurde Bin Laden intensiv beobachtet. Mehrere Jahre lang, und bis zum 10. September 2001, kannte die CIA zu jeder Zeit Bin Ladens Aufenthaltsort, manchmal in einem Radius von 50 Meilen, manchmal auf wenige Meter genau. Solche Informationen bekamen sie von Partnerdiensten, von menschlichen Quellen vor Ort und durch den Einsatz unbemannter Aufklärungsdrohnen, genannt Predator.

Halbherzige Jagd auf Bin Laden

Die amerikanischen Gesetze der Clinton-Jahre ließen keine gezielten Einsätze von so genannten „Hit Teams“, also Killerkommandos, zu. Seit Gerald Ford war dies verboten. Deshalb überlegten die CIA-Oberen an einer Strategie, den Chef-Islamisten ganz einfach zu entführen und damit aus dem Verkehr zu ziehen. Auch das war schwierig. Bei Vorbereitungen für solche Operationen in absolut feindlichem Terrain kamen im Laufe der Zeit zwischen 15 und 30 Angehörige amerikanischer Sondereinsatzteams ums Leben. Eine Zahl, die bis heute noch nicht offiziell bekannt gegeben wurde. Die Militärs und Geheimagenten standen bereit, nur die Politiker konnten sich zu keiner Entscheidung durchringen. Sie wollten jegliche Panne ausschließen und selbst kein Risiko übernehmen.

In den späten neunziger Jahren meldeten sie sich trotzdem immer wieder bei der CIA und mahnten exaktere Informationen über die Aufenthaltsorte von Bin Laden an. Wie immer es kam, es reichte nicht, um militärisch tätig zu werden. Nach den Anschlägen in Ostafrika unterzeichnete Präsident Clinton eine so genannte „presidential finding“. Er genehmigte eine geheime Operation, Bin Laden festzunehmen, wenn erforderlich mit Gewalt. Diese Anweisung wurde von Clinton dreimal erweitert.

Die Ergänzungen gestatteten auch Operationen gegen das Umfeld des Chefterroristen, so zum Beispiel Fluggerät abzuschießen, das ihn möglicherweise beförderte. Das Weiße Haus erlaubte nicht, amerikanische Truppen auf afghanischem Boden einzusetzen oder die Taliban anzugreifen. In der Folge benutzten die Amerikaner Söldner aus anderen Ländern der Region, um den gefährlichen Saudi zu greifen. Alle Versuche schlugen fehl. Erst nach dem 11. September hob George Bush die Verordnung gegen das gezielte Töten von Staatsfeinden auf. Bin Laden war zum Abschuss freigegeben.

Auf einer anderen Ebene liefen lange Zeit Verhandlungen mit den Taliban über die Auslieferung von Bin Laden an ein Drittland. Die westlichen Teilnehmer wussten, wie heilig den Afghanen die Gastfreundschaft ist, und deshalb behandelten sie Erfolgsaussichten dieser Taktik von Anfang an mit großer Skepsis. Ein entscheidendes Gespräch fand im westfälischen Dortmund statt. Einbezogen in das Treffen waren ein Europaabgeordneter der CDU, der amerikanische Botschafter in Berlin und ein in den USA lebender Vertrauter der Taliban, ein gebürtiger Afghane. Der Deal scheiterte, weil Washington in der entscheidenden Phase Desinteresse signalisierte.

Es mangelte nicht an hochrangigen Gesprächspartnern, die den Fall Bin Laden auf die relativ sanfte Art lösen wollten. Die Amerikaner verhängten zuerst einmal Sanktionen gegen die Taliban, schränkten ihre Reisebewegungen und ihre Waffenkäufe ein. Im Namen der US-Freunde versuchte der saudische Geheimdienstchef Prinz Turki bin Faisal das von ihm protegierte Taliban-Regime zur Übergabe Bin Ladens zu veranlassen. Auch Turkis afghanischer Kollege Mullah Khaksar traf im pakistanischen Peschawar mit CIA-Vertretern zusammen. Diese einmalige Chance verlief gleichfalls im Sand.

200 Millionen Dollar für die Nordallianz

Im April 2001 empfahl ein Unterausschuss des Nationalen Sicherheitsrates die Aufrüstung der Nordallianz. Das schien die am wenigsten riskante Methode zu sein, um im Afghanistan der neuen Gotteskrieger wieder effektiv mitzumischen. Die Dienste hatten folgendes Kräfteverhältnis gemeldet: 45 000 Kämpfer bei den Taliban, 20 000 im Norden. Für die brüchige Nordallianz sorgte bereits ein millionenschweres Programm der CIA. Im Süden unterhielt die Agency lockere Kontakte zu Stammesführern. Nun ging es nicht mehr länger um Geld und gute Worte, sondern um Schießgerät.

Es dauerte noch einmal Monate, bis sich der Ausschuss zu einer endgültigen Entscheidung durchringen konnte. Am 4. September 2001 empfahlen seine Mitglieder, der CIA jährlich bis zu 200 Millionen Dollar für die Bewaffnung der Taliban-Gegner zuzugestehen. Die dafür erforderliche „National Security Directive“ (NSD) wurde dem

Präsidenten am 10. September vorgelegt. Es war sehr spät, aber noch nicht zu spät.

Nach dem 11. September begann der Apparat zu rotieren. Eine Sitzung jagte die andere, vor allem beim Nationalen Sicherheitsrat. Die CIA legte ein umfassendes Konzept zur weltweiten Terrorbekämpfung vor. Das Pentagon erarbeitete Optionen zum direkten Angriff auf das Taliban-Regime. In den Papieren war die Rede von Marschflugkörpern und Langstreckenbombern, von gezielt eingesetzten Luftlandetruppen. Das State Department bekam die Anweisung, eine politische Koalition gegen Afghanistan zu schmieden, die im Kriegsfall den Amerikanern zur Seite stehen würde.

Immer häufiger tagte Bush mit seinem Kriegskabinett. Die Spannung wuchs permanent, und deshalb kalkulierten die „Tauben“ mit einer raschen Aktion. Eine militärische Konfrontation werde sich wohl nicht mehr vermeiden lassen. Immer wieder liefen Meldungen von unmittelbar bevorstehenden neuen Angriffen auf das Weiße Haus. In jedem Fall erwies sich das als Flop. Ende September sprach Bush im Kapitol und wandte sich dabei auch an 80 Millionen amerikanische Fernsehzuschauer: „Unsere Trauer hat sich in Zorn verwandelt, und der Ton in Entschlossenheit.“

Dialoge zwischen den USA und ihren wichtigsten Verbündeten fanden statt. Das betraf vor allem Tony Blair in London und Wladimir Putin in Moskau. Bush, der von

Afghanistan gar nichts wusste, ließ sich noch einmal die Grundzüge der dortigen Situation vortragen. Bei der CIA vertiefte man sich längst in wichtige Details für Fortgeschrittene. Star-Schreiber und Watergate-Enthüller Bob Woodward schildert in einem Buch die Meetings der ersten Wochen nach den Anschlägen. Darin auch eine typische Sitzung bei der CIA: „Zweitens, erklärten die CIA-Experten, müsse man erreichen, dass dieser Krieg als ein Krieg zwischen Afghanen und Arabern und nicht als einer zwischen Westlern und Afghanen erscheint. Entscheidend sei, ihn als Befreiungskrieg darzustellen."

Schon waren die Grundlagen für den späteren Propagandakrieg erschaffen: „Dies ist kein Krieg gegen den Islam, aber auch kein Krieg gegen das afghanische Volk." Das mussten vor allem Amerikas Diplomaten einüben und in den nächsten Monaten unisono wiederholen – bis sich die Welt in jene gespalten hatte, die es glaubten, und in jene, die es als Beschwichtigung erkannten.

Kriegführen ist wie ein Puzzle mit 1 000 Teilen. Nach und nach regelten Diplomaten und Militärs die Stationierungs-, Zugangs- und Überflugrechte. Schließlich liegt Afghanistan etwas ungünstig neben feindseligen Staaten wie dem Iran, halb freundlichen Ländern wie Pakistan. Und nirgendwo können die Marines, von ihren Landebooten kommend, telegen durch das seichte Wasser an den Strand waten. Wichtig bei diesen Vorbereitungen waren die Geschenkpakete der Amerikaner, militärische und andere Hilfszusagen. Damit konnte man gerade unsichere Kantonisten wie Usbekistan ködern.

Während die Vorbereitungen für einen großen Krieg gegen die Taliban und ihre arabischen Gäste auf Hochtouren liefen – es sollten keine bloßen Kommandounternehmen oder unsichere Luftschläge mit Raketen aus Atom-U-Booten sein –, versuchten sich die Geheimdienste und die mit ihnen bislang rivalisierenden Terrorismusbekämpfer im Polizeibereich möglichst konstruktiv einzubringen. Ihnen hatte der 11. September eine gewaltige Zäsur bereitet, besser noch ein Fiasko.

Am 26. September flog das erste, zehnköpfige CIA-Team (Codename „Nordafghanisches Verbindungsteam", NALT) in einem primitiven MI-17-Hubschrauber mit drei Millionen US-Dollar in bar über die schneebedeckten Berge des Hindukusch zur Nordallianz. Damit begann die offizielle Zusammenarbeit mit Massuds Leuten.

Ihr Chef, Cofer Black vom „Counter Terrorism Center" in Washington, hatte ihnen in seiner überaus direkten Art den Auftrag gegeben, ihm Bin Ladens Kopf zu bringen. Als der Kommandeur des CIA-Kommandos seinen ersten Funkspruch abgesetzt hatte, fügte er, so US-Journalist Bob Woodward, noch einen Satz hinzu. Er bat um einige stabile Pappkartons und Trockeneis, dazu, wenn möglich, ein paar Spieße.

Vage Terrorwarnungen für die CIA

Melodramatisch verkündeten die Sprecher der westlichen Geheimdienste, es würde nie mehr so sein wie vor dem historischen Datum. Sie meinten damit, man müsse nun aufrüsten und die Reihen schließen, den Krieg gegen den Terror weltweit und hoch motiviert führen. Objektiv war das Statement richtig, weil sich die Branche im Westen im Abschwung befand und weitgehend von den Erfolgen der Vergangenheit lebte. Es konnte also nur wieder bergauf gehen.

In den Monaten vor den Attentaten erreichten die amerikanischen Dienste zahlreiche, eher vage Hinweise auf bevorstehende Taten. Sie kamen aus Ägypten und Israel, Jordanien und Saudi-Arabien, von asiatischen und europäischen Partnerdiensten. Eine Meldung, beispielsweise, traf von drei verschiedenen Absendern ein: Bin Laden habe eine seiner vier Ehefrauen, die sich gerade in Syrien aufhielt, zur raschen Heimkehr nach Afghanistan aufgefordert. Die Auswerter witterten Unrat. Letzten Endes blieb aber alles diffus.

Der Marokkaner Hassan Tabou, Mitte 30, ist ein Phantom, wie viele in seinem Gewerbe. Er war Geheimagent, ein verdeckter Kundschafter, seinem jungen König treu ergeben. Hassan Tabou wurde in Algerien und im Irak eingesetzt – und in Afghanistan. Er schlich sich bei Osama bin Ladens Truppe ein, meldete viele Beobachtungen nach

Rabat. Im Sommer 2001 erfuhr er, dass Al Qaida einen neuen, schweren Schlag gegen die USA plante.

Man wollte auf amerikanischem Boden die Schlappe von 1993 wettmachen, das faktische Misslingen des Attentats auf das World Trade Center in New York. Hassan Tabou meldete auch dies, und seine Vorgesetzten sandten die Information zu den Freunden in Washington. Es war kein klarer Hinweis, was passieren würde, aber doch ein Stückchen, das ins große Mosaik passte. Hassan Tabou verließ Al Qaida rechtzeitig. Wer ihn und seinen Fall kennt, der weiß, dass er heute ganz anders heißt und unweit von Washington D.C. seinen neuen Lebensmittelpunkt gefunden hat. Er hat durch seine geheime Tätigkeit nichts verhindert, aber doch irgendwo geholfen. Das wird ihm honoriert.

Es gab eine ganze Reihe von Pleiten und Pannen der Geheimdienste vor dem 11. September. Nach den Anschlägen von 1998 in Ostafrika bot die sudanesische Regierung den Amerikanern die Auslieferung von zwei Verdächtigen an. Der Sudan galt in Washington jedoch als möglicher Mittäter. Also wurde der Arbeitskontakt verschnupft abgelehnt. Genauso lief es, als die streng islamische Regierung in Khartoum den USA ein dreihundertseitiges Dossier über Al Qaida anbot. Am Nil wollte man Punkte machen und wieder in den Kreis der Partnerstaaten aufgenommen werden.

Erst nach dem Desaster vom 11. September begann das große Umdenken in den bilateralen Kontakten zwischen

Washington und Khartoum. CIA und FBI richteten sich bei den ehemaligen Feinden ein. Die Regierung von General Omar Hassan Baschir überreichte amerikanischen Diplomaten 200 Ordner mit Material zu Bin Ladens sudanesischer Phase. 30 mutmaßliche Al-Qaida-Aktivisten wurden festgenommen und des Landes verwiesen.

Beispiel Djemal Beghal: Abu Zubeida alias Abu Hamza, ein enger Vertrauter von Osama bin Laden, ließ im Juli 2001 den 1965 in Algerien geborenen und in einem Pariser Einwandererviertel aufgewachsenen Franzosen zu sich kommen. Beghal hatte gerade eine militärische Ausbildung in einem der afghanischen Lager absolviert. Nun, sagte Abu Zubeida, sei die Zeit gekommen, das Gelernte umzusetzen. Er ordnete an, Beghal solle über Marokko und Spanien nach Frankreich zurückkehren und einen Selbstmordanschlag auf die amerikanische Botschaft in Paris vorbereiten.

Der getreue Eleve rasierte seinen buschigen Bart ab und kleidete sich westlich. Bei der Rückreise, am 28. Juli, tauchte sein Name auf dem Computermonitor der Flughafenpolizei von Dubai auf. Er wurde festgenommen, in eine dunkle Zelle gesteckt und wochenlang kräftig unter Druck gesetzt. Das führte am Ende zu ausführlichen Geständnissen. Er wusste über Zacarias Moussaoui, einen der verdächtigen Flugschüler aus den USA, genauso wie über den bekannten Fußballspieler Nizar Trabelsi Bescheid. Trabelsi sollte sein Komplize beim Pariser Anschlag werden. Am 23. September unterzeichnete Beghal 32 Dokumente in arabischer Sprache, sein Geständnis, und wurde dann nach Paris abgeschoben. Viele seiner Informationen kamen zu spät.

Nicht nur der gebürtige Marokkaner Moussaoui wäre rechtzeitig zu enttarnen gewesen, wenn das FBI seine Aufgaben ernster genommen und die über ihn vorliegenden Informationen sinnvoller ausgewertet hätte, sogar der Anführer der Attentäter des 11. September, der Ägypter Mohammed Atta, wäre bei größerer Effizienz der Polizei von Florida aufgeflogen.

Der Hintergrund: Am 26. April 2001 wurde der ehemalige Hamburger Architekturstudent auf dem Inverary Boulevard von Fort Lauderdale mit einem roten Pontiac kontrolliert. Er konnte oder wollte seinen Führerschein nicht zeigen, und deshalb stellte der Deputy Sheriff eine Verwarnung aus. Mohammed Atta sollte das fehlende Dokument 30 Tage später im County West Satellite Courthouse vorlegen. Am 2. Mai ließ er sich einen lokalen Führerschein ausstellen, fehlte aber beim Termin Ende Mai. Nun wurde er im polizeilichen Informationssystem von Florida zur Festnahme gespeichert. Trotzdem überstand der Islamist am 5. Juli mit viel Glück eine weitere Verkehrskontrolle. Durch einen dummen Zufall hätte er ohne weiteres vor dem 11. September auffliegen können.

Beispiele dieser Art gab es noch eine ganze Reihe. Jeder einzelne Fall war eine Katastrophe für die amerikanische

Geheimdienstgemeinde und die Bundespolizei FBI. Die Sicherheitsbehörden präsentierten sich vor dem 11. September zeitweise äußerst mangelhaft koordiniert. Nicht selten überlappten sich die Zuständigkeiten, suchte man aber vergebens nach einer gemeinsamen Strategie.

US-Geheimdienste: Jeder für sich alleine

Am Geld konnte es nicht liegen, denn die Dienste verbrauchten bis zum 11. September bereits 35 Milliarden Dollar pro Jahr – 90 Prozent davon im technischen Bereich – und sogen nach den Anschlägen gierig einen Sofort-Nachschlag von einer Milliarde Dollar auf. Damit vergrößerte das FBI sein Anti-Terrorismus-Personal sofort von 1 000 auf 4 000 Mitarbeiter.

Ein typisches Beispiel für die Misere der gesamten Branche war das bis zum 11. September von nur 200 Mitarbeitern belebte „Counter Terrorism Center“ (CTC) der CIA. Mit großen Erwartungen 1986 gegründet, um die Terrorabwehr aller damit befassten Behörden zu koordinieren, konnten anfangs veritable Erfolge präsentiert werden. Dann nahmen die Intrigen innerhalb der Abteilung zu, behinderten eifersüchtige Terrorexperten anderer Behörden den Austausch der Informationen. Unter dem Schock der Ereignisse wurde das CTC nach dem 11. September im Eiltempo auf 800 Mitarbeiter aufgestockt.

Trotz aller, auch teuren Bemühungen, entstand 2001 nur zögerlich eine gemeinsame Datenbank mit dem gesamten Terrorismus-Wissen amerikanischer Ermittler. Das neue Konzept sah vor, dass beispielsweise die CIA vom hohen Ross der exklusiv-elitären Briefings im Weißen Haus und im Pentagon heruntersteigen und sich künftig auch mit der Küstenwache, dem Zoll, der Drogenbehörde DEA und anderen lokalen Aufpassern austauschen sollte.

Seit dem Ende des Kalten Krieges waren die westlichen Geheimdienste unermüdlich damit beschäftigt, sich selbst neu zu erfinden. In ihrer Euphorie über die schier unerschöpfliche Vielfalt der schönen neuen Technologiewelt entfernten sie sich vom traditionellen Agentenalltag, entließen erfahrene Fallführer in den Ruhestand und kümmerten sich nicht um Nachwuchs, schalteten bewährte Quellen rigoros ab.

Falsche Taktik, falsches Personal bei der CIA

„Signals Intelligence", also das Abhören und Beobachten der Zielpersonen mit Hilfe von Elektronik, schlug die gute, altmodische „Human Intelligence" inzwischen um Längen. Nach der Niederlage des 11. September zog sich durch alle amerikanischen Strategiedebatten die Sehnsucht nach neuen Aufklärern am Feind. Auch die teuersten Satelliten, so die überraschende Erkenntnis, können schließlich die finsteren Vorhaben archaischer Islamisten-Sekten in weltentrückten Berghöhlen nur ungenügend erkennen.

Die „Süddeutsche Zeitung“ fasste es bei einer Analyse der amerikanischen Nachrichtendienste Ende Oktober 2001 in einem Satz zusammen: „Blindes Vertrauen in jede Form von Elektronik und Technik hat die Ränge verdeckt arbeitender Aufklärer ausgedünnt.“ Die Zeitung zitierte einen ehemaligen CIA-Mitarbeiter mit folgenden Worten: „Die CIA hat wahrscheinlich keinen einzigen wirklich qualifizierten, arabisch sprechenden Mitarbeiter mit einem Hintergrund im Nahen Osten, der glaubwürdig einen muslimischen Fundamentalisten spielen kann und der freiwillig Jahre seines Lebens mit beschissenem Essen und ohne Frauen in den Bergen Afghanistans verbringt. Du lieber Gott: Die meisten CIA-Angestellten leben in den Vororten von Virginia. Solche Sachen machen wir nicht.“ Ein anderer seiner Kollegen brachte es noch stärker auf den Punkt: „Operationen bei denen Durchfall Teil der Lebensart ist, gibt es nicht.“

Eine Islamistenzelle zu infiltrieren ist zweifelsohne noch schwerer, als in die eingeschworenen Zirkel von Terrororganisationen wie IRA und ETA oder der italienischen Mafia einzudringen. Im Regelfall kommen die islamischen Fundamentalisten aus demselben familiären Umfeld. Sie sind zusammen aufgewachsen, häufig in einer strengen Koranschule, haben im selben Ausbildungslager gelebt. Sie folgen demselben Führer. Jeder fremde Seiteneinsteiger muss sich hier besonders bewähren und befindet sich pausenlos im Rampenlicht. Keine gute Arbeitsgrundlage für V-Leute und Agenten der traditionellen amerikanischen Art.

Kritische Stimmen waren in den USA unmittelbar nach dem 11. September absolut verpönt. Nur eine Überdosis an Patriotismus zählte. Erst Monate später forderten unbequeme Insider, die CIA gehörig umzukrempeln. Eine erste Vorlage lieferte der populäre „Newsweek"-Kolumnist Fareed Zakaria in der Ausgabe vom 21. Januar 2002. Darin bezeichnete er die CIA als „schwerfälligen Giganten, falsch ausgerüstet für die Welt, in der er operiert". Die CIA sei eine „hierarchische Organisation, strukturiert, eine andere hierarchische Organisation – wie die Sowjetunion – zu attackieren und nicht die schattenhaften, dezentralisierten Feinde von heute".

Dafür, so „Newsweek", müsse die CIA neues, besseres Personal einstellen. Die mittelmäßigen Rekruten des letzten Jahrzehnts sollten der Vergangenheit angehören. Mit neuen Leuten könne man auch wieder Risiken eingehen. Die CIA sei jetzt „eine übervorsichtige und konservative Bürokratie". Denn stolz und selbstbewusst sei der Auslandsnachrichtendienst nur dann gewesen, wenn er das Weiße Haus hinter sich gewusst habe. Das sei lange her.

Harte Kritik an den Geheimdiensten

Die Senatoren John McCain und Joseph Lieberman veranlassten einen parlamentarischen Untersuchungsausschuss, der die Versäumnisse vor dem 11. September aufklären sollte. Seine Ergebnisse wurden im Dezember 2002 in einem neunhundertseitigen Band veröffentlicht.

Die wichtigsten Erkenntnisse daraus: „Die Nachrichtendienste und Ermittlungsbehörden haben aus einer Vielzahl von Gründen eine Reihe von Informationen nicht miteinander verknüpft und nicht vollständig gewürdigt, die die Chancen zur Aufdeckung und Verhinderung von Osama bin Ladens Plan, die Vereinigten Staaten am 11. September 2001 anzugreifen, deutlich erhöht hätten." Die Geheimdienste hätten zwar nicht Zeit, Ort und die spezifische Natur der geplanten Anschläge gekannt, aber doch „eine Menge wertvoller Informationen" über den Terroristenchef und seine Operationen. Der Abschlussbericht listet „versäumte Gelegenheiten", „Fehleinschätzungen", „mangelnde Kommunikation und Kooperation" sowie „Versagen" auf.

Am 7. Oktober 2001, einem Sonntag, mittags um 13 Uhr Ostküstenzeit wandte sich der Präsident aus dem Treaty Room, der sich im ersten Stock des Weißen Hauses befindet, an die Nation: „Guten Tag. Auf meinen Befehl hin hat das Militär der Vereinigten Staaten mit Angriffen auf terroristische Ausbildungslager von Al

Qaida und Militäreinrichtungen des Taliban-Regimes in Afghanistan begonnen. [...] Unser Militäreinsatz zielt auch darauf ab, den Weg freizumachen für anhaltende, umfassende und unnachgiebige Operationen, um sie (die Terroristen) hinauszujagen und sie der Gerechtigkeit zuzuführen."

Abschließend drückte Bush auf die in solchen Fällen übliche Tränendrüse und verlas den Brief einer Neunjährigen, deren Vater an die neue Front musste. Ihr Kernsatz: „Sosehr ich es auch hasse, dass mein Dad in den Krieg zieht, aber ich bin gewillt, ihn Ihnen zu geben."

Um 14.45 Uhr begann die erste von vielen Pressekonferenzen, zu denen das Pentagon eingeladen hatte. Verteidigungsminister Donald Rumsfeld und Generalstabschef Richard Myers versuchten, ein möglichst positives Bild vom ersten Kriegstag der Operation „Dauerhafte Freiheit" zu zeichnen. Zögernd nannte der General Fakten: Im Einsatz waren 15 landgestützte Bomber, 25 Maschinen von Flugzeugträgern, 50 Tomahawk-Marschflugkörper von der amerikanischen und britischen Marine.

Bob Woodward resümierte: „Was er nicht erwähnte, war die Tatsache, dass es nur 31 Ziele auf der Liste gab, alles Ziele mit niedrigem Kollateralschaden in entlegenen Regionen. Die Ziele waren die Al-Qaida-Brigade, Frühwarnradar, einige Kommandozentralen, die von Al Qaida und den Taliban genutzt wurden, Militärflugzeuge, Militärflugplätze und Landebahnen der Taliban, die Ausbildungslager der Terroristen, die großteils leer waren, und verschiedene Boden-Luft-Raketenstellungen."

Schon am zweiten Tag zogen die US-Maschinen über Afghanistan ihre Kreise und wussten nicht, was sie noch angreifen sollten. In dem ohnehin zerstörten Land gingen ihnen die Ziele aus. Das ratlose Central Command des Generals Tommy Franks teilte den Piloten schließlich „killing zones" zu. Sie durften sich ihre Ziele selbst suchen und zerstören.

An diesem Tag liefen drei Dutzend Taliban-Kommandeure zusammen mit etwa 1 200 Kämpfern über. Der Geldkoffer der CIA-Sondereinheit hatte den Weg geebnet. Am 9. Oktober bewies Rumsfeld bei seiner Pressekonferenz, dass er gelegentlich erschreckend ehrlich sein kann. Er sagte das voraus, was später eintreten sollte: „Ich glaube nicht, dass wir eine Verantwortung dafür haben herauszufinden, welche Art von Regierung das Land haben sollte. Ich kenne niemanden aus anderen Ländern, der klug genug wäre, anderen Ländern zu sagen, welche Art von Arrangement sie treffen sollten, sich selbst zu regieren."

Die Luftangriffe nahmen immer mehr zu. Auch nach vier Wochen wurden täglich noch 90 bis 120 Einsätze geflogen. Sie sollten vor allem die Taliban-Einheiten im Norden vernichten, um den Truppen von Massud-Nachfolger Mohammed Fahim eine Möglichkeit zu geben, mit seinen Kämpfern vor die Tore Kabuls zu marschieren. In den Fernsehberichten aus dem Lager der Nordallianz sah man wehrhafte Afghanen, wie sie die Kondensstreifen der amerikanischen Bomber beobachteten und danach die Feuerbälle auf den feindlichen Hügeln bewunderten. Sie warteten ab, bis der gegnerische Widerstand erlahmte, erst dann wollten sie in Aktion treten. Letztlich kam es auch so.

Mit Dollarbündeln die Taliban gekauft

Die auch in der vierten Kriegswoche noch nicht versiegenden Geldkoffer der CIA trugen viel dazu bei, die Frontlinien auszudünnen. Mit Hilfe der Nordallianz boten die Amerikaner den strategisch wichtigen Kommandeuren der Islamisten jeweils 50 000 Dollar Handgeld. Das ließ sie rasch ihre fromme Grundausbildung sowie Allahs mögliche Rache vergessen und dem Feind die Reihen in Richtung Kabul öffnen. Die grausamen, häufig psychopathischen Taliban hatten Jahre zuvor auch ihren Vormarsch mit Geldbündeln beschleunigt. Ein probates Mittel, um in Afghanistan militärische Konflikte zu entscheiden, ohne selbst zu viele Kämpfer zu verlieren.

Inzwischen operierten bereits vier Trupps der Special Forces des CIA-Direktors Tenet bei Schlüsseleinheiten der Nordallianz, insgesamt 100 Mann. Diese Militärberater bewegten sich, wie die Einheimischen, auf Pferden, waren deshalb sehr wendig. Ihr Einsatz war so geheim wie die meisten anderen Elemente dieses Krieges. Die Amerikaner lieferten nur ein Minimum an Informationen, und den wenigen Fakten konnten Medien und Öffentlichkeit nicht wirklich vertrauen. Noch übler lief es auf der Gegenseite. Kabuls Botschafter in Islamabad, Saif, lud fast jeden Tag zur Pressekonferenz ein und erzählte dabei haarsträubende Geschichten. Ein Happening aus Tausendundeiner Nacht.

Nach drei Wochen Dauerbombardements nötigten die simplen Krieger mit ihren langen Bärten und schwarzen Turbanen den hochtechnisierten Angreifern durchaus Anerkennung ab. Es sei ein „unerwartet robuster Gegner", stellte der Pentagon-Sprecher Konteradmiral John Stufflebeem überraschend fest. Beim nördlich von Kabul gelegenen Militärflughafen Bagram hatten sich Taliban und Nordallianz eingegraben. Die Suche von 100 US-Fallschirmjägern nach Taliban- und Al-Qaida-Führern im Raum Kandahar bescherte ebenso wenig Erfolg wie die Angriffe der Nordallianz auf die 200 000 Einwohner zählende vorübergehende Taliban-Hochburg Mazar-i-Sharif im Norden, 50 Kilometer von der usbekischen Grenze entfernt.

Mit Interesse lauschte die Welt der Erklärung von Donald Rumsfeld, Bin Laden könne vielleicht gar nicht gefangen werden. Die Welt sei groß, und der Oberterrorist keineswegs unvermögend. Wollte Rumsfeld vorbeugen? Ahnte er, dass die Amerikaner eines ihrer wichtigsten Kriegsziele nicht erreichen würden? Nur sehr pauschal und unwillig ging der Pentagon-Chef auf die zunehmenden

Kollateralschäden ein. Mangels militärischer Bombenziele traf es immer mehr Zivilisten, vor allem in Städten wie Kabul. Die Wirkung der geächteten Clusterbomben, abgeworfen von achtstrahligen B-52H, war verheerend.

Hinter vorgehaltener Hand gaben die Amerikaner zu, dass es schon viel zu viele Parallelen zum Vietnamkrieg gab. Auch in Afghanistan hatten sie das Geschick des Gegners und seine propagandistische Skrupellosigkeit unterschätzt. Das mussten sie nun durch gewaltigen Materialaufwand ausgleichen. Asymmetrischer konnte ein Krieg nicht sein: auf der einen Seite zerlumpte Figuren, die den Eindruck erweckten, als kämen sie mit Hilfe einer Zeitmaschine aus den Tiefen des Mittelalters, auf der anderen Seite das aktuellste Vernichtungspotenzial der Hightech-Labors.

Allahs Krieger saßen in Erdlöchern und warteten geduldig auf ihre Vernichtung, während die unsichtbaren Feinde in vielen Fällen 13 Stunden lang flogen, ihre tonnenschwere Bombenlast anonymen Computerdaten überließen und dann wieder zu ihrer Heimatbasis zurückkehrten. Ein Zusammenprall der niedrigen und der hoch stehenden Zivilisation mit absolut tödlicher Konsequenz.

Mit dem Monatswechsel Oktober/November kam die lang erwartete Wende auf dem Schlachtfeld. Zuerst schoss die US-Luftwaffe die beiden Verteidigungsringe um Mazar-i-Sharif sturmreif. Am Boden herrschte das totale Chaos. Nachschub- und Fluchtwege, Unterstände und Fahrzeuge der Taliban waren zerstört. Dann lief ein Kommandeur mit seinen Leuten zur Nordallianz über, um sich die üblichen Dollarbündel abzuholen. Der Verteidigungsring war durchlöchert.

Ein Siegeszug von Norden nach Süden

Der traditionelle Herrscher von Mazar, Usbeken-General Abdul Raschid Dostum, führte 600 Reiter an, die sich durch diese Lücke drängten. Das Durcheinander war heillos, als die Amerikaner mitten in diese Szene zwei „Daisy Cutter" warfen, jeweils 7,5 Tonnen schwere Bomben, die im Umkreis von 600 Metern nur noch Zerstörung hinterlassen. Die Taliban waren am Ende. Schon Stunden später feierten die Sieger im Zentrum von Mazar mit der Zivilbevölkerung, die von den bigotten Paschtunen aus dem Süden tyrannisiert worden war. Bei der Besetzung von Mazar, im August 1998, hatten die Taliban 5 000 Zivilisten massakriert. Das wurde nun gerächt. Unmittelbar nach Mazar fiel Taloqan. Mit Ausnahme von Kundus, wo erbitterte Kämpfe andauerten, war der Norden befreit.

Nun kam Kabul, die Hauptstadt, an die Reihe. Heftige Luftangriffe töteten etwa 2 200 Taliban, die beim Flughafen Bagram den Weg nach Süden versperrten. Während in den Lagebesprechungen des Weißen Hauses noch darüber diskutiert wurde, Kabul vorläufig zu umgehen und dann etwa eine Woche später mit einer mulinationalen Truppe zu besetzen, erreichten die Einheiten der Nordallianz am 13. November den Rand der Millionen-Metropole. Sie zögerten keinen Augenblick und ignorierten die Wünsche ihrer amerikanischen Gönner. 2 000 Mann besetzten die Stadt und sorgten für ihre Ordnung. Dazu kamen 500 Getreue des alten Mudschahedinführers Abdul Rab Rasul Sayyaf, die ebenfalls nach Kabul drängten, dann aber in Richtung pakistanischer Grenze weiterzogen. 8 000 Taliban ließen Kabul kampflos hinter sich. Sie wollten nur noch ihr nacktes Leben retten.

Auch das westliche Zentrum Herat wurde von den Taliban aufgegeben. Warlord Ismail Khan, der lokale starke Mann und lange Arm des iranischen Regimes, kehrte mit 4 000 Kämpfern in sein Stammland zurück. Seine Ansprüche waren eindeutig: „Wir haben 23 Jahre mit unseren Feinden gekämpft. Jetzt werden wir nicht irgendwelchen fremden Kräften erlauben, über unsere Zukunft zu entscheiden. Das Zeitalter des Lakaientums ist vorbei." Die Stammesältesten in der Großen Moschee von Herat nickten beifällig.

In Panik flüchteten die Taliban Richtung Kandahar und in die Bergregion um Tora Bora, unweit der Stammesgebiete, die Pakistan und Afghanistan trennen. Am 7. Dezember fiel auch Kandahar, jedenfalls offiziell. Mullah Omar und seine engsten Vertrauten verschwanden spurlos. Die Taliban und Al Qaida hatten bis dahin etwa 15 000 Kämpfer verloren.

Der US-Verbündete Hamid Karzai, heute Präsident des Landes, kümmerte sich mittlerweile im Südosten um seine paschtunischen Stammesbrüder und erkaufte sich mit Dollarscheinen ihre Loyalität. Am Ende rechneten die akribischen Kassenwarte der CIA aus, dass sie rund 70 Millionen Dollar in bar ausgegeben hatten. George Bush hielt diese Maßnahme und den mit ihr verbundenen Effekt für „eines der günstigsten Schnäppchen aller Zeiten".

Nun kam die Stunde der individuellen Racheaktionen. Der brutale Nordallianz-General Dostum soll beispielsweise den Befehl gegeben haben, teilweise unter den Augen der amerikanischen Offiziere mehrere tausend Gefangene hinzumetzeln und in der Wüste zu verscharren. Das Ausmaß der Morde wurde erst nach Monaten erkennbar.

Auch aus den südlichen und westlichen Randprovinzen Afghanistans flüchteten die ihrerseits grausamen Koranschüler. Sie legten den schwarzen Turban ab und versteckten sich erst einmal in ihren Heimatdörfern. Viele einfache Kämpfer verdingten sich bald wieder bei den neuen alten Kriegsherren, die ihr Afghanistan zum zweiten Mal übernahmen.

In Kabul bildete die Nordallianz in großer Eile eine Übergangsregierung. Sie sollte die Eroberung sichern und bis zur Großen Stammesversammlung „Loyah Jirgah", ein halbes Jahr später, vollendete Tatsachen schaffen.

Die Taliban plünderten währenddessen ihre umfangreichen Waffenverstecke und begannen, einen Guerillakrieg zu organisieren, der bis heute andauert und an Intensität immer weiter zunimmt. Nur selten melden sie sich zu Wort, weil ihnen die Notwendigkeit von Publicity fremd ist. Eine ihrer letzten bekannten Stellungnahmen: „Wir werden unsere Nation und Religion bis zum Tod verteidigen, und wir sind sicher, dass der allmächtige Allah uns siegen hilft.“ Das war Sayed Tayyad Agha, einer der engsten Vertrauten von Mullah Omar. Von Aussage und Diktion her hätte es auch George Bush sein können.

Dieser richtete sein Augenmerk in den letzten Wochen des Jahres 2001 auf das weit verzweigte Höhlensystem von Tora Bora („Schwarzer Staub“). Dort vermuteten die Militärs sowohl die Spitze von Al Qaida als auch die wichtigsten Taliban-Führer. Tora Bora ist die Spitze des Eisbergs eines gewaltigen, Jahrtausende alten Tunnelsystems. Schon als Dschingis Khan hier einfiel, versteckten sich die Afghanen in den Karsthöhlen.

Materialschlacht um Tora Bora

Während der sowjetischen Besatzungszeit ließ Osama bin Laden die Bergfestung Tora Bora ausbauen. Nun beherbergten die unterirdischen Gänge Waffenlager, Trainingsmöglichkeiten, eine eigene Wasser- und Stromversorgung, Ventilation und sogar ein Lazarett. Zugänglich waren sie nur über schmale Bergpfade, aus der Luft kaum zu erkennen. Acht Tage lang versuchten die Sowjets 1985, Tora Bora auszuräuchern. Vergeblich. Jetzt waren die Amerikaner an der Reihe, angeleitet von den Worten ihres Oberkommandierenden George Bush, der in Oklahoma City mit gewohnt simpler Diktion erklärte: „Keine Höhle ist tief genug für Amerika oder dunkel genug, um sich darin zu verstecken."

Inzwischen war „Camp Rhino" entstanden, der erste US-Stützpunkt auf afghanischem Boden. Das Feldlager gehörte zu einem Flugplatz bei Kandahar, den die Reichen aus dem Morgenland immer nutzten, wenn sie an den Hindukusch zur Pirsch kamen. Nun wurde das Areal von 1 000 Elitesoldaten in Besitz genommen. Von hier aus jagten die GIs nach Taliban- und Al-Qaida-Kämpfern, die in den Bergen von Tora Bora vermutet wurden. Es war eine mühsame Operation.

Eine Woche lang tauchten die B-52-Bomber und auch wendigere Varianten im Zehn-Minuten-Rhythmus über der kahlen Berglandschaft auf und warfen ihre tödlichen Lasten ab. Aus dem Tal schossen Panzer und weit reichende Artillerie in die Berge. Drei Männern der Special Operations und zwei CIA-Leuten war es gelungen, sich in das weitläufige Gelände zu schleichen. Mit ihren Laserzielbestimmungsgeräten lieferten sie vier Tage lang die erforderlichen Daten für die Luftschläge.

Ein „Spiegel"-Augenzeuge berichtete über die Kämpfe um Tora Bora: „Und immer dasselbe Bild: zuerst der riesige, rote Feuerball, der blitzschnell in dickem, pechschwarzem Rauch verschwindet; die aufsteigende Staubwolke, die eine Ewigkeit lang über der Einschlagstelle schwebt; und dann die Detonation, deren Echo donnernd hinunterrollt ins Tal. Manchmal brechen die dichten Wolken auf, und ein einsamer Sonnenstrahl beleuchtet die gespenstische Szenerie wie ein himmlischer Fingerzeig."

Die Gegenseite ließ sämtliche Ultimaten verstreichen und verweigerte beharrlich die Kapitulation. Daraufhin setzten die afghanischen Verbündeten der Amerikaner zum Sturm an. Am Ende mündete die Schlacht um Tora Bora in einem Kampf um jeden Quadratmeter, um jeden Verbindungsgang, jede Höhle. Eine unbestimmte Zahl von afghanischen und arabischen Islamisten kam ums Leben, allem Anschein nach aber keine Führer. Diese hatten sich schon vor der Belagerung abgesetzt. So bereitete Tora Bora eine riesige Kraftanstrengung und war am Ende nur ein mäßiger Propagandaerfolg.

Während auf dem Bonner Petersberg ein erstes Mal über die Zukunft Afghanistans beraten wurde, herrschte im Land selbst nackte Anarchie. Hilfsorganisationen wurden überfallen, ihre Lager ausgeräumt. Vielerorts flammten wieder Kämpfe auf. Am 20. Dezember 2001 einigte sich schließlich der UN-Sicherheitsrat auf eine fünftausendköpfige Schutztruppe für die Hauptstadt Kabul: ISAF. Bis zu 29 Staaten beteiligten sich an dieser Maßnahme. Zwei Tage später konnte die Regierung Karzai ihre Arbeit aufnehmen. Ende Januar sagte die internationale Geberkonferenz, an der 60 Staaten und 22 Hilfsorganisationen teilnahmen, für die folgenden drei Jahre Spenden in Höhe von drei Milliarden Dollar zu.

Als der harsche afghanische Winter nachließ, versuchten die Amerikaner erneut, die verschwundenen Taliban-Führer und Terrorchef Bin Laden zu finden. Zusammen mit mehreren Verbündeten rückten sie am 2. März 2002 zur größten Bodenoffensive im Rahmen der afghanischen Kriegshandlungen aus. Operation „Anaconda" dauerte exakt 16 Tage und wurde von Centcom-Kommandeur Tommy Franks am Ende als Erfolg bezeichnet. Weitere Militäroperationen schlossen sich in den nächsten Monaten an.

Während ihres Feldzugs hatten die Amerikaner rund 3 000 feindliche Kämpfer gefangen genommen. Die Kombattanten kamen hauptsächlich in Bagram und Kandahar unter. Als dort der Platz eng wurde, fiel den Strategen im Weißen Haus eine ungewöhnliche Lösung ein. Sie transportierten die Glaubenskrieger um die halbe Erde zur kubanischen US-Enklave Guantanamo.

Das Straflager von Guantanamo

Hier, an der südöstlichen Spitze der Zuckerinsel, befindet sich die älteste Militärbasis der Amerikaner außerhalb der USA. 1903 unterzeichneten beide Länder einen Pachtvertrag. Dieser kann nur gekündigt werden, wenn beide Partner es wünschen. Die Kubaner wünschten es mit der Machtübernahme Fidel Castros im Jahre 1959. Er weigerte sich seither, die 4 085 Dollar Jahrespacht anzunehmen. Das 117 Quadratkilometer große Marine-Areal ist ein Platz, wo kein Völkerrecht gilt. Deshalb haben die Amerikaner ihre 680 Gefangenen aus Afghanistan in Guantanamo untergebracht.

Die Lebensbedingungen für die Häftlinge im rechtlichen Niemandsland sind menschenunwürdig, weil die Amerikaner – nicht nur in ihrer kubanischen Kolonie – sowohl unter einer Untersuchungshaft als auch unter Strafvollzug eine Art Rache verstehen. Die Hälfte der Gefangenen aus Afghanistan werden als „gefährlich“ eingestuft, der Rest je zur Hälfte als „bedingt gefährlich“ und „ungefährlich“. Viele von ihnen befinden sich seit mehr als zwei Jahren in Guantanamo. Sie kamen damals in orangefarbenen Overalls an, an Händen und Füßen in Ketten, die Augen verbunden. Da sie nicht richtig gehen konnten, wurden sie auf ein Mittelding zwischen Leiterwagen und fahrbarer Krankenbahre gelegt und von Baracke zu Baracke geschoben. Fernsehbilder mit solchen Szenen gingen um die Welt und lösten vorwiegend Empörung aus.

Die erste Phase des Straflagers Guantanamo hieß „Camp X-Ray“ und bestand aus Drahtkäfigen, in denen die bärtigen Muslime wie wilde Tiere lebten. Nach einem Jahr wurde „Camp X-Ray“ geschlossen und durch „Camp

Delta" ersetzt. Die Baufirma hieß Brown & Root Services und zählt zum Halliburton-Konglomerat, der ehemaligen Firma des Vizepräsidenten Cheney. Das neue Lager besteht aus stählernen Mauern und hat feste Toiletten.

Am Alltag hat sich nicht viel geändert. Die „illegalen Kombattanten" leben hier ohne Anklage, ohne rechtliche Vertretung, mit wenigen sozialen Kontakten. Das Pentagon betrachtet sie nicht als Kriegsgefangene, da ihnen sonst ein Aussageverweigerungsrecht zustehen würde. Sie sind auch keine Kriminellen, denn das würde ihnen ebenfalls ein Minimum an Rechten garantieren. Sie sind einfach Terroristen jenseits der Zivilisation.

Die als „gefährlich" eingestuften Insassen dürfen nur dreimal pro Woche aus ihren zwei mal zweieinhalb Meter großen Einzelzellen, um sich zu bewegen oder zu duschen. Die anderen haben es besser, und das führt die Gefängnisverwaltung gerne vor. Auch die Renitenten sollen den Kontrast sehen.

Seit März 2003 existiert eine Extralager für Gefangene, die nach Wertung der Aufseher kooperiert haben. Sie tragen weiße Uniformen, leben in Räumen mit sechs bis zwölf Betten, essen im Freien und treiben Sport. Wer über sein früheres Leben plaudert und nützliche Informationen liefert, bekommt gutes muslimisches Essen und wird freundlich behandelt. Er wird auch nicht mehr in Handschellen vorgeführt. Im Vergleich zum alten „Camp X-Ray" wirkt dieses Leben wie ein Luxusurlaub.

Journalisten, denen die Häftlinge von Guantanamo, und vor allem jene freundliche Abteilung, seit neuestem gerne gezeigt werden, sprechen von „Nahrung als intelligente Waffe im Kampf gegen den Terrorismus". Drei jugendliche Gefangene wurden beispielsweise in „Camp Iguana" untergebracht, mit Blick aufs Meer. Sie durften hier spielen und Englisch lernen und bezogen viele Vergünstigungen.

158 der Gefangenen von Guantanamo kamen im Herbst 2003 aus Saudi-Arabien, 55 aus Tschetschenien, 82 aus Pakistan, 80 aus Afghanistan. Zwölf von ihnen waren Europäer, und drei Türken gab es auch. Insgesamt sollen die 680 männlichen Insassen im Alter von 25 bis 35 Jahren aus 42 Nationen stammen. Einer von ihnen, der Sohn türkischer Eltern aus Bremen, war aus Ungestüm nach Afghanistan gefahren und dort von der US-Army aufgegriffen worden. Ähnliche Schicksale verbindet das kleine Häufchen von Engländern mit orientalischer Abstammung. Ihre Anwesenheit in Kuba hat bereits zu diplomatischen Spannungen zwischen London und Washington geführt. Geholfen hat es ihnen nicht.

Viele Guantanamo-Insassen waren kleine Lichter im Netzwerk der Taliban. Sie wurden in den Dörfern zwangsrekrutiert oder, nach dem Krieg, gar als Terroristen denunziert. Warlords sollen für solche Informationen Kopfgelder bezogen haben. Zu Recht sitzen nur prominente Taliban, wie Mullah Khairullah, der ehemalige Gouverneur von Herat, Abdul Salaam Zaeef, der telegene Botschafter in Islamabad, und die drei Kommandeure des nördlichen Bereichs, im tropischen Knast. Besonders zweifelhaft ist, ob die Amerikaner viele Al-Qaida-Kämpfer ergreifen und nach „Camp Delta“ schaffen konnten.

Das mag eine Rolle spielen, sobald die angekündigten geheimen Militärtribunale begonnen haben, bei denen Exekutive, Legislative und Judikative in denselben Händen liegen werden. Jeder Angeklagte soll einen militärischen Verteidiger bekommen, einen Zivilisten nur, wenn er ihn selbst bezahlen kann. Mancher der Gefangenen wird in dem derzeit für 7,8 Millionen Dollar entstehenden Hinrichtungstrakt enden. Die Todeszelle besteht aus einem einzigen Möbelstück, einer Pritsche, auf der die Verurteilten mit der Giftspritze getötet werden sollen. Die 29 Überlebenden der von den USA offiziell eingeräumten Selbstmordversuche dürften die Toten beneiden.

Eine Gruppe amerikanischer Menschenrechtler, unter ihnen auch kritische Militärs, Diplomaten und Richter, fragte in einem Brief an das Oberste Gericht in Washington nach der Rechtmäßigkeit der Maßnahmen im „US-Gulag“ („Guardian“). Darin heißt es wörtlich: „Dass die US-Armee Menschen ohne Form von Beweisaufnahme oder Gerichtsverfahren einfach festhalten kann, ist ein klarer Verstoß gegen die Verfassung unseres Landes, gegen die Genfer Konvention und internationales Recht.“ Der Supreme Court möge alle Vorwürfe – Folter eingeschlossen – prüfen.

Die Regierung Bush jedoch sieht keinen Anlass, die Haftpraktiken zu ändern oder die Prozesse gar zu beschleunigen. Je länger die Terroristen weggesperrt seien, so verlautet inoffiziell, desto besser für die USA und den Rest der Welt. So ging man in Washington auch mit der überraschend offenen Kritik des Internationalen Komitees vom Roten Kreuz um. Nach einem zweimonatigen Aufenthalt hatten die besorgten Besucher aus Genf festgestellt, dass die geistige Gesundheit der Guantanamo-Häftlinge stark angeschlagen sei. Wenn sich an ihrer Lebenssituation nichts ändere, dann sei mit ernsten Folgen zu rechnen.

Auch mehr als zwei Jahre nach dem Einmarsch der US-Truppen, im Spätherbst 2001, hat sich in Afghanistan nur wenig verbessert. Zu den Highlights gehörte die Rückkehr von König Zahir, beinahe drei Jahrzehnte nach seinem Sturz. Er bezog, von italienischen Sondereinheiten geschützt, eine Villa im feinsten Viertel Kabuls, Wazir Akbar Khan.

Von Anfang an betonte der Siebenundachtzigjährige, dass er keineswegs nach seinem alten Amt streben oder überhaupt politische Aufgaben übernehmen wolle. Er verstehe sich nur als Integrationsfigur auf dem Weg zu einem neuen, demokratischen Afghanistan. Der kluge Ex-Monarch verbringt die meiste Zeit bei Audienzen. Gerne spricht er mit Delegationen ähnlich alter Männer, die zum Teil tagelang angereist sind und in seinem Garten mit tränenden Augen romantische Gedichte verlesen, die ein altes, heiles Afghanistan beschwören. Der Aristokrat scheint sich nicht von der Nordallianz instrumentalisieren zu lassen, unterstützt allerdings den „Präsidenten der Amerikaner“ (so seine zahlreichen Gegner), Hamid Karzai.

2004 dürfen die Afghanen wählen

Am 11. Juni 2002 trafen sich die 1 550 Delegierten der Großen Stammesversammlung in einem auf dem Gelände der Technischen Hochschule von Kabul errichteten Zelt. Zwei Tage später wählten sie den eleganten Karzai ohne Gegenkandidaten zum Staatsoberhaupt und bestätigten seine Minister. Die weitere politische Entwicklung wurde vertagt. Eine fünfunddreißigköpfige Kommission erhielt den Auftrag, bis zum Jahresende 2003 eine aus 172 Artikeln bestehende, dreiundvierzigseitige neue Verfassung auszuarbeiten. Im Sommer 2004 sollen allgemeine freie Wahlen stattfinden, ein letzter Schritt zum Übergang von den Steinzeit-Islamisten zur neuen Zukunft.

Ein trügerischer Schritt, denn das Land ist längst nicht bereit. Die mit einer Milliarde Dollar pro Jahr vom Ausland unterstützte Regierung Karzai beherrscht nicht mehr als Kabul und seine weitläufigen Vororte. Das weite Land befindet sich im Griff der Kriegsherren und ihrer Milizen. Sie kämpfen, wie eh und je, um Pfründe und Ansehen.

Das Drogengeschäft hat sich seit Herbst 2001 verdoppelt. Ein im Sommer 2003 vorgelegter Bericht der New

Yorker Organisation „Human Rights Watch“ sprach in seinem Resümee von einem „Klima der Angst“. Die dringende Schlussforderung: Amerikanische und britische Truppen müssten ihre taktische Unterstützung für die regionalen Warlords einstellen.

Gewalt und Übergriffe auf Frauen könnten den politischen Prozess und das Streben nach Frauenrechten zunichte machen. Vor allem im ländlichen Bereich würden sich die Frauen vielfach nicht mehr aus den Häusern trauen. Mit jedem Tag verschlechtere sich die Menschenrechtssituation in Afghanistan. Politische Aktivisten und (die ersten freien) Journalisten erhielten Morddrohungen von Fahims Armee, aus den Reihen der Polizei und des neuen Geheimdienstes. Auch ganz „normale“ Raubüberfälle und Vergewaltigungen, Morde und Folter seien Alltag in dem kaputten Land.

Im Herbst 2003 befanden sich noch 9 000 amerikanische Soldaten (von insgesamt 17 000) im Rahmen der Operation „Enduring Freedom“ in Afghanistan. Sie interessieren sich ausschließlich für die Jagd auf die wieder auferstehende Taliban-Bewegung. Das Weiße Haus gibt dafür zehn Milliarden Dollar im Jahr aus.

Dabei passierten in den vergangenen beiden Jahren zahlreiche Fehlschläge. Von Rivalen denunziert, griffen amerikanische Kampfjets eine Autokolonne von Karzai-Anhängern auf dem Weg nach Kabul an. Auf Grund anderer falscher Informationen bombardierten sie Hochzeitsgesellschaften, zum Beispiel am 1. Juli 2002. Damals starben 48 Gäste, 117 wurden verletzt. Solche „Fauxpas“ werden immer schnell verdrängt, außer bei den Afghanen selbst.

Die Taliban haben sich in den autarken Stammesgebieten und in Pakistan neu gruppiert und greifen bereits wieder zu Hunderten die Soldaten der neuen afghanischen Nationalarmee und die ausländischen Besatzer an. Im April 2003 hielten sie eine Woche lang zwei Distriktstädte im Südosten besetzt. Sie organisieren Selbstmordanschläge, mutmaßlich auch gegen die Bundeswehr-Schutztruppe in Kabul, liquidieren zunehmend Repräsentanten der neuen Regierung. Auf Hamid Karzai wurde in Kandahar geschossen, sein Vize Abdul Kadir in Kabul getötet. Irgendwo in diesem schwer durchschaubaren Umfeld von Hintermännern und Drahtziehern agiert auch der wiedergeborene Warlord Golbuddin Hekmatjar. Er fühlt sich zu den Taliban hingezogen und bekämpft mit ihnen die Regierung Karzai. Dazu ist ihm, wie immer, jedes Mittel recht.

Der einäugige Mullah Omar hat einen zehnköpfigen Führungsrat etabliert, dem Prominenz aus Vorkriegstagen angehört, wie der einbeinige Mullah Dadullah Akhund. Er leitet den neuen Geheimdienst der Taliban. Die tiefgläubige Guerilla will das Land mit Bombenanschlägen destabilisieren. Kinder sollen vom Schulbesuch abgehalten, Frauen wieder in die Häuser verbannt werden.

Die Taliban töten regierungsnahe Mullahs und unliebsame Ausländer, zunehmend auch bei Hilfsorganisationen.

Unter dem Schutz der Taliban existiert weiterhin Al Qaida, wenn auch in reduzierter Form. Ob sich Osama bin Laden selbst in Afghanistan oder im benachbarten Pakistan aufhält, ist ungewiss. Die Amerikaner sprechen jedenfalls schon lange nicht mehr von ihm, weil sie die Schmach, den Staatsfeind Nummer eins nicht gefangen zu haben, bewusst negieren.

Trotz einer sich dramatisch verschlechternden Sicherheitslage erklärten Donald Rumsfeld und George Bush am 1. Mai 2003 den Krieg für ein neues Afghanistan als beendet. Längst steckten sie bis zum Hals in einem noch tieferen Morast und konnten ihre ungeteilte Aufmerksamkeit dem von ihnen wiederbelebten Schlachtfeld am Hindukusch nicht mehr widmen. Eine öffentlich geäußerte Erkenntnis, dass das Kriegsziel bei weitem nicht erreicht wurde, dass der unüberlegte und unüberschaubare Luftkrieg gegen die afghanische Bevölkerung – bis zu 5 000 Tote – weltweit wieder viele neue hasserfüllte Terroristen geschaffen hat, ist vom Weißen Haus nicht zu erwarten.

Dort freut man sich mittlerweile auch über die kleinsten Erfolge. Afghanistan, Turkmenistan und Pakistan unterzeichneten zum Jahresende 2002 den während der viel zu unruhigen Taliban-Periode lange aufgeschobenen Vertrag zum Bau einer Pipeline von den Gasfeldern der Ex-Sowjetrepublik über Afghanistan zum Arabischen Meer. Ob dies auch ein Kriegsgrund war? Die Öljunta im Weißen Haus weiß sicherlich Bescheid.

Empfehlenswerte Literatur

Amerikanische Präsidenten:

ABRAHAM, RICK: The Dirty Truth. The Oil & Chemical Dependency of George W. Bush. Houston 2000.

BLUMENTHAL, SIDNEY: Our Long National Daydream. A Political Pageant of the Reagan Era. New York 1988.

BREWTON, PETE: The Mafia, CIA & George Bush. The Untold Story of America's Greatest Financial Debacle. New York 1992.

CLINTON, HILLARY RODHAM: Gelebte Geschichte. München 2003.

HARENBERG, KARL-HEINZ / FRITZLER, MARC (HG.): No War. Krieg ist nicht die Lösung, Mr. Bush. München 2003.

HATFIELD, JAMES H.: Das Bush Imperium. Wie George W. Bush zum Präsidenten gemacht wurde. Bremen 2002.

ISIKOFF, MICHAEL: Clintongate. Die Geschichte eines Skandals. München 1999.

LAURENT, ERIC: Die neue Welt des George W. Bush. Die Machtergreifung der Ultrakonservativen im Weißen Haus. Frankfurt/Main 2003.

MORTON, ANDREW: Monica Lewinsky. Ihre wahre Geschichte. Berlin 1999.

MÜLLER-FAHRENHOLZ, GEIKO: In göttlicher Mission. Politik im Namen des Herrn – Warum George W. Bush die Welt erlösen will. München 2003.

REAGAN, RONALD: An American Life. The Autobiography. New York 1990.

SIDEY, HUGH: Portraits of the Presidents. Power and Personality in the Oval Office. New York 2000.

STARR-REPORT: Das einzigartige Zeitdokument über den Skandal im Weißen Haus. Bergisch Gladbach 1988.

Allgemeines:

CHOSSUDOVSKY, MICHEL: Global Brutal. Der entfesselte Welthandel, die Armut, der Krieg. Frankfurt/Main 2002.

ENGENHORST, MAGNUS: Kriege nach Rezept. Geheimdienste und die NATO in aller Welt. Frankfurt/Main 2002.

ISAACS, JEREMY / DOWNING, TAYLOR: Der Kalte Krieg. München und Zürich 1999.

KRONBERGER, HANS: Blut für Öl. Der Kampf um die Ressourcen. Wien 1998.

PLOETZ, MICHAEL: Wie die Sowjetunion den Kalten Krieg verlor. Von der Nachrüstung zum Mauerfall. Berlin 2000.

SCHLEY, NICOLE / BUSSE, SABINE: Die Kriege der USA. Chronik einer aggressiven Nation. Kreuzlingen/München 2003.

TODENHÖFER, JÜRGEN: Wer weint schon um Abdul und Tanaya? Die Irrtümer des Kreuzzugs gegen den Terror. Freiburg 2003.

Afghanistan:

COOLEY, JOHN: Unholy Wars. Afghanistan, America and International Terrorism. London 1999.

DIETL, WILHELM: Brückenkopf Afghanistan. Machtpolitik im Mittleren Osten. München 1984.

LOHBECK, KURT: Holy War, Unholy Victory. Eyewitness to the CIA's Secret War in Afghanistan. Washington 1993.

PERSICO, JOSEPH E.: Casey. The Lives and Secrets of William J. Casey: From the OSS to the CIA. New York 1990.

RASHID, AHMED: Taliban. Afghanistans Gotteskrieger und der Dschihad. München 2000.

WOODWARD, BOB: Bush at War. Amerika im Krieg. Stuttgart/München 2003.

WOODWARD, BOB: Geheimcode Veil. Reagan und die geheimen Kriege der CIA. München 1987.

YOUSAF, MOHAMMAD / ADKIN, MARK: The Bear Trap. Afghanistan's Untold Story. Lahore 1992.

Irak:

AUST, STEFAN / SCHNIBBEN, CORDT (HG.): Irak. Die Geschichte eines modernen Krieges. München 2003.

COUGHLIN, CON: Saddam Hussein. Porträt eines Diktators. München 2002.

DIETL, WILHELM: Waffen für die Welt. Die Milliardengeschäfte der Rüstungsindustrie. München 1986.

HAFEZ, KAI / SCHÄBLER, BIRGIT (HG.): Der Irak. Land zwischen Krieg und Frieden. Heidelberg 2003.

KRELL, GERT / KUBBIG, BERND W. (HG.): Krieg und Frieden am Golf. Ursachen und Perspektiven. Frankfurt/Main 1991.

LANGBEIN, KURT / SKALNIK, CHRISTIAN / SMOLEK, INGE: Bioterror. Die gefährlichsten Waffen der Welt. Stuttgart 2002.

LAURENT, ERIC: Die Kriege der Familie Bush. Die wahren Hintergründe des Irak-Konflikts. Frankfurt/Main 2003.

LERCH, WOLFGANG GÜNTER: Kein Frieden für Allahs Völker. Die Kriege am Golf. Geschichte, Gestalten, Folgen. Frankfurt/Main 1992.

McGeough, Paul: Manhattan to Baghdad. Dispatches from the Frontline in the War on Terrorism. Crows Nest 2003.

Miller, Judith / Engelberg, Stephen / Broad, William J.: Virus. Die lautlose Bedrohung. Biologische Waffen – die unsichtbare Front. München 2001.

Pollack, Kenneth M.: The Threatening Storm. The Case for Invading Iraq. New York 2003.

Rai, Milan: War Plan Iraq. Ten Reasons Against War on Iraq. London 2002.

Salinger, Pierre / Laurent, Eric: Krieg am Golf. Das Geheimdossier. Die Katastrophe hätte verhindert werden können. München 1991.

Sifry, Micah L. / Cerf, Christopher (Hg.): The Iraq War Reader. History, Documents, Opinions. New York 2003.

Sofsky, Wolfgang: Operation Freiheit. Der Krieg im Irak. Frankfurt/Main 2003.

Solomon, Norman / Erlich, Reese: Angriffsziel Irak. Wie die Medien uns den Krieg verkaufen. München 2003.

Sponeck, Hans von / Zumach, Andreas: Irak – Chronik eines gewollten Krieges. Wie die Weltöffentlichkeit manipuliert und das Völkerrecht gebrochen wird. Köln 2003.

Timmerman, Kenneth R.: The Death Lobby. How the West Armed Iraq. Boston 1991.

Iran:

NEUBERGER, GÜNTER / OPPERSKALSKI, MICHAEL: CIA im Iran. Bornheim-Merten 1982.

PAHLEVI, REZA SCHAH: Antwort an die Geschichte. Die Schah-Memoiren. München 1979.

USA aktuell:

BASTIAN, TILL: 55 Gründe, mit den USA nicht solidarisch zu sein und schon gar nicht bedingungslos. Zürich 2002.

BIEG, HANS-HENNING: Amerika. Die unheimliche Weltmacht. Ein Jahrhundert US-Imperialismus. Tübingen 2003.

DESCHNER, KARLHEINZ: Der Moloch. Eine kritische Geschichte der USA. München 2002.

DINER, DAN: Feindbild Amerika. Über die Beständigkeit eines Ressentiments. München 2002.

HERTSGAARD, MARK: Im Schatten des Sternenbanners. Amerika und der Rest der Welt. München 2002.

MAILER, NORMAN: Heiliger Krieg: Amerikas Kreuzzug. Reinbek 2003.

MOORE, MICHAEL: Stupid White Men. Eine Abrechnung mit dem Amerika unter George W. Bush. München 2001.

MÜLLER, HARALD: Amerika schlägt zurück. Die Weltordnung nach dem 11. September. Frankfurt/Main 2003.

REISEGGER, GERHOCH: Wir werden schamlos irregeführt. Vom 11. September zum Irak-Krieg. Tübingen 2003.

TODD, EMMANUEL: Weltmacht USA. Ein Nachruf. München 2002.

VIDAL, GORE: Bocksgesang. Antworten auf Fragen vor und nach dem 11. September. Hamburg 2003.

VIDAL, GORE: Ewiger Krieg für ewigen Frieden. Wie Amerika den Hass erntet, den es gesät hat. Hamburg 2002.

Terrorismus:

BENJAMIN, DANIEL / SIMON, STEVEN: The Age of Sacred Terror. New York 2002.

FIELDING, NICK / FOUDA, YOSRI: Masterminds of Terror. Die Drahtzieher des 11. September berichten. Hamburg 2003.

GUNARATNA, ROHAN: Inside Al Qaeda. Global Network of Terror. New York 2002.

MILLER, JOHN / STONE, MICHAEL: The Cell. Inside the 9/11 Plot, and Why the FBI and CIA Failed to Stop it. New York 2002.

SCHRÖM, OLIVER / LAABS, DIRK: Tödliche Fehler. Das Versagen von Politik und Geheimdiensten im Umfeld des 11. September. Berlin 2003.

STEIN, GEORG / WINDFUHR, VOLKHARD (HG.): Ein Tag im September. 11.9.2001, Hintergründe, Folgen, Perspektiven. Heidelberg 2002.

Geheimdienste:

MCCOY, ALFRED W.: The Politics of Heroin. CIA Complicity in the Global Drug Trade. Chicago 2003.

RANELAGH, JOHN: The Agency. The Rise and Decline of the CIA. New York 1987.

Vietnam:

BERMAN, LARRY: No Peace, No Honour. Nixon, Kissinger, and Betrayal in Vietnam. New York 2001.

FREY, MARC: Geschichte des Vietnamkrieges. Die Tragödie in Asien und das Ende des amerikanischen Traums. München 1998.

HITCHENS, CHRISTOPHER: Die Akte Kissinger. Stuttgart/München 2001.

SHEEHAN, NEIL (HG.): Die Pentagon-Papiere. Die geheime Geschichte des Vietnamkrieges. New York 1971.

Lateinamerika:

ENZENSBERGER, HANS MAGNUS: Das Verhör von Habana. Frankfurt/Main 1970.

KEMPE, FREDERICK: Aufstieg und Fall Noriegas. Panama-Poker – gefährliches Spiel mit den USA. Wien 1990.

SKIERKA, VOLKER: Fidel Castro. Eine Biographie. Berlin 2000.

Personenregister